無教会の変革

贖罪信仰から信仰義認へ、
信仰義認から義認信仰へ

荒井克浩

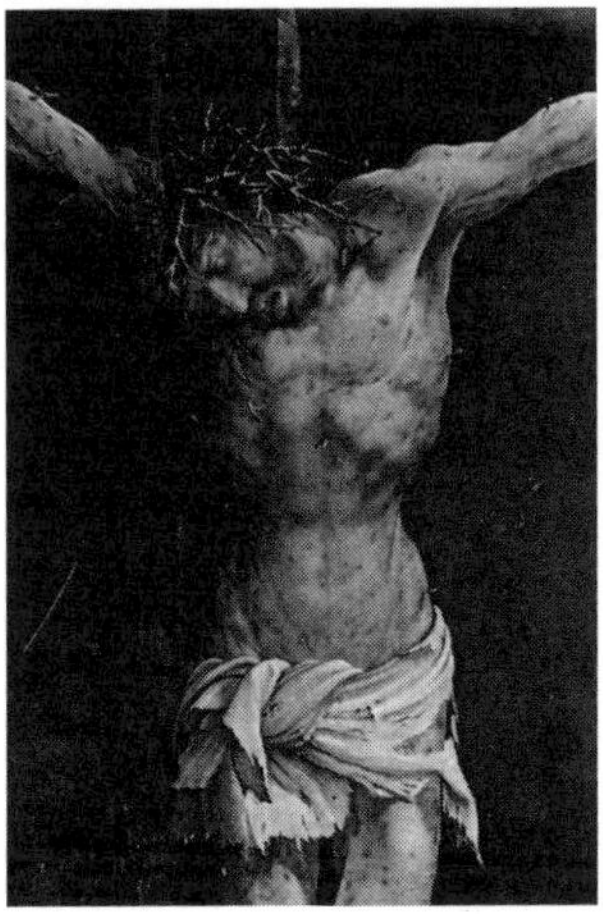

教文館

〈推薦の言葉〉それは無教会だけの問題ではない

青野太潮

大佛次郎賞や数々のノンフィクション大賞を受賞されてきたノンフィクション作家最相葉月氏の『証し――日本のキリスト者』（角川書店、二〇二二年一二月）を、二〇二三年初めに友人が恵送してくれた。一三五人のクリスチャンのインタビューを収めた一〇九五頁にも及ぶ大著である。自分の体調不良もあって私は、「まえがき」に当たる部分と「あとがき」だけを読んで、あとはしばらくそのままにしておこうとしたのだが、しかし、「あとがき」のなかで六頁に亘って書かれていた、そして著者最相氏の深い「共感」を獲得していた荒井克浩氏の信仰と行動についての文章だけは、不思議な驚きを与えるものであったために、私の記憶のなかに留まることとなった。なぜならば、荒井克浩という名前の人を私はまったく知らなかったのだが、その彼の言葉は、日頃の私の語彙と主張とに不思議なほどの親近性を持っていたからである。曰く、パウロにとっての復活のイエスは、弱い「十字架につけられたままのキリスト」、無力なキリストだったのであり、立派な贖罪の死を遂げた後に光り輝く復活者などでは全くなかったのだ。しかし私の主張とこんなにも類似した捉え方をこの方が展開したのは、僭越ながらその方は私の書いたものをよく読んでくれていて、多くの点でそれに賛同してくれているからなのだろうか、と思わないわけにはいかなかった。しかし荒井克浩という名前の存在は、時の経過とともに、私の記憶のなかでは次第次第に薄らいでいった。

その荒井克浩氏本人から、それからちょうど一年後の二〇二三年の暮れ近くに、何の前触れもなく、ズシリと重い三〇〇頁を超える荒井氏の新著の校正刷が、推薦依頼の書簡とともに私の手許に届いた。「先生のご著作より影響を受けた点は数知れませんので、ぜひ」と。事実、私の予想はほぼ的中していて、日本語で私が書いたものは、ほとんどすべて精読されており、そこでの私の主張の多くは、荒井氏によって受容されるに至っていた。もちろん荒井氏の実存がかかった氏独自の主張もまた、説得的に展開されていたのは言うまでもない。例えば、伝統的には無造作に贖罪論的に解釈されてきた第二コリント五章二一節の「神は、罪を知らない方を、私たちのために罪となさいました。私たちが、その方にあって神の義となるためです」（聖書協会共同訳）の部分を、私はこれまで十分説得的に展開できてきたとは残念ながら言い難いのだが、荒井氏の展開は、「贖罪」との訣別から「信仰義認」へ、そして「義認信仰」へ、そして「万人救済」へと、有機的に連結していくものであった。曰く、「神が罪となる」という捉え方は、荒井氏の実存に深く喰い込んでいるものであり、それは贖罪ではない、神はひたすら人間と同じ罪人となり、不信心な罪人である人間をそのまま受け容れて無条件に義とする神である、実に神は世の初めから、インマヌエル（神われらとともに在す）の神なのである。私は二つ返事で推薦文を書くことを応諾した。

如上のような〈新たな信仰〉は、大貫隆氏や月本昭男氏、私の恩師であるスイスのE・シュヴァイツァー先生、ドイツのE・ユンゲル教授などなどの、荒井氏が自らの対話者として選んだ論者たちとの議論を通してもまた、より豊かなものとされているが、無教会を語り始めた内村鑑三の「信仰」と激しく対立していることは明らかである。しかし荒井氏は誠実にその内村との批判的対論をも遂行している。そして荒井氏は謙虚にも、自らがその中へと置かれている「無教会」の「変革」に焦点を絞った著書名を選択したが、言うまでもなくこの問題の射程は、より広く、より遠くにまで、即ちキリスト教の「正統信仰」そのものの「変革」にまで及んでいる。その厳粛な事実の脇をそ知らぬ顔をして通り過ぎることだけは、本書の読者はしないでいただきたい、と私は切に願っている。

（西南学院大学名誉教授、日本新約学会元会長〔二〇〇九―二〇一七年〕）

まえがき

ある方とのメールでのやりとりでの、私が書いた次の文章をお読み頂きたい。


私もご存じの通りにかつては贖罪信仰者でした。

例に漏れず、罪と肉との戦いは壮絶なものでした。

私は無教会に来る前には、座禅をずいぶんしていました。毎朝近くの禅寺で座禅をし、福井の発心寺や鎌倉の建長寺に行き僧侶と共に座禅もしておりました。それも真理とは何かを求めてのものでした。それはもっと若い二〇代のころに真理を求めて近くの日本基督教団の教会へ行き、洗礼を受けて一生懸命教会活動をしていても何にも変わらない自分に挫折をしてからのことでもありました。そうして最後に無教会にたどり着きました。

そのような経緯を考えれば、人生のほとんどがいわゆる罪との戦いであったと言えましょう。

そしてあるとき、十字架が私の中に入るという体験をして、「汝の罪赦されたり」というおだやかな声を聞き、平安を得ました。


私の贖罪信仰は私の霊的な実験（正しいかどうかを実際に試してみること）からのものでしたので、贖罪信仰自体は間違っているとは思っていません。ですから贖罪信仰が間違いだ、とはとても言えないのです。しかしあえて贖罪信仰を捨てたのは、さらなるその後の信仰的実験によるものでした。そして二〇二二年三月の『十字架の祈り』一〇〇号に「贖罪信仰から信仰義認へ」という文章を書き、公に贖罪信仰から離れたことを明言しました。

私から贖罪信仰の方々を嫌うことは、上述の経緯からもあり得ませんが、逆に私が贖罪信仰の方々から疎んじられることは、意外にあります。無教会においては排他的であること自体が間違っていると思うとき、複雑な思いを持ちます。

正直になぜ贖罪信仰を捨てたか、その一つの理由をお話しします。

つまりは、私が経てきた数十年の苦しみ、罪との戦いの結果として与えられた救いを考える時に、それが贖罪信仰の「ひな型」と言えるならば、そのあり方は間違っているであろうということです。そのような苦しみを誰もが持つことはないでしょうし、持ち得たとしてもそこから抜け出すことができる人はわずかです。たとえそれが真実の一つとしても、そこまですることができない人々がほとんどでしょう。

私の関わってきた人々も、私が経てきたような苦しみは持つことができない、根気のない方々ばかりです。贖罪信仰ってそんなにたいへんなことなの？　と思われることが事実と思います。

私が至り来た義認信仰は、「何もしなくてもよい、そのままでよろしい。神である私があなたの今の苦しみになり、罪そのものになろう。そしてあなたを苦しみのまま、罪のまま受け容れよう。そしてあなたを義（それでよい）としよう。あなたは他の何者にもならなくてよいのだ。そのままの自分を大事にしなさい」と神が語りかけて下さっているものです。「わが神、わが神、なぜ私をお見捨てになったのですか」（マコ一五

34）というキリストの言葉は、ほんとうに見捨てられた「人」の言葉でありましょう。神が完全に人となり、完全に人となり切って、人の苦しみをそのままに叫ばれたものです。ですからありがたいのです。神が人となり、人と同じ苦しみとなり罪となられました。罪人が神に向かい苦労や努力をしなくても、すでに神が罪人となりその人を受け容れています。人は悩むことなく、全ての人が神のみ腕の中に、もうすでにいるのです。信仰を持っていても持っていなくても。

いかなる弱者でも、信仰的に根気のない人でも、神は受け容れて下さり、そのままで「よし」として下さいます。不信仰な者をそのまま義とする方だからです（ロマ四5）。

それが神の無条件の愛です。

回心のためにたいへんな努力をしてきた贖罪信仰者は、そのようにして与えられた恵みが、誰にでも与えられる無条件のものではない、ということに気付くことが大切と思えます。贖罪信仰においては、信仰が無条件とはなりにくい。有条件になりがちである、と思うのです。有条件、すなわち救いに至るための人間側の努力です。何々して救われる、というものです。救われるための条件です。贖罪信仰には、回心に至るための凄まじい罪との戦いがあります。それ自体が有条件であると考えます。

私は私の師であり無教会伝道者であった高橋三郎先生の無条件の救いに関する探究を尊重し、先生を敬愛しつつも、贖罪信仰そのものが蔵する有条件的なものを批判いたします。その有条件的なものとは高橋先生の「荒野にて」（『高橋三郎著作集』第一巻所収）や石原兵永の『回心記』のあの壮絶に十字架を求める苦しみの日々のあり方、矢内原忠雄の召天直前の罪との戦いなどに見られる、回心前後にかかわらず常に贖罪信仰者に付随する「罪との戦い」そのもののことです。

私もそうでした。凄まじい罪との戦いの末に、十字架が私の中に飛び込んで来て、神の声を聞き平安を得た、という経験がありました。

私はそのような自分を振り返り、そこに気付いて、贖罪信仰を捨てました。

内村先生は万人救済を語り、高橋先生も無条件の救いを語りましたが、ほんとうにそれらを語り得るには、内村先生と高橋先生に見られるような贖罪の苦しみとそこから与えられた救い、という経験を捨てなければ語れないであろうと私は思います。

無教会の前途を考える時に、やはり「無教会は無境界」である、どんな方でもだいじょうぶ、という広やかさに立つ信仰を公にするべきであろう、と思い量ります。それを実現していくことが、内村、高橋の衣鉢を継ぐ、一つの姿ではないかとも考えます。特に贖罪信仰にこだわらずとも。

贖罪信仰にみられるあの苦しみとそれからの脱却という凄まじい、むしろ人間的努力を要する律法主義的なあり方は、それを経た者に妙な信仰的エリート意識を植え付け、そのような方々が指導者となるときに、無教会はますます強者の信仰になり下がり、弱者は排除され、教勢はすたれていくことと思います。

（一部修正・加筆）

このメールの文章に、私がなぜ贖罪信仰から義認信仰に信仰を変えたかの理由がほぼ全て書かれている。

このメールの四か月前の二〇二二年一二月、ノンフィクションライターである最相葉月氏の『証し──日本のキリスト者』が出版された。日本中の一三五名のキリスト者の証しを掲載した、一〇〇〇頁を超える大著である（以下、親しみを込めて最相さんとお呼びしたいと思う）。最相さんは五年にわたり、私と私が主宰する無教会・駒込キリスト聖書集会を取材してこられたが、その「あとがき」に、私の信仰の変化に関して六頁にもわたって書いて下さった。私は二〇二二年三月に私の信仰を、それまで信じていた贖罪信仰から、信仰義認に変えたことを私の伝道雑誌『十字架の祈り』にて公にしていた。内村鑑三は贖罪信仰だったのであり、それに倣い無教会人は例外なく贖罪信仰者であるという風潮の只中で、私が贖罪信仰を捨て信仰義認を受け容れたことは、私の周囲において自然に論議を呼んでいた。

内村からも距離を取りつつ、神のみを頼り、自己の信仰に向き合い、己の心に正直に、大胆に自分の信仰を変革することを進めてきた私にとって、最相さんが共感を示して「あとがき」に書いて下さったことには、公に賛同者を得たような喜びをも与えられたのである。

私の信仰の変革は、新型コロナのパンデミックの際に、聖書のみでこの問題の根源に立ち向かおうとした営みに端を発する。また同じ時期に、内村鑑三の聖書講堂の管理をしており、内村をはじめとする無教会関係の資料館でもある今井館が目黒区中根から文京区本駒込へ移転した際に、その移転業務の中心的な働きを私が担うことになったことによる営みの中で、これまでの無教会人の中心的な信仰である贖罪信仰に疑問を持つようになったことにも大きく起因しているのである。

私は最相さんの『証し』の出版も通じて自然な形で公にされた私の信仰の変革を、私自身の筆でもう少し著したいと思い至ったのである。

私は、信仰は多様性にあると信じている。贖罪信仰のみが無教会であるという理解は不自然なことである。パウロはローマ書で「福音は、ユダヤ人をはじめ、ギリシア人にも」（一16）と言い多様性を示している。彼の異邦人伝道自体が多様性の受容を示している。無教会自体が、その本質を失わないようにしながらも多様性を持たなければ、それは信仰の危機であり、信仰の死と言ってもよいであろう。無教会の保持すべき本質とは何であろうか。私は無条件の救いであると考える。そのことを私は、贖罪信仰から信仰義認へと信仰を変えることで確認してきたのだが、その作業は最終的に、信仰義認という呼び方を義認信仰という呼び方へ変えることを、自然のうちになさしめたのである。

信じて救われるのではなく、救われて信じることが、救いと信仰の関わりの事実と私は捉えている。救われて信じる、ということは、神の救いを知った者は、救いそのものによって信じせしめられるということになる。救いに与った結果、信が起こされるのである。救われて義とされたところに自ずから、信が起こされるのである。「信じて救われる」ということには「信じる」という条件が存在しているが、「救われて信じる」というところには、条件が存在しない。「信じる」ことは「救い」の結果なのである。救いに条件はいらない、信仰は恵みの賜物である、信仰は救いそのものである——その見方は、内村鑑三先生や高橋三郎先生から受け継いだものである。そしてその救いのあり方を私は最終的に、「義認信仰」と呼ぶのである。

本書には、その変革の経緯が明記されている。私が最終的に至り来た義認信仰に関しては、本書の第九章に記している。

無教会の信仰の中心は贖罪信仰であったが、その水脈に、新たな信仰の流れがほとばしり出たことを確認して頂きたく願っている。その流れは、むしろ無教会の「無条件の救い」という決定的な命脈を満たすものとなることを知って頂きたい。無教会こそは無境界であり、多様性をその本質とすることも確認して参りたい。そして私が至り来た「義認信仰」が、多少なりとも無教会の多様性への突破力を持てればよいと考える。

最終章の第一〇章には、大貫隆氏の近著『原始キリスト教の「贖罪信仰」の起源と変容』第六章「『贖罪信仰』をめぐる現代の議論によせて」に関して、短い論考を書いた。大貫氏のその論考は、青野太潮氏と月本昭男氏との間での贖罪信仰に関する議論を、「『贖罪信仰』をめぐる現代の議論」の一つとして扱い、伝統的な「贖罪信仰」の底を割ることにまで論及している内容であるが、本書の趣旨と深く関わると受け止めている。

本書は無教会に限らず、全ての教会の信仰の新たなる前進に繋がり得る内容であることを信じている。「義認信仰」は鮮明に、神による全ての人への無条件の救いをその特徴としているのである。

尚、本書は私の伝道雑誌『十字架の祈り』九六号（二〇二一年一一月）から一二〇号（二〇二三年一一月）までの文章を用いて編集したものである。聖書引用は基本的に新共同訳を使用しているが、他の翻訳、聖書学者の訳、私訳を用いた箇所もある。

無教会の変革——贖罪信仰から信仰義認へ、信仰義認から義認信仰へ——目次

第一章　はじめに総論として

第一章においては総論として、「無教会全国集会２０２３」で私が話した聖書講話を掲載する。これは私の至り来ている信仰の現在地を公にするものと言ってよいであろう。まずはこの聖書講話を総論としてお読み頂き、第二章以降は各論としてお読み頂きたい。またこの全国集会では、私の聖書講話に関する質疑応答の時があった。それは私が無教会の中で新しい信仰を語り始めたことに対する、当然で大事な質疑である。その質疑の内容と私の応答も、〈付記〉として記している。

私は福音を恥としない――全ての人への神の無条件の愛と受容(1)

ローマの信徒への手紙一章16―17節

16私は福音を恥としません。福音は、ユダヤ人をはじめ、ギリシア人にも、信じる者すべてに救いをもたらす神の力です。17神の義が、福音の内に、真実により信仰へと啓示されているからです。「正しい者は信仰によって生きる」と書いてあるとおりです。

（聖書協会共同訳）

皆様、おはようございます。本日の私の聖書講話は「私は福音を恥としない」ですが、ちょうどこの今井館の階段の踊り場の上の壁面に、内村鑑三先生が漢文で書かれた「福音を恥とせず」という軸がございます。上手いというよりも、先生の実直さがとても伝わってくる字です。当時、内村先生自身が、無教会という突拍子もない福音を語り始めたわけでありまして、おそらくは周りからも、そしておそらくは自分自身でも、「これは恥なことではないか」と受け止められていたのではないか、と思います。内村の内村たる由縁は、そのような恥と思われても仕方のない状況の只中で、「これは決して、断じて恥ではない」と言い切って、真摯に彼の福音を語ったことでありましょう。そして私共二代目、三代目、四代目の意外にいけないことは、私共の中に「恥ずかしさがない」ことではないか、と思うのです。恥ずかしさの上に成立した内村の語る福音を、彼の伝道の成功の結果を見て、ある種の権威ある誇るべきものとして、「無教会ブランド」として受け止め、そのブランドに乗っかり続けている、ということが、私共と内村その人との大きな差であると思うのです。

内村の受けた「恥ずかしさ」こそ、大事なものでありました。ですから彼は、パウロのことがよくわかった、と思うのです。「われ福音を恥とせず」と語る切実なパウロの心がわかったと思うのです。パウロ自身、周りから、「そんな神をお前は語るのか。十字架で死んだ者など、弱くてどうしようもない神ではないか。恥を知れ！」と言われていたに違いないのです。

その意味で、私共は内村に帰らねばなりません。恥ずかしいではないか、と周囲から言われるつらい状況に戻らねばなりません。無教会ブランドは捨てなければならないのです。

今から私がお話しすることも、皆様からは「そんな恥ずかしい福音を語るな」「神はそんなお方ではない」と言われるかもしれません。しかし本日、私が唯一語る資格があろうと思いますことは、当時の内村の窮地を肌身をもって味わうことができる――そのことただ一つのような気がいたします。

二年ほど前から、私は本日これから語るような福音を公にし始めました。最相葉月さんという優れたノンフィクションライターがおられます。その方が昨年一二月末に『証し――日本のキリスト者』という本を角川書店から出版されましたが、その「あとがき」に六頁にもわたって、私の福音を取り上げてくださいました。それを読まれた方々のご意見は賛否両論のようであります。まさに「お前の語る福音は恥ではないか」というような意見もあるようです。ですから今、私は多少なりとも内村が無教会を語り始めた時の複雑な状況がわかる気もいたします。またパウロが「私は福音を恥としない」と叫ぶように書いた時の気持ちがわかるように思います。

前置きはこのくらいにいたしまして、本題に入らせて頂きます。

一　信仰は神からの賜物である

マルティン・ルターは一五二二年九月に新約聖書のドイツ語訳を完成させ、出版いたしました。それまで聖書はラテン語で書かれており、民衆が読むことはできませんでした。それをルターがドイツ語に翻訳し、ドイツの全ての人が読めるようにしたのです。そしてその訳の特徴としては、宗教改革的福音信仰を明瞭にすることが心掛けられています。九月に出版されましたので『九月聖書』と呼ばれています。ルターは聖書各巻に序文をつけました。その中の「ローマの信徒への手紙序文」から一部を抜粋して読んでみたいと思います。

「信仰」とは、ある人たちが信仰だと考えているような、人間的な妄想や夢ではない。そういう人たちは、生活の改善やよい行いが結果せず、しかも信仰について多く聞かれ、語られているのを見ると、誤りに陥って、「信仰」では十分ではない。正しい、救われた者となるには、行いをしなければならない」と言う。彼らは福音を聞いても、これに襲いかかって、自分の力で自分のために、心の中で「私は信じる」というひとつの思いを作り上げて、これを正しい信仰と考えるようになる。しかし、これは、心の底となんらのかかわりのない、人間的な思い付きや考えであるから、このような信仰はなにも行わず、そのあとにいかなる改善も結果しない①。

しかし、信仰は私たちのうちにおける神の働きである②。この神の働きは私たちを変え、私たちを神によって新しく生まれさせ――ヨハネによる福音書第一章〔一三節〕――古いアダムを殺して、私たちを、心、勇気、感覚、あらゆる力をもった別の人間とし、聖霊をもたらす。信仰とは真に、生きた、勤勉な、活動的な、強力なものであって、絶え間なしによいことをすることができるものである。信仰は、よい行いが行われるべきかどうかを問わず、むしろ、問うよりまえに、すでに行っており、またいつでも行い続けるものである。このような行いをしない者は、信仰のない人であって、信仰とよい行いを探し求めて、うろうろ歩き廻るが、信仰やよい行いがなんであるかも知らず、ただ、信仰とよい行いとについて、多くのことばをしゃべり散らすだけである。

信仰とは神の恵みに対する生きた、大胆な信頼であり、そのためには千度死んでもよいというほどの確信である。神の恵みに対するそのような信頼と認識とは、神に対しても、すべての被造物に対しても、喜びと大胆さと好意とをもつに至らしめるが、これは、聖霊が信仰においてなすものにほかならない。したがって、彼に強制なしに、自ら進んで、喜んで、だれにでもよいことをし、だれにでも仕え、あらゆることを忍び、彼にこのような恵みを示した神に愛と讃美を献げる。火から燃焼と光とを分けるのが不可能なように、行いを信仰と区別するのは不可能である。だから、自分自身の誤った考えに注意し、また、信仰とよい行いとについて、賢く判断するものになりたいと思いながら、実は最大の愚か者である、無用のおしゃべり共に注意するがよい。むしろ、神が働きかけて、信仰をあなたのうちに起こしてくださるように祈るがよい③。さもないと、あなたは永遠に信仰のないままになってしまい、ただ自分の思うところ、できるところを夢想し、行うだけになってしまう。

さて、「義」とはそのような信仰のことであり、神の義とか、神のまえで妥当する義とか呼ばれる④。それは、この義が神の賜物であって、人間をして、だれに対してでも自分の責めを果たすような者であらしめるからである。すなわち、信仰によって人は罪のない者となり、神の戒めへの喜びを得る。こうして彼は神にその栄光を帰し、神に、自分の果たすべき責めを支払うのである。しかし、彼は人間にも喜んで、なしうることをもって仕え、このようにしてだれにでも果たすべきことを行う。本性や自由意志や私たちの能力では、このような義をもたらすことはできない。なぜなら、だれも自分自身に信仰を与えることができないように、また、不信仰を取り去ることもできないからである。どのようにすれば、いったい人はたったひとつの最小の罪でも取り除けようか。だから、たとえよいように見えても、信仰の外で、すなわち、不信仰において起こることはみな、誤っており、偽善であり、罪である〔ローマの信徒への手紙第一四章〔二三節〕〕。

（徳善ほか訳『ルター著作選集』三六六―三六七頁。傍線・番号荒井）

このルターの文章には、本日の箇所に関わる大事なことが記されています。「彼らは福音を聞いても、これに襲いかかって、自分の力で自分のために、心の中で『私は信じる』というひとつの思いを作り上げて、これを正しい信仰と考えるようになる。しかし、これは心の底となんらのかかわりのない、人間的な思い付きや考えであるから、このような信仰はなにも行わず、そのあとにいかなる改善も結果しない」（傍線①）、「しかし、信仰は私たちのうちにおける神の働きである」（傍線②）。人間の側からの「信じる」という行為は、人間が作り上げたもの――「思い付きや考え」に過ぎず、そのようなところからの信仰は何の結果も結ばない。ほんとうの信仰――信じるということ――は、神が私共の内に働いて起こせしめるものなのだ、とルターは言っているのです。そしてさらに「むしろ、神が働きかけて、信仰をあなたのうちに起こしてくださるように祈るがよい」（傍線③）と言います。

徳善義和氏は、このルターの言葉に関して、このようなことを言っております。

> 福音は神の力であって、そこで働いて、信じるすべての者の救い出しを結果する、という。そこでは「信じる」ことは、その神の力の働きかけを受けるための人間の側の条件ではないし、条件たりえない。「信じる」ことは、そのようなものとして、信じる「者」にかかわり、そしてこれは、神の力の働きの結果に属することである。「信仰は我々のうちにおける神の働きである」と断言したルター（「ロマ書序文」）を思い起こす。神の力が我々に働きかけて、我々のうちに信仰を起こし、信仰を賜物として与えるのである。従ってこれは、信仰をなんらかの形で少しでも、神の働きを受けるための人間の側の条件にしてしまおうとすることに対する、断乎とした否を含む表明である。
>
> （徳善「ローマ人への手紙第一章一六―一七節」『説教者のための聖書講解　ローマ人への手紙』二八頁）

徳善氏はこう語ります。「『信じる』ことは、その神の力の働きかけを受けるための人間の側の条件ではないし、条件たりえない」、「神の力が我々に働きかけて、我々のうちに信仰を起こし、信仰を賜物として与えるのである」。そして「従ってこれは、信仰をなんらかの形で少しでも、神の働きを受けるための人間の側の条件にしてしまおうとすることに対する、断乎とした否を含む表明である」と言います。徳善氏は、信仰は神の働きの結果である、とここで明言しています。

新共同訳のガラテヤ書二16には「イエス・キリストへの信仰によって義とされる」という言葉がありますが、その「イエス・キリストへの信仰」は、聖書協会共同訳では、「イエス・キリストの真実」と訳されています。聖書協会共同訳では、人が義とされるのはイエス・キリストの真実によるのだ、という意味に訳されているのです。私はその聖書協会共同訳に共感します。これまで前田護郎、佐藤研、武藤陽一などがこのような立場で訳しています。「イエス・キリストへの信仰によって義とされる」の場合は、信仰、すなわち信じるという行為が、義とされること——救い——の条件となってしまいます。しかしイエス・キリストの真実によって義とされる、となると、イエス・キリストの真実とは神の真実のことですから、人間の側で信じる・信じないにかかわらず、神の側の業によって一方的に、無条件に救われ義とされるのだということになります。信仰は徳善氏の言うように「神の働きを受けるための人間の側の条件」ではない、つまり救いの条件ではない、ということになります。

まず神によって無条件に救われ義とされたからこそ、その者は神によって信じせしめられる、信仰を起こされるのです。そしてこのことを私は「義認信仰」と呼んでおります。まず最初に神が義として下さることで、その者に信仰が起こされるからです。

先ほどのロマ書「序文」で、ルターは傍線①〜③の内容を受けて、「さて、『義』とはそのような信仰のことであり、神の義とか、神のまえで妥当する義とか呼ばれる」（傍線④）と言います。

つまり「神の義」（ロマ一17）とは、神の側での救いの業によって、一方的に、無条件に、不敬虔な者を義として（四5）、その者に信仰を起こせしめる「神の力」（16節）のことなのであります。「神の義」とは、人を義として信仰を起こせしめる神の働きそのものなのでありまして、「神の力」とも言い換えることができるのであります。

今、私は「不敬虔な者を義として」（四5）と言いました。神はその者が優秀でなくても、不信仰な者でも、全ての人を一方的に、無条件に、ありのまま受容して下さり、その者を義とされます。その全ての人を一方的に、無条件に義として信仰を起こせしめる神からの業、それが「神の義」（17節）なのであり、「神の力」（16節）なのであります。16節には「福音は、ユダヤ人をはじめ、ギリシア人にも、信じる者すべてに救いをもたらす神の力です」とありますが、そこに記されている「神の力」は、全ての人を一方的に、無条件に、ありのままそのまま受容する、神のとてつもなく大きな愛の受容の力、と言ってもよいでしょう。神の無条件の受容の力――それが、ユダヤ人・ギリシア人・韓国人・日本人……の別にかかわらず、いかなる人をも受容して義とする神の力です。

二　神の無条件の受容

それでは神の無条件の受容とはどのようなものか、見てみたいと思います。

イエスは地上において、全ての人への神の無条件の愛を宣べ伝え、その愛を実践した結果、有条件の救いを語る者たちによって十字架上で殺害されました。有条件＝律法主義にある人々によって、殺されたのです。律法主義は律法を守ろうとする人間的努力に基づきます。人間的努力という条件によって救われようとする信仰です。パウロは神の救いは人間的なものによるのではない、と言いました。そして彼は律法主義のみならず、ギリシア・ローマ世界の知恵をもまた人間的なものと見ていました。これから彼が行って会おうとしているローマの人々は、ギリシア文化に親しんでいる人々なのであり、人間的な知恵に囲まれている人々なのでした。

Ⅰコリント書一・18—25で、パウロはこう語っています。

十字架の言葉は、滅びゆく者には愚かなものですが、私たち救われる者には神の力です。それは、こう書いてあるからです。

「私は知恵ある者の知恵を滅ぼし
　悟りある者の悟りを退ける」。

知恵ある者はどこにいる。学者はどこにいる。この世の論客はどこにいる。神は世の知恵を愚かなものにされたではありませんか。世は神の知恵を示されていながら、知恵によって神を認めるには至らなかったので、神は、宣教という愚かな手段によって信じる者を救おうと、お考えになりました。ユダヤ人はしるしを求め、ギリシア人は知恵を探しますが、私たちは十字架につけられたキリストを宣べ伝えます。すなわち、ユダヤ人にはつまずかせるもの、異邦人には愚かなものですが、ユダヤ人であろうがギリシア人であろうが、召された者には、神の力、神の知恵であるキリストを宣べ伝えているのです。なぜなら、神の愚かさは人よりも賢く、神の弱さは人よりも強いからです。

18節の「滅びゆく者」とは、この世の「知恵」によって伝道している人たちのことであります。ここでパウロは、神はこの世の知恵を愚かなものにしたと語り（20節）、「ユダヤ人はしるしを求め、ギリシア人は知恵を探しますが、私たちは十字架につけられたキリストを宣べ伝えます」（22—23節）と断言します。パウロが伝道において拠って立つものは、ユダヤ人が求めるような奇跡や目に見えるもの（しるし）ではなく、またギリシア人の求める人間的な知恵でもなく、ひたすら愚かで弱い（25節）、殺害されゆく（「常にイエスの殺害をこのからだに負って〔歩き〕まわっている」〔Ⅱコリ四10、岩波訳〕）十字架につけられたままのキリストなのだ、とここで決定的に語っています。

23節の「十字架につけられた」のギリシア語は現在完了形が使用されており、完了した動作の生み出した状態が依然として継続中であることを表していますので、「十字架につけられたまま」と訳した方がよいのです。パウロは彼の回心において、彼の心の中にこの「十字架につけられたままのキリスト」が啓示されたのでした。私共はその十字架のキリストが無残な殺害された姿であることから目をそらしてはなりません。そしてその殺害は、彼が全ての人への神の無条件の愛を宣べ伝え、人々を無条件に受容した「結果」であることを知らねばなりません。イエスの死は罪の贖いのための死ではなく、彼のそのような愚かで弱い、無条件の愛と受容という歩みの単なる帰結でした。

しかしその十字架上で愚かなものとなり、弱くされて死んだイエスに、神は「よくぞ我が無条件の愛を貫いた」と、神の「然り」を与え、復活させたのです。そしてその復活した姿も、実に「十字架につけられたまま」の愚かで弱い姿だったのです（25節）。

パウロに啓示された復活者は、そのような愚かで弱い「十字架につけられたままのキリスト」でした（Ⅰコリ一23、二2、ガラ三1）。決して光り輝く強い姿ではありませんでした。神は人となり切り、人の愚かさと弱さ以下のものになられたのです。神が人間となる、ということはそのようなことです。神が私共以下の愚かで弱い者となられる。そのことを私共が知る時に、私共は私共の愚かさのまま・弱さのままで、ありのまま・そのままで神に無条件に受容されていることに気付き、救われるのです。すでに救われていたことに気付くのです。

神の側からすると、神はご自分の愛ゆえに、人間以下の愚かで弱い者となりながら、愚かで弱い人間を無条件に受容なさるのです。

救いとは、弱さから強さに変わることではありません。愚かで弱い者が、愚かなまま・弱いままで、無条件に神に受容され救われることなのです。愚かなまま・弱いままで強くされることなのです。繰り返しますが、救いとは愚かで弱い者が強くなることではありません。愚かで弱い者が、愚かで弱いままで、そのまま・ありのままで、神に受容されることなのです。愚かなまま・弱いままで、同時に強くされることなのです。「力は弱さの中で完全に現れる」「私は、弱いときにこそ強い」（Ⅱコリ一二9―10）とパウロが語っていることは真実だ、ということがほんとうにわかることなのです。

私共は、復活ということを、弱さから強さに変わることだと勘違いをしていないでしょうか。真の復活とは、愚かなまま・弱いままで強められることなのであります。神は愚かなまま・弱いままの私共を、ありのまま・その輝かなくてもよいのです。ありのままでよいのです。

そのまま受容して下さる。そのことに感謝したいと思います。

無教会においても、優秀な人・出世した人が優れた信仰者としてほめたたえられる場合が、多いようにも思えますが、それは倒錯したものと言わざるを得ません。十字架上の神ご自身が一番出世から離れた方であることを確認しておきたいと思います。福音信仰におきまして、出世主義は廃棄したいと思います。無教会の復活は、そこから始まりましょう。愚かなまま・弱いまま、あなたのありのまま・そのままでよいのです。

パウロはⅠコリント書一24で、そのような愚かで弱い十字架につけられたままのキリストが「神の力」である、と言うのです。神は愚かで弱い者となりながら、愚かで弱い人間を無条件に受容なさるからです。それが「神の力」です。ですから本日の箇所のローマ書一16の「神の力」は、愚かで弱い十字架につけられたままのキリストそのもののことなのです。「神の力」は愚かで弱い姿をとる。そしてその愚かで弱いままのキリストこそ、パウロにとっての復活者なのです。パウロは律法主義という人間的行為に行き詰まったときに、この愚かで弱い十字架の復活者に出会い、神に無条件に受容されて、「神の力」を知らされて、愚かなまま・弱いままで、死から生へと奪還されたのです。ですから、パウロは徹底して、復活者すなわち十字架につけられたままのキリストを通して神の愚かさ・弱さを見つめ、ひたすらそこに立っているのです。

三　私は福音を恥としない

パウロが宣べ伝えるそのような十字架につけられたままのキリストは、ギリシア・ローマ世界の知識人たちには愚かな迷信のように受け取られていました。人間的努力、人間的な知恵や力をもてはやす人々の中で、十字架につけられ、愚か者・弱い者として殺害された方こそ救い主であると語ることは、中傷と辱めの言葉をあびせられたことでしょう。

そのような嘲笑いの只中で、パウロは「私は福音を恥としません」と断言したのです。それは、彼が彼の中にいる愚かで弱い復活者を誇りに思っている、ということの表明です。その復活者が彼に「焼き印」として刻まれました（ガラ六17）。そしてパウロもまた、イエスが歩んだごとくに、全ての人への神の無条件の愛と受容を宣べ伝える者とされました。

弱さと強さが、彼の歩みにおいて、共存しておりました。イエスやパウロが生きた、全ての人への神の無条件の愛と受容の福音こそ、ローマ書一16でパウロが語る「ユダヤ人をはじめ、ギリシア人にも、信じる者すべてに救いをもたらす神の力」の核心です。この「ギリシア人」は、異邦世界全体を代表する存在としてのギリシア人ですので、世界中の民、世界中の人々、と広く捉えることができましょう。神は「神の義」（一17）により、全ての民族、全ての人をすでに愛し、すでに受容して下さっている、とここでパウロは語っているのです。「神の義が、福音の内に、真実により信仰へと啓示されているからです」（17節）とは、そのことを語っています。「神の義、すなわち神の真実が神ご自身によって成されることにより、神は人を無条件に受容し、人の信仰を起こして下さるのです。

「正しい者は信仰によって生きる」（17節）。これは旧約ハバクク書二4からの引用です。ここは、私は「真実による義人は生きるであろう」と訳したいと思います。先にも述べましたが、ピスティス（信仰）を真実と訳し、「義人」にかかるように訳します。岩隈直《なおし》や木下順治という神学者が私と同じように訳しています。ここは注解者によって訳が分かれています。私訳の根拠は、神の義、すなわち神の真実によってこそ、人は神に無条件に受容され義とされ、その者に信仰が起こされる、という信仰的内実にあります。そのようにして「生きる」とは、キリストのように、全ての人を無条件に愛し受容する者とされて生きる、ということです。

この度の無教会全国集会のテーマは「福音に生きる」ですが、ここに一つの回答を得ることができると思います。全ての人を無条件に愛し受容する神によってすでに救われていることを知った者は、全ての人を無条件に愛し受容する者として生きることになる、ということです。その歩みは真に愚かで弱い、見栄え無きものとなりましょう。しかしこれが福音に生きる、ということではないでしょうか。

敵をも愛し受容する。全ての人を無条件に受容する。これがイエスの語った愛敵の教え――「汝の敵を愛せよ」（マタ五44）の根幹であり、この教えは本日学んだ「神の義」「神の力」によって実現することなのだ、ということがわかります。神は神の敵であるこの私共をも受容して愛して下さった（ロマ五10）。ですから私共も、私共の敵を、当然のように受容するのです。ここにおいてこそ、地上に神の愛が、決定的に現れるのであります。世界中の人々がこの真実を知る時に、世界の戦争は終わりを告げることでしょう。

自分の敵をも真実に愛し、無条件に受容できるか。本日はそれが私共一人ひとりに問われています。そのことをパウロは「私は福音を恥としない」と断言しつつ、ローマの人々に、私共に語ろうとしているのかと思います。

本日の箇所は、ローマ書全体の主題の箇所と言われています。そしてルターが「神の義」に関して決定的に気付きを与えられた、いわば彼の宗教改革の原点ともなる箇所です。同時に私共、無条件の救いを旨とする無教会の根本精神をここに見出すことができると思います。

〈付記〉疑問・ご意見にお答えする

全国集会の参加者にとって耳慣れない「義認信仰」の内実を持つ私の聖書講話に、どのような反応があるかを多少気にしていたが、全体的に肯定的な反応であったように思う。特に二〇—四〇代前半の比較的若い方々から、「普段考えていることを言葉にして頂いた」というような感謝の言葉を受けると、これまでの思索と歩みが報われるような思いを覚えた。神は変わらないお方であっても、私共の神観を画一化せずに見直すことはやはり大事なのであろうと思う。無教会に今後必要なことは、そのような意味での多様性であろう。

講話の後で、「自由な話し合い」というプログラムにおいて、私の聖書講話に関して疑問や意見が提起された。それは次のようなものである。

①荒井は「イエスの死は贖いのための死ではない」と言い、贖罪信仰を否定しているが、内村は堅固な贖罪信仰を持っていた。そのあたりの神学的整理がなされていないのではないか。

②聖書には贖罪についてあちこちに書かれているので、贖罪信仰の否定は聖書に従っていないものであり、間違っていると思う。

③荒井はイエスが十字架にかけられたまま、苦しんだまま復活したという。この復活は理解することが難しい。

これら三つの疑問や意見に関しては、簡略ではあるが、以下にまとめてお答えしたいと思う。

贖罪信仰は、原始エルサレム教会の人々が、イエスの死に関して解釈したものであり、犠牲と身代わりという律法主義的論理が内在されているものである。パウロが「キリストは律法の終わり」(ロマ一〇4)と言っているが、これは「自分の義」を立てるような律法主義の終わり、という意味である。律法主義が終わりになったならば、律法主義特有の救済論である贖罪論（イザ五三章、レビ一六11―15に基づく）も廃棄されることが自然である。キリストが律法を終わらせたにもかかわらず、イエスの死後に贖罪信仰は残ってしまい、不本意にもその後に成立した福音書にも書き込まれたのである。大事なことは、律法主義の残滓でもある贖罪信仰よりも、イエスが地上でどのような福音を宣べ伝え神のみ心を現したか、ということである。そのイエスの福音は、「全ての人を無条件に愛し受容した」ということに他ならない。イエスは神の愛を十全に現して生き、それがゆえに十字架で殺されたのであるが、十全に神の愛を現したがゆえに、神はイエスを復活させられた。そしてその復活の姿は、いかなる人間よりも罪深く苦しく、悲しい人間としての姿であった。これが神が人間となる、ということであり、パウロの証言によれば、それは「十字架につけられたまま」の姿であった（Ⅰコリ一23、二2、ガラ三1）。それは神ご自身が見捨てられた者となったということであり、世の見捨てられた者を、ありのまま・そのまま受容するための神の愛の姿であった（モルトマン『十字架につけられた神』二六三―二六五頁、青野『パウロ』一二四頁）。

　福音書に書かれているいわゆる「光り輝く強い復活者」は、Ｊ・Ｄ・クロッサンが言うとおり、「政治的な目的を劇に仕立てたもの」「イエス本人がもういない今、任務を継ぐのは誰なのか、ということを伝えるのが目的」であると私は考える（クロッサン『イエスとは誰か』一六五頁）。復活したイエスが人々に現れたという聖書記述は、使徒や教会に権威を持たせるための創作であろう。しかしパウロは実際に心の中に「十字架につけられたままの復活者」を示されたのであり（「御子を私の内に啓示することを」［ガラ一16、岩波訳］）、それが真実の復活者であると考える。パウロもそうであるが、人はそのようなあらゆる弱者・罪人以下になられた神によって受容され、初めて死から生へと救われる。弱い者が強い者になるのではなく、弱いままで強くされるのである。十字架につけられたままの復活者もまた、「弱いときにこそ強い」神なのである（Ⅱコリ一二10）。その逆説性が大事である。無教会信徒は、もはや強者の論理からは卒業した方がよいであろう。それは強く光り輝く復活理解からの卒業でもある。
贖罪に関する記述も、光り輝く強い復活者に類する記述も、イエスの死後になされた解釈に基づき新約聖書に書かれたものである。繰り返しになるが、私共は聖書に記載されている、そのような人間的な記述を読み分けて、神の真実なる福音を知ることが大切である。イエスの地上の業を通して、神がいかに「全ての人を無条件に愛し受容されたか」を素直に知り、そのみ旨に生かされることが求められているのである。

［理解を深めるための推奨図書］本文中に記載したもの以外では、大貫『原始キリスト教の「贖罪信仰」の起源と変容』、同『イエスの時』。

（「無教会全国集会２０２３聖書講話」『十字架の祈り』一二〇号［二〇二三年一一月］）

（1）二〇二三年一一月四日に今井館聖書講堂で行われた無教会全国集会にて、私は聖書講話を担当させて頂いた。私の「義認信仰」を、駒込キリスト聖書集会以外で初めて公に語る聖書講話である。その全文を掲載する。

第二章　贖罪信仰から信仰義認へ

私が贖罪信仰に疑問を持ち始めたのは、二〇一七年に計画が始まり、二〇二一年九月に目黒区中根から文京区本駒込へ移転・竣工した、今井館という無教会にとって大切な建物の移転作業に、NPO法人今井館教友会の事務局長として深く関わったからであった。その具体的作業の中で、これまでの無教会の中心的な信仰である贖罪信仰に疑問を抱いたのである。それは二〇二〇年ごろから、ちょうど新型コロナが日本で猛威を振るった時期と重なる。

本書で私が使用している「信仰義認」という言葉の内実は、私が最終的にたどり着いた「義認信仰」と同じ意味であると受け止めて頂いてよい。人は神によって受容され義とされて、そこに初めて信じるということが自ずから生じせしめられるのであり、その逆ではない。神によって義とされることが先にあり、信じることはそこから自ずから起こされるのである。だから「義認信仰」という言葉遣いが本来適切であろう。その考えの萌芽は「〝光り輝く復活〟からの訣別」（本書七八頁）の文章にも見ることができる。しかし明確にその認識に至り、言葉として表現するには、「贖罪信仰との訣別」（本書三九頁）、「贖罪信仰から信仰義認へ」（本書四一頁）という文章を公にして、贖罪信仰から信仰義認へと私の信仰が変わったことを明言してから約一年の時間が必要であった。信仰義認から義認信仰への変化に関しては、本書第九章で述べることにする。本章においては、贖罪信仰から信仰義認への私の信仰の変革に関して述べている、右の三つの文章を含む私の文章をお読み頂きたい。

贖罪信仰との訣別

私は今号の聖書講話「復活の命」の中で、このように語った。

> 神は十字架で殺害されたイエスを「然り」とされたのです。神のみ旨を語り続ける者は、この世にうとんじられ、十字架で殺害される。しかし神はその者が神のみ旨を全うしたがゆえに、その殺害された死そのものを「然り」とされるのです。殺害された死を神は「然り」とする――そこに逆説があります。同時にそこにおける十字架の死には何らの贖罪の意味は見出せません。イエスの十字架の死は神のみ旨を生き切った者の生の帰結であり、贖いの意味は無いのです。そしてその神の与えられた「然り」こそが、復活の命と言ってよいのであります。

数年にわたる様々な思索の中で、私はついにここにたどり着いたのである。十字架の死は、イエスが人々の救いのために自分で計画した贖いの死ではなく、イエスが神のみ旨を歩んだ結果の、殺害された死である。イエスの死は贖罪ではないのである。それはイエス自身も予想もしなかった死である。栄光など全くない、殺害された死である。

信仰に栄光は必要ない、ということが現在の私の考えである。十字架にも復活にも栄光はない。信仰において栄光を認める時に、栄光を求めるようになる。信仰者の死にも栄光を求め、復活においても栄光を考えるようになる。その者の信仰に不思議なご利益的な思いが入り込むのである。栄光は勝利の念を強くし、その陰に信仰の敗者を生み出す。信仰に優劣をつけ始める。出世をしなかった信仰者は失格者と見なされる。出世をした信仰者はその信仰の内容にかかわらず、立派な信仰者と見なされる。おかしなことである。

イエスは弱かったのである。敗者である。しかし神はその弱さに立たれたのである。イエスの十字架の死はどうしようもなく弱いことの証明であったが、その愛なる生き方ゆえに、神はその弱さに「然り」を与えられたのである。パウロにとっての復活のイエスは、そのような弱い「十字架につけられたままのキリスト」であった。無力な弱者キリストであったのである。

復活者キリストは、立派な贖罪の死の後の、光り輝く復活者では全くない。

私はパウロの信じる無力で弱いキリストを信じる。同時にほんとうは弱さそのものであったイエスを、強者に仕立て上げた贖罪信仰を憎しみに近い形で放棄するのである。

ウクライナの戦禍で死にゆく無力で小さき人々に、キリストの贖罪がいかなる力を与えようか。彼らは自分の罪ゆえに死ぬのであろうか。

神がウクライナの死に行く人々と共に死なれる――それこそが慰めなのである。

私は贖罪信仰を放棄した。

願わくは、強者の無教会に多少なりとも弱者の風が吹くことを祈る。

(『十字架の祈り』九九号〔二〇二二年二月〕)

贖罪信仰から信仰義認へ

罪と何のかかわりもない方を、神はわたしたちのために罪となさいました。わたしたちはその方によって神の義を得ることができたのです。
（Ⅱコリ五21）

一

新型コロナウイルスが世界的に猛威を振るい始めた二年前の七七号（二〇二〇年四月）にて、「旅立ちの時」という題の聖書講話を掲載し、新型コロナの根本的な問題を模索しそれに対峙し始めたことは、己の信仰を問い質す作業でもあった。五年前の二〇一七年九月に、私が自宅の土地を寄贈するということを自分も勤務する今井館に申し入れてから、今井館は移転の方向に舵を切り動き始めたのだが、私自身も深く関わってきた移転事業は、今井館の体質の欠点をあからさまにもし、その改善事業でもあったと思う。それに関しては私自身、精神的にも厳しい戦いを伴わざるを得なかったのだが、新型コロナに端を発する信仰の問い質しは、今井館に身を置く私の実存をかけてのものともなったのである。

今号は本誌創刊第一〇〇号である。九九号にて「贖罪信仰との訣別」を表明した私は、今号のこの論考にて、贖罪信仰と訣別してどこに着地したかを明らかにしたいと思う。簡単に結論を言えば、信仰義認に落ち着いたのである。贖いの信仰にはさよならをして、信じて義とされるシンプルな信仰に落ち着いたのである。

今年三月一三日の駒込キリスト聖書集会の私の聖書講話は「神が罪となる」という題であった。それはⅡコリント書五16―21を聖書箇所とする講話であった。

その21節に「罪と何のかかわりもない方を、神はわたしたちのために罪となさいました」とある。それは単純に考えて、「神が罪となった」と言い換えることができると思った。み子と神は一体だからである。講話作成作業の只中で、そのことに思い至ったとき、極めて不思議な平安が私を覆ったのである。

私自身罪人である（『十字架の祈り』九八号［二〇二二年一月］巻頭言「罪人であることを知ること」参照）。私と同じ罪人に神がなられた、神は高みにおられるお方ではなく罪に苦しむ人間と共におられる、しかも人間と同じ罪人となってまで共におられる、ということを知らされ、決定的な平安を得たのである。神は人と共におられる方であり、しかも罪の根源まで降りてきて下さり――否、神は初めから人と共にいて――ついには罪人にまでなって下さったのである。ここに神の支配は一切存在しない。神は人を支配する方ではなく、共におられる方である。罪人にまでなって下さり、共に罪に苦しんでいて下さる。これに気付かされて、深き平安に達したのである。

これは罪の贖いではない。神が罪となられた、ということであり、そこまで罪人を愛して下さる神を知り、その神を信じることで義とされる、信仰義認なのである。この21節の後半に「わたしたちはその方によって神の義を得ることができたのです」とある通りである。

ここに新しいようで古い、ある意味当たり前でもある、信仰義認による罪の問題の解決を提唱する。

今号は一〇〇号である。偶然ではあるが、切りのよい数字の号にて、新たな信仰の表明ができたことは幸いである。これが無教会の信仰の新しい流れに結びつくことともなれば、と考える。

本号では特に、最後の聖書講話「神が罪となる」（本書四八頁）をお読み頂きたく願う。

二

先日、月本昭男氏より、貴重な新刊著書のご恵贈に与った。『見えない神を信ずる――月本昭男講演集』である。月本氏は、旧約学の第一人者であることは改めて語るまでもないことであるが、この三月で上智大学をご退職されるので、その記念としてこの講演集を出版されたとのことである。その最後の文章「内村鑑三の贖罪信仰――その特色と現代的意義」を拝読させて頂いた。

その中に、内村の信仰に関してこのようなことが書かれていた。

『求安録』において内村は、「何ゆえにキリストの死と苦痛とは彼を信ずる者の罪を滅するや」と問い、続けて「この問題を攻究せんとするにあたって、余輩はまずすべての善人は贖罪的の性を有する者なることを認めざるべからず」と記しています。そして、「罪なき者が罪ある者の罪を負うにあらざればその罪は消滅せずべしとは、天下普通の道理なり」とまで言い切っています。つまり、キリストだけではなく、善人の死と苦痛もまた贖罪機能を果たすのだ、というのです。（月本『見えない神を信ずる』一七九頁）

ここで月本氏は、内村が「キリストだけではなく、善人の死と苦痛もまた贖罪機能を果たす」と語ったことを紹介しておられる。かつて私はこれをこのまま信じていた。私も内村の贖罪理解を共有する贖罪信仰者であったのだ。さらに内村はこのような贖罪論に加えて、刑罰代受説という贖罪論にも立っていた。それゆえ月本氏が同書で「神は人類の罪に対する罰をみ子イエス・キリストに負わせて十字架で罰したがゆえに、われらの罪は帳消しにされた、というような贖罪理解を内村は語りませんでした」（月本『見えない神を信ずる』一八一頁）と言われていることには、疑問符を付けざるを得ない。内村は、藤井武に向けて厳しく自身の信仰を書き示した文章「神の忿怒と贖罪」の中で、「神はそのひとり子の上に人類のすべての罪を置きたもうたのである。しかして彼にありてこれを処分したもうたのである。……キリストはここに人類を代表して、人類の受くべき罪の適当なる結果（刑罰）をおのが身に受けたもうたのである」（内村「神の忿怒と贖罪」『内村鑑三信仰著作全集』第十二巻、五三―五四頁）と語り、最後には「余は『キリストがわれらの罪の代わりに十字架上において罰せられたという事』を信ずる者の一人である」（内村、同書、五九頁）と語っている。この文章の中でこのような信仰を「代刑代罰」「代刑代贖」と内村は言っているが（内村、同書、五四頁）、これは刑罰代受説のことである。内村は極めて基本的な彼の信仰として刑罰代受説に立ったと同時に、月本氏がここに示されたような、善人の死には贖罪の力がある、との贖罪理解も語ったのである。さらに内村は「何びとといえども、おのれ一人のために生きまたおのれ一人のために死する者はない。人は死して、幾分か世の罪をあがない、その犠牲となりて、神の祭壇の上にささげらるるのである」と言い、いかなる人の死も贖いの力を持つ、と言っている（内村「祝すべき死」『内村鑑三信仰著作全集』第二〇巻、二八六頁）。

内村の信仰は、神は人間の罪を贖われる、というものである。それは贖罪信仰である。一方、私が語る信仰は、神が罪となる、神が罪人となる、その愛なる神を信じて義とされる、という信仰である。これは贖罪信仰ではなく、信仰義認である。神はどん底の罪人と同じ姿にまでなられる。神はそこまで人を愛し、人と共におられる、ということであり、そこに贖いという神の行為はない。ひたすら人と共におられる神なのである。インマヌエルの神である。そのような神を信じることで、人は義とされるのである。そこに罪人の救いがある。罪人のままで救われるのである。

私は決して内村の信仰を否定しているのではない。ただ、私が新たに与えられた信仰とは違うのである。この論考は、私の贖罪信仰への訣別の表明でもある。私が現在立つに至った信仰は、贖罪信仰ではなく信仰義認である。そしてそれは、パウロが真実に立っていた信仰であると信じる。パウロが語るところの、あのアブラハムもダビデも、イエス・キリストの贖罪の十字架と関係なく、神を信じて義とされ救われた、あの信仰である（ロマ四1―8）。

罪人となるほどまでに人を愛される神を信じれば、誰でも義とされる。その者は万人の生きる価値を「然り」とする神のご意志を受け継ぐ者となる。いかなる小さき者へも「然り。生きていてよいのだ」という福音を、一人残さず全ての人に宣べ伝える存在となる。このどうしようもなく罪深き者を、神はご自身が罪人となることで「然り」とされた以上、他のいかなる者にも神の「然り」は与えられることを信じざるを得ない。

このような信仰のもとでなければ、現在のウクライナとロシアの戦争の問題は解決がつかないであろう。強い支配者はさておき、逃げまどう小さきウクライナ市民は生きねばならない。死んでよいはずがないのだ。まして支配者の戦闘意欲の犠牲となって死ぬことなどあってはならない。

彼らは内村の言う「贖罪機能」の名目のもとに死ぬ方がよいのであろうか。私は死んではならないと思う。死そのものに何らかのよき価値があるであろうか。私はないと思う。内村の贖罪信仰（かつての私の信仰）には、そのような疑問が残るのである。人はいかなる者も生き得なければならない。

無教会の信仰は、全ての者を生かす神のご意志のもとに、新しくならねばならないのであろう。ここに万人救済を望む神の愛がある。

三

最後に、私が与えられた信仰義認の信仰に関して、ドイツの新約学・組織神学者であるエーバーハルト・ユンゲルの著書が助けになったことをお知らせしておきたい。

ユンゲルは、冒頭に挙げた五21を含むⅡコリント書18―21節に関して、著書『死――その謎と秘義』にて、このようなことを語っている。

この最後に述べた考察とともに、私たちはキリスト教信仰の核心へと迫るのである。それはいろいろに表現することができる。しかしながらキリスト教信仰の核心について語る――あるいはよりよく言えば、キリスト教信仰の核心から語る――いかなる試みも、イエス・キリストの死が、神が関わるゆえに私たちに関わるということを抽象化することはゆるさない。思考・教理・典礼において、神をこの死の悲惨から外に置いてしまうようなすべての試みは、キリスト教信仰の本質を素通りしているのである。

イエス・キリストの死についての、伝統的・神学的誤解は、ここにおいてはっきりと取り除かれねばならない。それは――確かに新約聖書の表現と結びついてではあるが――あたかもイエスの死が神の怒りをなだめるために献げられた人間の犠牲であるかのように、つまり「海が荒れると犠牲が捧げられる」といった、怒れる神に恵み深くしてもらうために、犠牲が献げられるといった考え方である。そうではないのだ！①イエスの死との関連において犠牲について語られるとするならば、それは神の彼岸性、神の触れることのできない性格、神の絶対性が犠牲にされることを語っているのである。簡潔に言えば、この罪なる被造物に対する神の絶対性が犠牲にされることを語っているのである。何となれば、神と死んだイエスとの同一性はこれらすべてのことを意味しているからである。神は、イエスの死によって、自分と和解せしめたのではない。そうではなく、神から離れてかたくなになっているこの世と、御自分を和解させたのである（Ⅱコリント五・一八以下）。神は和解者である。世界は和解された世界であり、人間はこのもたらされた和解に基づいて語りかけられる人間である（Ⅱコリント五・二〇）。

人間に、このもたらされる和解に基づいて語りかけるとは、言うまでもなく、人間の神なき姿、罪が神御自身にその痕跡を残すということに対して、目が開かれることである。みずから罪人の死の呪いを引き受けた神②は、まさに、人間の神なき姿と罪とを引き受けた神なのである。神はこれらの神なき姿と罪とをみずからに引き受けることによって③、それに抵抗される。死んだイエスと同一視するということについて語る場合、このことを意味しているのである。ルターはそのことを次のように語った。キリストは、今や――十字架において――「すべての者の中で最大の強盗、殺人、姦淫する者、盗人、宮を汚す者、神を汚す者等であった。この世に決してそれ以上の者はいなかった」。しかしながら、信仰者が神御自身に自分の神なき姿の痕跡を認めざるをえないことを、喜ぶことができる時のみ、この発言によってキリスト信仰の核心に触れたのである。神御自身に認められる人間の神なき姿の痕跡が和解のしるしである。このことが義認論の言葉によって④、最も独特な形で表現されたイエス・キリストの死の意義なのである。

（ユンゲル『死』一九一―一九三頁。傍線・番号荒井）

ユンゲルはこの文章で、犠牲を求める贖罪信仰を「取り除かれねばならない」「そうではないのだ！」と否定している（傍線①）。自らに人間の神なき姿――罪――を引き受けることを通して（傍線③）、つまり神ご自身が罪となり、罪人の死の呪いとなって（傍線②）、人間と和解して下さるのである。そこまで神は人を愛し給う。ここに五21を含むⅡコリント書五18以降の義認論的解釈が示されている（傍線④）。私に与えられた恵みによれば、この和解の神――罪となった神――を信じれば義とされる。そこには洗礼・聖餐などのサクラメントは介在しない（ロマ四5）。

本誌一〇〇号にあたり、このような新しい無教会信仰を語ることができたことに、感謝している。

（「巻頭言」『十字架の祈り』一〇〇号［二〇二一年三月］）

神が罪となる

コリントの信徒への手紙Ⅱ五章16―21節

[16]それで、わたしたちは、今後だれをも肉に従って知ろうとはしません。肉に従ってキリストを
知っていたとしても、今はもうそのように知ろうとはしません。[17]だから、キリストと結ばれる
人はだれでも、新しく創造された者なのです。古いものは過ぎ去り、新しいものが生じた。[18]こ
れらはすべて神から出ることであって、神は、キリストを通してわたしたちを御自分と和解させ、
また、和解のために奉仕する任務をわたしたちにお授けになりました。[19]つまり、神はキリスト
によって世を御自分と和解させ、人々の罪の責任を問うことなく、和解の言葉をわたしたちにゆ
だねられたのです。[20]ですから、神がわたしたちを通して勧めておられるので、わたしたちはキ
リストの使者の務めを果たしています。キリストに代わってお願いします。神と和解させていた
だきなさい。[21]罪と何のかかわりもない方を、神はわたしたちのために罪となさいました。わた
したちはその方によって神の義を得ることができたのです。

冒頭の「肉に従って知る」とは、前の12節の「外面を誇っている人々」のような仕方で知る、ということでありましょう。つまり外面ではなくて、内面に従い生きねばならぬ、ということを言っているのです。前回、そのような内面に従う歩みは、「十字架につけられたままのキリスト」を心に与えられて、己をその十字架に合わせて生きることだ、と学びました。それは一体どのようなことなのでしょうか。それは最後の21節を学ぶことでわかって参ります。

罪と何のかかわりもない方を、神はわたしたちのために罪となさいました。わたしたちはその方によって神の義を得ることができたのです。

ここでパウロは、神は「罪と何のかかわりもない方を罪とした」と言っております。つまり罪なきキリストが十字架で罪人として殺害されたことを語っています。「罪と何のかかわりもない方」とはキリストのことです。同時に神ご自身がそうなのであります。ここで私共は、神ご自身がキリストにおいて受難していると受け止める時に、この21節の真意は、神ご自身が罪人として十字架につけられたことなのだと捉えることができるのであります。大貫隆氏はこのように語っています。

もちろん、歴史上の人物としてのイエスは、この問いに対する答えを見つけることはできませんでした。それは、後に残された直弟子たちの課題でした。やがて、彼らは、イエスの死は神が人間の「罪」を贖うために律法に準じて備えた「供犠」、すなわち「供え物の犠牲」だったという信仰に到着しました。その場合の「罪」とは、ユダヤ教の根本であるモーセ律法に対する違反行為のことでした。「供え物の犠牲」とは、この意味の「罪」を赦してもらうために、神に捧げるべき動物の犠牲（レビ一六章）のことでした。この見方の中心であった原始エルサレム教会は、イエスの死を贖罪の動物の供え物になぞらえるキリスト教――短く言えば「供犠的キリスト教」――となって、ついに律法の拘束力を打破できずに終わってしまいました。なぜなら、この信仰では、「罪」の定義も、それを贖う「供え物の犠牲」としてのイエスの死も、モーセ律法を規準にして定義されていたからです。すべてがモーセ律法の枠の内側で考えられていたからです。

しかし、このタイプの信仰が、今回の大震災で「死ぬに死ねない死」を死なねばならなかった犠牲者たちとその遺族に、どういう希望を語り得るものか、わたしは非常に疑問に思います。そこでは、神は超越的な高みに悠然としていて、「罪」に囚われた人間に代わって、自分で自分に独り子イエスを贖罪の犠牲として供えたかのように感じられます。神は人間の向こう側に対象化され、人間はこちら側の下の方にいて、その神と向き合っているという構図です①。確かに、このタイプの信仰はイエスが死から復活したことについても語ります。しかし、その復活は「死ぬに死ねない死」の暴力を打ち破る力とは、考えられていません。このタイプの信仰は、今回の大震災を乗り越えるパワーには決してなり得ないとわたしは思います。

しかし、原始キリスト教の中には、イエスの絶叫が残していった問いに対するもう一つ別の解答②がありました。それは主にパウロの手紙から読み取られるものです。そこでは、イエスは何らなす術もなく、十字架上で呪われた死に渡されます。しかし、神は他でもないそのイエスとこそ自らを同一化したと言うのです③。神は父であり、イエスはその独り子だと言うのです。そうだとすれば、独り子イエスの十字架の刑死は、現代ドイツの神学者J・モルトマンの表現を借りれば、「神自身がイエスにおいて受難し、神自身がイエスにおいてわれわれのために死んだ、ということを論理的帰結として含んでいる」ことになります。「神が十字架につけられた神となった」、「死が神自身にまで達した」ともモルトマンは言います④（『十字架につけられた神』喜田川信他訳、新教出版社、一九七六年、一三八頁）。しかも、モルトマンがこのことを強調するわけは、「死に行くキリストをわれわれの罪のための贖罪の供え物と見なす見方は、復活の使信とのいかなる内的な〔神学的〕関連をも示すことができないから」（同一三三頁）なのです。わたしはこの見方に深く共感します。

ここでは、神についての思考の大転換（メタノイア）が必要です。神は先ほどの原始エルサレム教会の贖罪信仰の場合のように、向こう側に客体として存在するのではありません。神はこちら側にいて、苦しむ人間と一体化しています。「死ぬに死ねない死」を死ぬ人々とともにいるのです。「神さま、どうしてですか？」と問いながら絶命していった今回の津波の犠牲者たちと一緒にいたのです。思い切って言えば、神は彼らと一緒に流されたのです。

（大貫『真理は「ガラクタ」の中に』一七七―一七九頁。傍線・番号荒井）

大貫氏は、贖罪信仰では三・一一の大震災でのような「死ぬに死ねない死」の解決はつかないのだ、しかし原始キリスト教には「もう一つ別の解答」（傍線②）があった、と言います。その「もう一つの別の解答」を学ぶことがこれまでの学びに繋がるところです。その「もう一つ別の解答」とは、イエスが追いつめられ殺害される十字架上で、「神は他でもないそのイエスとこそ自らを同一化した」というものです（傍線③）。モルトマンはそれを「神自身がイエスにおいて受難し、神自身がイエスにおいてわれわれのために死んだ」、「神が十字架につけられた神となった」「死が神自身にまで達した」と言ったとのことです（傍線④）。

従来の贖罪信仰では、神は人間の向こう側におり、人間はこちら側にいて、その神と向き合っているという構図になります（傍線①）。神は罪を犯すことのない完全に聖いお方です。しかし私共が今見ていることは、神は聖さを捨ててこちら側に来られ、神ご自身が十字架につけられ殺害された――神が殺害された――ということです。ガラテヤ書にてパウロは「わたしは、キリストと共に十字架につけられています」（二19）と言っておりま す。そうならば、神は私共と共に十字架につけられ、死なれるのである、ということです。

神が十字架上で死なれ給う。私共と共に十字架上で死なれ給う。共に死なれる神。これが私共の神であります。人間を支配する神ではなく、聖さを捨ててこちら側に来て、人間と共にいて下さる神、共に呻き、共に死なれる神が、私共の信じる神であります。

神がこちら側に来て下さる神ならば、神は十字架上で私共と同じ罪人となられたのであります。パウロがローマ書七23―24で「わたしの五体にはもう一つの法則があって心の法則と戦い、わたしを、五体の内にある罪の法則のとりこにしているのが分かります。わたしはなんと惨めな人間なのでしょう。死に定められたこの体から、だれがわたしを救ってくれるでしょうか」と、自分が罪人であることを告白し嘆いていますが、実にこの時、神も惨めな罪人となってパウロと共に苦しんでおられたのでした。神は向こう側から見下ろす神ではありません。

いかなる時も人間と共にいて、人間と同じ罪人になられる方です。

神が私と同じ罪人になられる。それを知らされた時、そのような神に共振・共鳴して、深い平安が訪れます。それを知らされたパウロは、こう喜びの声を上げました。「わたしたちの主イエス・キリストを通して神に感謝いたします」(25節)。ここでパウロが「神に感謝」していることが大事です。イエス・キリストの十字架を通じて神ご自身が罪人としてパウロと共に十字架につかれ、同じ罪人となって下さっていることに喜びを覚え、感謝しているのです。


そしてそれはパウロにとって、初代教会から受け渡された贖罪信仰からの解放でもありました。

私共と共に死なれる神、私共と共に罪人となられる神、罪の贖いでなく罪そのものになられる神。そのような神を信じて義とされることが救いの原点であります。これは贖罪信仰ではありません。信じて義とされる信仰義認であり、パウロがローマ書四―五章でも語っている彼の中心思想です。罪を贖う神ではなく罪そのものになられる神、であります。


この信仰によって、私共は初めて、支配する神から脱して、共にいる神を知ることができるのです。

私共は自分が罪人であることを忘れてはなりません。しかし神も同じ罪人となって下さる。神は罪となって、私共罪人を、罪人のまま、ありのまま・そのまま受容して義とされるのです。以上が21節の解釈です。

このような神を信じることで、初めて私共は16節の肉に従わない生き方ができるようになるのです。十字架につけられたままのキリストによって、生きることができるようになるのです。

その意味で、このような歩みをする者は、17節「新しく創造された者」なのです。古い贖罪信仰は過ぎ去り、新しい信仰義認による歩みが生じるのです。

本当の神との和解とは、18節「すべて神から出ること」です。神の憐れみによって、神が罪となって下さる、そのような神からの愛なしには真の救いは無いのです。

その和解において、私共の「罪の責任」（19節）は不問に付されます。罪のまま、ありのままでよいのです。神が受容して下さいます。あのルカ福音書一五章にある、放蕩の限りを尽くした息子が父のみもとに帰って来た時に、父は一切を不問にし「憐れに思い、走り寄って首を抱き、接吻」して赦したように、神は私共を一方的に受け容れて下さるのです。そこには贖罪的な裁きは一切ありません。神の無限の赦しのみがございます。

そのようにして神に受容され義とされた罪人は、キリストの使者の務めを果たすようにされます（20節）。神との和解、すなわち神を信じて赦され義とされる信仰を宣べ伝えるようになります。

私共もそのような使者の一人とされて、キリストの苦しみの欠けたところを満たさんがために（コロ一24）、働いて参りたく存じます。

（「聖書講話」『十字架の祈り』一〇〇号［二〇二二年三月］）

死にかかっているようで、このように生きており

コリントの信徒への手紙Ⅱ六章1―10節

1 わたしたちはまた、神の協力者としてあなたがたに勧めます。神からいただいた恵みを無駄にしてはいけません。2 なぜなら、

「恵みの時に、わたしはあなたの願いを聞き入れた。
救いの日に、わたしはあなたを助けた」

と神は言っておられるからです。今や、恵みの時、今こそ救いの日。3 わたしたちはこの奉仕の務めが非難されないように、どんな事にも人に罪の機会を与えず、4 あらゆる場合に神に仕える者としてその実を示しています。大いなる忍耐をもって、苦難、欠乏、行き詰まり、5 鞭打ち、監禁、暴動、労苦、不眠、飢餓においても、6 純真、知識、寛容、親切、聖霊、偽りのない愛、7 真

理の言葉、神の力によってそうしています。左右の手に義の武器を持ち、[8]栄誉を受けるときも、辱めを受けるときも、悪評を浴びるときも、好評を博するときにもそうしているのです。わたしたちは人を欺いているようでいて、誠実であり、[9]人に知られていないようでいて、よく知られ、死にかかっているようで、このように生きており、罰せられているようで、殺されてはおらず、[10]悲しんでいるようで、常に喜び、物乞いのようで、多くの人を富ませ、無一物のようで、すべてのものを所有しています。

一　神が罪となった、苦しむ者となった

1節に「神の協力者」とありますが、原文に「神」というギリシア語はありません。従って協力者とは、コリントの人々と共に働く者としてのパウロのこと、つまり、「あなたがたの協力者パウロ」という意味でありましょう。この箇所でパウロが「神の協力者」と言って、コリントの人々の上から言葉を発することは不自然に思えるのです。

「神からいただいた恵み」とは、五19以降に示されている神との和解のことです。パウロはそこでキリストによる、人々が罪の責任を問われることのない和解を語りました（19節）。神の無償の愛による和解です。これによって、パウロもまた彼自身自覚している、彼の中にある根源的な罪の責任を問われることなく、神との和解を与えられたのでした。それは神からの一方的な恵みでありました。

そしてその事態がいかなることであったかを、彼は21節で明確に語っています。その恵みとは、神が「罪と何のかかわりもない」イエスを罪としたことでありました。イエスは罪なき神の子でありましたが、当時のユダヤ人たちは、彼らの律法主義を批判する急先鋒であるイエスを殺害するべく、彼を捕えローマに渡して、イエスは政治犯として十字架刑に処せられました。ユダヤ人から見れば律法違反者、ローマからすれば政治犯であり、つ

まりイエスは本来罪がなかったにもかかわらず、罪人として死刑に処せられたのです。

神の子が罪とされて十字架で殺害されたこと、それをモルトマンは「神が十字架につけられた神となった」と言いました（モルトマン『十字架につけられた神』二六四頁）。これは「神が罪となった」と大胆に言い換えることができましょう。神によってキリストが罪とされた、ということは神ご自身が罪となられた、ということであります。神が私共と同じ罪人となられた、ということであります。

パウロはそのことを一方的な恵みとして知らされて、大安心を得ることができました。かつては律法を厳しく守ることで救われると信じていた彼は、罪人にならないように頑張ってきたのでした。しかしそれが無理であり、自分は所詮、神に背く根源的な罪を免れ得ない罪人であると自覚した時から、彼は一体どうしたら救われるのかと悩んでいました（ロマ七7―24）。神との和解の方法がわからず苦しんでいたのです。しかしそこに一方的な恵みが訪れました。それは「神も自分と同じく罪人になって下さった」という事実の告知でした。その罪となられた神に共振・共鳴して、罪人パウロは罪人のままで義とされたのであります。

その恵みは実に、「十字架につけられたままのキリスト」（Ｉコリ一23、二2、ガラ三1）が復活者として、霊的に彼に与えられるという形で示されました。彼の中には常に罪人となった神がおられるようになりました。これがパウロの回心の内実と思われます。

神は天上に鎮座して見下ろしている方ではなく、地に降りて、人間の闇のどん底にまで降りてきて、人と同じ様となられる（フィリ二7―8）、神は罪人にまでなられる――それは一方的な恵みであり、そのような神を知らされて信じることで、人は真に平安を得ることができるのです。これは贖罪信仰ではありません。罪の贖いではなく罪そのものに神がなられる、ということであります。罪を贖われることではなく、罪人にもなられるほど人を愛し給う神を信じることで義とされる、信仰義認なのであります。

神は全ての人のために罪人となられたのであり、ここにおいて、神の万人救済の意志を知ることができます。

神が罪人となられるという究極的な神の愛の姿を、まず第一に知ることが大事です。その時、4節以降にあるような様々な苦しみの時に、苦しむ者と同じ姿となり給う神を知ることができるようになります。人の苦しみの時に、神は同じ苦しみの姿になり給う。その時、人の苦しみはむしろ、共に苦しまれる神の愛に満ちたものへと変わるのであります。神の共苦であります。ここでは苦しみの状況そのものは変わらないでしょう。しかし苦しいままで神の平安を与えられるのです。罪人のままで義とされるのであります。

そのような恵みを、パウロは2節で、旧約イザヤ書四九8より引用して語りました。

「恵みの時に、わたしはあなたの願いを聞き入れた。救いの日に、わたしはあなたを助けた」。

この「恵みの時」とは、ユダヤの民がバビロニア捕囚から解放される時のことであります。捕囚という、ユダヤの民の深い悲しみの時、実に神も捕囚民となっておられたのでした。民と共に苦しみ、悲しんでおられたのです。捕囚の地で、神に逆らったと考え、罪の思いにユダヤの民が苦しんでいた時、実に神もまた彼らと共に罪人となっておられたのでした。私は常に同じ姿であなたがたと共にいる、それを信ぜよ、ということをここで神は言わんとしておられるのです。「恵みの時」「救いの日」とは、苦しみの時のことであります。最も苦しいその時こそ「恵みの時」「救いの日」となり得るのであります。なぜなら最も苦しい時にこそ、神が同じ苦しみとなって下さるからであります。どこまでも同じ姿で共にいて下さる神を、精神の深みにおいて知ることができるからであります。それが信仰であり、それを知らされ、その神を信じることで、人は義とされるのであります。

二　十字架につけられたままの復活

次に、3―9節を理解するのに大事なところが、9節の「死にかかっているようで、このように生きており」です。ここの原文には、「見よ（イドゥー）」という言葉が入っているのみならず、「私たちは」という一人称が明確になっています。冒頭の「人に知られていないようでいて」は人称がはっきりしていません。つまり直訳すれば、「死にかかっている者のようで、同時に、見よ、私たちは生きており」となります。パウロが他の言葉よりこの言葉を強調していることがわかります。死にかかっておりながら、同時に生きている――これが今の私共だ、と言っているのです。これは明確に、十字架につけられたままのキリストに合わせられていることを示しているものと言えます。

イエスは罪人として十字架につけられましたが、その時、同時に神も罪人となられて十字架につけられたのです。そしてその時に、イエスは復活したのです。罪人として十字架上につけられたまま復活したのです。それがパウロの心の中にある、十字架につけられたキリストです。十字架につけられた罪人のまま復活しているのです。キリストもまた罪人のまま義とされているのです。

その深い事実を表しているパウロの言葉が「死にかかっているようで、このように生きており」であります。全くの逆説が語られているのです。

5節「鞭打ち、監禁、暴動、労苦、不眠、飢餓」という苦難の状況は、イエスの福音に生きる者の姿ですが、そのような時に神もまた鞭打たれ、監禁され、暴動に襲われ、労苦をし、不眠に陥り、飢えておられるのであります。同じ苦しみの神の臨在を知り、そのような神を信じる者は、その神に共振・共鳴し受容されて義とされる。その時救いが訪れ、苦しいままで「純真、知識、寛容、親切、聖霊、偽りのない愛、真理の言葉、神の力」に生きるようになることができます（6―7節）。神が人と同じ苦しみの姿になられることを知る時、人は逆説的に、神の平安に生きることができるようになるのです。

7節「左右の手に義の武具を持ち」の「義」とは、先の五21に示されている「神の義」のことであります。つまり神が人と同じ罪人の姿となられる、そのような神を与えられ、その神を信じる時に与えられる義のことでありります。罪赦されて義とされることであります。栄誉を受けるときも、辱めを受けるときも、悪評を浴びるときも、好評を得るときも、全ての時において、全ての状況にもかかわらず、義とされ罪赦された罪人として歩まねばなりません。信仰に生きるということは、栄誉を受けることではありません。成功することでもありません。ひたすら罪赦された罪人として生きることであります。それができていれば、栄誉を受けようが、辱めを受けようが、どちらでも同じことなのです。

10節は、イエスの山上の説教（マタ五4）、また平野の説教（ルカ六20）をほうふつとさせます。神が悲しむ者と同じように悲しまれるがゆえに平安が与えられ、神が貧しい者と同じように貧しくなられるので、貧しさの中にあって神の平安が与えられるのです。私共は何も持たない無力な者たちですが、神もまた無一物で無力な者になられたのだから、そこにおいて私共は義とされて、全てのものを所有しているのであります。これはⅠコリント書一28「（神は）世の無に等しい者、身分の卑しい者や見下げられている者を選ばれたのです」にも通じる内容であると思います。

三　神の絶対性が犠牲にされて

さて、今回の聖書箇所の中心は、9節の「死にかかっているようで、このように生きており」であります。先にも述べましたが、ここは直訳すると、「死にかかっている者のようで、同時に、見よ、私たちは生きており」

になります。そしてこの言葉が意味するところは明確に、十字架につけられたままのキリストでありました。十字架上で死にかかっている者でありながら、「見よ、生きている」キリストでありました。神はキリストを、私共と同じ罪人とされたのであります。それは神ご自身が罪人となられることでありました。

そのことを、エーバーハルト・ユンゲルという神学者が、著書『死――その謎と秘義』の中で、「罪人の死の呪いを引き受けた神は、まさに、人間の神なき姿と罪とを引き受けた神なのである」と言っております。それは神が人間の罪である不信仰になられた、ということだと思われます。

その言葉が入っているユンゲルの文章を読んでおきましょう。

　イエス・キリストの死についての、伝統的・神学的誤解は、ここにおいてはっきりと取り除かれねばならない。それは――確かに新約聖書の表現と結びついてではあるが――あたかもイエスの死が神の怒りをなだめるために献げられた人間の犠牲である①かのように、つまり「海が荒れると犠牲が捧げられる」といった、怒れる神に恵み深くしてもらうために、犠牲が献げられるといった考え方である。そうではないのだ！②イエスの死との関連において犠牲について語られるとするならば、それは神の彼岸性、神の触れることのできない性格、神の絶対性が犠牲にされること③を語っているのである。簡潔に言えば、この罪なる被造物に対する神の絶対性が犠牲にされることを語っているのである。何となれば、神と死んだイエスとの同一性はこれらすべてのことを意味しているからである。神は、イエスの死によって、自分と和解せしめたのではない。そうではなく、神から離れてかたくなになっているこの世と、御自分を和解させたのである（Ⅱコリント五・一八以下）。神は和解者である。世界は和解された世界であり、人間はこのもたらされた和解に基づいて語りかけられる人間である（Ⅱコリント五・二〇）。
　人間に、このもたらされる和解に基づいて語りかけるとは、言うまでもなく、人間の神なき姿、罪が神御自身にその痕跡を残す④ということに対して、目が開かれることである。みずから罪人の死の呪いを引き受けた神は、まさに、人間の神なき姿と罪とを引き受けた神⑤なのである。神はこれらの神なき姿と罪とをみずからに引き受けることによって、それに抵抗される。死んだイエスと同一視するということについて語る場合、このことを意味しているのである。ルターはそのことを次のように語った。キリストは、今や――十字架において――「すべての者の中で最大の強盗、殺人、姦淫する者、盗人、宮を汚す者、神を汚す者等であった。この世に決してそれ以上の者はいなかった」⑥。しかしながら、信仰者が神御自身に自分の神なき姿の痕跡を認めざるをえないことを、喜ぶことができる時のみ、この発言によってキリスト教信仰の核心に触れたのである。神御自身に認められる人間の神なき姿の痕跡が和解のしるしである⑦。このことが義認論の言葉によって、最も独特な形で表現されたイエス・キリストの死の意義なのである⑧。

（ユンゲル『死』一九一―一九三頁。傍線・番号荒井）

ユンゲルはこの引用文の冒頭で「イエスの死が神の怒りをなだめるために献げられた人間の犠牲である」（傍線①）という、犠牲を求める贖罪論を、「そうではないのだ！」（傍線②）と否定しています。そしてむしろ「神の絶対性が犠牲にされること」（傍線③）をイエスの死に見出しています。神の栄光の否定です。「罪が神御自身にその痕跡を残す」（傍線④）とは、神が罪となるということだと言えましょう。そのような神は「人間の神なき姿と罪とを引き受けた神」（傍線⑤）なのであります。ここでルターの言っていることにも注目したいと思います。ルターは「キリストは、今や――十字架において――『すべての者の中で最大の強盗、殺人、姦淫する者、盗人、宮を汚す者、神を汚す者等であった。この世に決してそれ以上の者はいなかった』」（傍線⑥）と言います。これは神ご自身が最大の罪人となられた、ということでありましょう。ユンゲルは「神御自身に認められる人間の神なき姿の痕跡が和解のしるしである」（傍線⑦）と明示し、これが義認論に基づくものであることをも示します（傍線⑧）。

ここに本日語ろうとしたことが語り尽くされています。イエスの死とは、贖罪論が示す神の彼岸性・絶対性を否定するものであり、人間の神なき姿と罪とを引き受ける神が示されたものなのでした。つまり十字架上に罪の姿をして、神が死なれたことなのであります。その罪の姿をした神を、神ご自身が信仰者に示すことによってこそ、信仰者は、神が絶対性・彼岸性を離れて自分と同じ姿となられたことを知り得、その神に共振・共鳴して、深い平安を与えられるのであります。人を愛するがゆえに人と同じ罪人となられる神を信じる時、人は初めて義とされるのです。

そのような信仰においてこそ、本日の箇所にある全ての逆説を我がものとできるのであります。

マルコ福音書一五34の「わが神、わが神、なぜわたしをお見捨てになったのですか」というイエスの十字架上の叫びは、まさに神を疑い、不信に陥った、罪の姿です。イエスがそのような姿を最期に示したことこそが、実に恵みなのであります。

（「聖書講話」『十字架の祈り』一〇一号［二〇一二年四月］）

共に死に、共に生きる

コリントの信徒への手紙Ⅱ七章2―4節

[2]わたしたちに心を開いてください。わたしたちはだれにも不義を行わず、だれをも破滅させず、
だれからもだまし取ったりしませんでした。[3]あなたがたを、責めるつもりで、こう言っている
のではありません。前にも言ったように、あなたがたはわたしたちの心の中にいて、わたしたち
と生死を共にしているのです。[4]わたしはあなたがたに厚い信頼を寄せており、あなたがたにつ
いて大いに誇っています。わたしは慰めに満たされており、どんな苦難のうちにあっても喜びに

満ちあふれています。

一　全ての人は生きていてよいのだ

前回の聖書講話でⅡコリント書六11―七1を学びましたが、六11―13は寛容さを示し、六14―七1は分離を示しており、相反する内容であるため、後者は後の編集者が挿入したものではないか、という見解があることを紹介しました。しかし私共は相反する内容に貫かれている信仰の有様を確認し、全体を通じて学びました。

しかし確かに六11―13を本日の七2―4に直接繫げて読むと、意味が通ることに気付きます。六13の「心を広くしてください」は、本日の七2「心を開いてください」にそのまま繫がるのです。本日の箇所を六11―13に繫げて見ることは、解釈上有効であると思います。

六11の「心を広く開く」の内容を、前回は五21に結びつけて考えました。

罪と何のかかわりもない方を、神はわたしたちのために罪となさいました。わたしたちはその方によって神の義を得ることができたのです。

私共はこの「神はわたしたちのために罪となさいました」というところを、神とキリストは一体であることから「神が罪となった」と捉えました。そしてこれを「罪を贖った」という贖罪論ではなく、神はご自分が人間と同じ罪人となられるほど人を愛された、その神を信じて義とされる、という信仰義認論であると捉えました。

このようにして神によって義とされた者は、自分のような罪人さえ神に「然り」とされ義とされたのだから、全ての人は一人残らず生きねばならない、と考える者となります。全ての人を、それぞれ異なる姿のままで「生きていてよいのだ」と肯定できる者となるのです。そしてその通りに、全ての人に「然り」を告げる者となるのです。この義とされた者の姿をして「心を広く開く」者の姿と捉えたのでした。「心を開く」ということは、自分と違う人々をも、その人々に与えられる神の「然り」のもとに肯定し、受け容れる、ということです。

パウロはそのことを、五21の内実である「十字架につけられたままのキリスト」（Iコリ一23、二2、ガラ三1）を復活のイエスとして示されることで、知らされたのです。パウロが出会ったその復活のイエスこそ、罪とされたキリストであり、罪となられた神、でありました。

パウロはそのような深い信仰的なあり方で「心を広くしてください」（六13）とコリントの人々に語りかけているのです。

本日の七2「わたしたちに心を開いてください」も同じです。以上のような深い信仰的な内実によって「心を開いてください」と語りかけています。2節に「不義を行わず、だれをも破滅させず、だれからもだまし取ったりしませんでした」とありますが、この言葉から、おそらくパウロはお金に関する疑惑をコリントの人々から持たれていたのではないかと思います。

信仰者にとって、互いの信頼は神によるしかあり得ません。神による、とは、先の五21の「神が罪となった」という真理性に帰るしかないのです。それは「十字架につけられたままのキリスト」を直視し、受け容れることです。もちろんパウロはお金の問題を起こすようなことはしていなかったはずです。しかし、コリントのある人々がなぜパウロを疑うようになったのか——それがパウロにとっては問題でした。

この問題の解決には、まずパウロが神に義とされた恵みに基づき、彼らに心を開かねばなりませんでした。3節「あなたがたはわたしたちの心の中にいて、わたしたちと生死を共にしているのです」。ここの「生死を共にしている」という新共同訳は見直しが必要です。ギリシア語原典を直訳すると「共に死に、共に生きる」となります。「死」が最初でその後に「生」が来るのです。私共は日常的には「生死」と、「生」を前に持ってきますが、ここでは「死」が先に来ています。これは明らかにキリストの十字架を意味している言葉と言えましょう。「十字架につけられたままのキリスト」（Ⅰコリ一23、二2、ガラ三1）は、イエスが当時のユダヤ教を批判した結果でありましたが、しかし神はその死を「然り」とされました。同時にその神の「然り」によって、イエスは十字架につけられたまま復活したのです。十字架上のキリストは、死であり生でありました。最初に死があり、神に「然り」とされて復活し生を与えられたのです。また、十字架上におきましては、死はそのまま生である、と言うことができましょう。

私共はそのイエスの十字架に共につかねばなりません。十字架に共につくことで、イエスの死と生、つまり神の死と生、復活の命を与えられるのです。そのような信仰のもとに、信徒は全ての人を肯定する者とされて、「心を開く」者となるのです。

エクレシアとは、まさにそのような者たちの集まりなのであります。そのような関係においてこそ、4節「わたしはあなたがたに厚い信頼を寄せており、あなたがたについて大いに誇っています」とパウロは言うことができるようになるのです。そしてそのような時、いかなる苦難のうちにあっても、それをそのままで受け容れるようになります。決して苦難が解決して楽になるわけではありません。栄光に輝く復活劇が起こるのでもありません。苦難を苦難として、苦難のままでそのまま受け容れることができるようになるのです。十字架の苦難の姿はそのまま復活の姿です。なぜならイエスのその最大の苦難である十字架において、神は「十字架につけられたままで」イエスに「然り」を与え給うたからです。苦難は苦難のままで、良きことに変わります。苦難の苦しみそのままで、神の良きことに変わるのです。それをしてパウロは「どんな苦難のうちにあっても喜びに満ちあふれています」と言いました。

この「喜びに満ちあふれる」の「満ちあふれる」は、単に「あふれる」ではなく、「超」という意味の言葉（ヒュペル）が頭に入っています。まさに「満ちあふれる」なのです。それほどの喜びが、人の苦難の只中において神の「然り」を与えられる時に生まれるのです。

エクレシアとは、このような者たちの集まりです。そこに集う全ての人を神の「然り」を与えられている者として見て、深い信頼に結ばれ、共に神の苦難を、神の喜びを覚えつつ乗り越える、という仲間です。

その中心に十字架につけられたままのキリストが、私共と同じ罪人の姿で立たれている、そのような集いです。赦された罪人のこのような集いが、全人類的に広まるよう、まさに私共は「心を開いて」（２節）、キリストの福音を宣べ伝えなければなりません。

二　「負け組み」でよい

最後に青野太潮氏の『「十字架の神学」をめぐって』より、以下の文章を引用させて頂きます。

> この第一コリント一・27―28において明らかなように、神は「この世の無力な者」「この世の無に等しい者」を敢えて選ばれたのです。「負け組み」でよいのです①。直接的な幸いを私たちが喜ぶことが禁じられているわけではありません。しかしそれは、それがいつまでも「直接的な幸い」として存続するものではあり得ないこと、そしてそうあり続けなくなった時でも、それは「逆説的に」喜びの対象であり得ることを、よくよく知るようにと私たちは招かれている②からです。そのような意味での「幸い」「喜び」を私たちは無条件に、上で述べましたリクールが言っていますように、「贈与」されているのです。「逆説的な生命の法則」を貫いているその「逆説」を踏まえながら、「贈与」された生命を、おごることなく、またいたずらに卑屈になることもなく、淡々とイエスと共に、また人々と共に、生きていきたい、と切に願います。
>
> （青野『「十字架の神学」をめぐって』二六四―二六五頁。傍線・番号荒井）

青野氏は明瞭に「『負け組み』でよいのです」と言われます（傍線①）。併せて、「直接的な幸いを私たちが喜ぶことが禁じられているわけではありません。しかしそれは、それがいつまでも『直接的な幸い』として存続するものではあり得ないこと、そしてそうあり続けなくなった時でも、それは『逆説的に』喜びの対象であり得ることを、よくよく知るようにと私たちは招かれている」（傍線②）と言います。

「負け組み」は一般的に嫌われます。皆、勝ちたいのです。しかし勝てない人もいるのです。能力的にも身体的にも。その人たちにこそ、神の「然り」は与えられる――それがイエスの語った福音です。Iコリント書一27―28が語る真理です。

内村鑑三の『後世の最大遺物』にはイギリスの歴史家カーライルの話が書かれています。カーライルは彼の研究書を書き上げて、その原稿を友人に貸したところ、友人はさらにその友人にその原稿を貸しました。しかしその友人の友人の家政婦は、誤ってストーブの焚きつけとして原稿を燃やしてしまいました。カーライルは失意のどん底に陥りましたが、再び勇気づけられて、筆を取り直し、ついに一から『フランス革命史』を書き直しました。そのような生き方をして、内村は「勇ましい高尚なる生涯」といい、そのような生き方こそが、後世への最大遺物である、と言うのです。

しかし私はそのようなことばかりを言ってはならないと思います。カーライルのような不屈の精神を持つ人は、ほんの一握りです。世には弱い人が多いのです。勝てなくてもいい、あなたのままでいい、と言ってくれる福音が必要なのではないでしょうか。

内村のこのような精神を引き継ぐ今日の無教会は不幸です。暗黙の内に「勝つのが無教会人である」という勝ち組みの認識が潜んでいると思えるからです。私はそのような無教会は変わらねばならないと思います。大きな声で「負け組みでよいのだ」と言える無教会にです。もっとしなやかに、優しい無教会にです。そのためには、無教会に内在する信仰を、今一度見直す必要がありましょう。私は微力ながらも今、それを行っていると思っています。

己の生涯などはどうでもよい、隣人を認め、隣人に「生きていてよいのだ」と励ますことに徹する――それがイエスの生涯でした。彼は己の勇ましい高尚な生き方など望みはしなかったのです。

このような生き方への変革を通して、本当の意味で人は万人に「心を開く」（2節）者となるのだと思います。

私共は、無教会は、万人に開かれたものに変わらねばなりません。

（「聖書講話」『十字架の祈り』一〇一号［二〇二二年四月］）

復活者の傷あと

コリントの信徒への手紙Ⅱ七章10節、一章8―9節

[10]神の御心に適った悲しみは、取り消されることのない救いに通じる悔い改めを生じさせ、世の
悲しみは死をもたらします。（七10）

[8]兄弟たち、アジア州でわたしたちが被った苦難について、ぜひ知っていてほしい。わたしたち
は耐えられないほどひどく圧迫されて、生きる望みさえ失ってしまいました。[9]わたしたちとし
ては死の宣告を受けた思いでした。それで、自分を頼りにすることなく、死者を復活させてくだ
さる神を頼りにするようになりました。（一8―9）

一　復活のキリストはどこにいるか

本日は復活祭であります。私共が日頃学んでいる福音をもとに、復活とは何か、復活の命に与るとはどのよう

なことかを、考えてみたいと思います。

前回、Ⅱコリント書七5―10を学びました。その10節を先ほどお読みしました。コリント教会の人々は、パウロが送った手紙によって、悲しんでおりました。この「悲しみ」というギリシア語は「苦しみ」という意味を持ちますので、その悲しみは苦しいものであったのです。コリントの人々は、悲しみと苦しみに打ちひしがれていたのです。パウロの手紙は、コリントの人々にとって厳しく激しい勧告であったと思われます。その手紙によってコリントの人々は悲しみと苦しみに打ちひしがれたのです。

パウロの手紙は確かに厳しいものであったのでしょうが、しかしその厳しさの背後には、パウロの祈りがありました。そこには彼が神より受けた慰めがあったのです。

神は、あらゆる苦難に際してわたしたちを慰めてくださるので、わたしたちも神からいただくこの慰めによって、あらゆる苦難の中にある人々を慰めることができます。（一4）

パウロの厳しさには、コリントの人々と共に悲しみ苦しむパウロ自身の慰め、つまり彼らと共に悲しみ苦しむ神の慰めがあったのです。その神の慰めのゆえに、彼らは悲しみと苦しみの只中にありながら、真の神に向かい、悔い改めに至ったのです（七9、10）。

それではその慰めとは何かを考える際に、前回、私共は以下の五21に答えを見出しました。

罪と何のかかわりもない方を、神はわたしたちのために罪となさいました。わたしたちはその方によって神の義を得ることができたのです。

ここを私共は贖罪の意味には捉えません。「罪と何のかかわりもない方」、つまりキリストを「神は罪となさった」、つまりキリストが罪人となった、さらにはキリストと神は一体なのだから、実に神が罪となった、神が罪人となった、という解釈をいたしました。神は愛する人間のために、自ら罪人となられたのです。罪人である私共と同じ姿に神がなられたのです。神が私共と同じ罪人となられたということは、罪人である私共の存在をそのまま神が受け容れて下さった、ということです。そのことを知り、私共は平安を得ます。私共はそこにおいて義とされて、罪の赦しを得るのであります。従ってこの信仰は贖罪ではなく、信仰義認です。

私共罪人と同じ罪人となったイエスは、十字架上で彼が生前自ら語った貧しい者、泣いている者、飢えている者、悲しんでいる者そのものの姿となっているのであり、生前のイエスの言葉は、まさに十字架上の上で貫徹されているのです（青野『「十字架の神学」の成立』四七五頁参照）。

十字架上で、殺害されつつ、苦しみつつ、私共人間の罪、苦しみ、悲しみと同じ姿になられている神、罪人であり、苦しむ者であり、悲しむ者である人間をそのまま受け容れて下さる神、そのような神こそ私共の信じるべき愛なる神であります。それは天上に鎮座している光り輝く神ではございません。私共と同じ姿の、傷だらけの、苦しみ、悲しむ姿の神なのであります。

二　苦しみのままにおいてこそ

一般的な贖罪信仰では、イエスは死の三日後に復活したと理解されています。しかしここで私がここで語る復活のキリストは、そのような十字架上にこそ、真実なる復活のキリストがおられる――私はそう考えます。キリストは三日後に光り輝く姿で復活したのではない。十字架につけられたその時の、苦しんでいるままの、この「十字架につけられたままのキリスト」（Ⅰコリ一23、二2、ガラ三1）こそ、復活者である――そう信じています。

活は、三日後でなく、苦しみ死なんとしている十字架そのものに復活を見ているのです。それは栄光の復活ではないのです。

青野太潮氏は、『見よ、十字架のイエス』でこのようなことを書いておられます。

だからこそパウロは、さきほどもふれましたコリント人への第一の手紙二章二節で、「わたしはイエス・キリスト、しかも十字架につけられたキリスト以外のことは、あなたがたの間では何も知るまいと、決心した」と言うことができたのです。なぜパウロは、「復活のイエス様以外は何も知ろうとは思わない」と言わないのでしょうか。私たちは普通ならそう言うのではないでしょうか。十字架そのものよりも、十字架が復活によって凌駕された、乗り越えられた、克服された、だから復活の方が大事なのだ、復活信仰が一番大事なのであって、この十字架の凄惨さなどということが大事なのではないと、現実に八木誠一先生もそういうふうに私に対して反論しておられるのです。けれどもしかし私は、パウロがここで敢えて復活のイエスではなくて、十字架につけられたキリスト以外は知ろうと思わない、と語っていることが大事だと思うのです。パウロはこう言うことでもって、実は復活のイエスをすでに語っているんですね。つまりパウロは、ここで復活のイエス様に出会って、復活のイエス様から生命を与えられて生きている、喜びを与えられて生きている、そしてその時に語る言葉としては、こういう言葉しかなかったのです。なぜならば、十字架につけられてしまっているキリスト、そのキリストは、復活によって全く別人になってしまわれているのではないのだ、復活のイエス様と共にあるとは、十字架につけられてしまっているキリストが、今も私たちと共にいて下さるということを意味している、復活が十字架から全く切り離されてしまうのではなくて、十字架の貫き、貫徹として復活が与えられている①、そういう理解をパウロはしていると思うのです。

この貫徹ということを考えていく時に、十字架の貫徹が復活②だとするならば、ではその十字架においては何が起こっているのでしょうか。なぜあのような凄惨な十字架のできごとが、神にあっては意味があるのでしょうか③。それは、パウロが読み取っているあの逆説、すなわち愚かさが賢さであり、弱さが強さであり、躓きが救いであり、呪いが祝福であるという、そういう形の逆説がそこで貫きとおされている④からではないでしょうか。

（青野『見よ、十字架のイエス』五〇―五二頁。傍線・番号荒井）

「復活のイエス様と共にあるとは、十字架につけられてしまっているキリストが、今も私たちと共にいて下さるということを意味している、復活が十字架から全く切り離されてしまうのではなくて、十字架の貫き、貫徹として復活が与えられている」（傍線①）、「十字架の貫徹が復活」（傍線②）――これは「十字架につけられたままのキリスト」がそのまま復活者である、ということと同じ意味です。

さらに青野氏は「なぜあのような凄惨な十字架のできごとが、神にあっては意味があるのでしょうか」（傍線③）と問いかけ、その十字架には「あの逆説、すなわち愚かさが賢さであり、弱さが強さであり、躓きが救いであり、呪いが祝福であるという、そういう形の逆説がそこで貫きとおされている」（傍線④）とも言っておられます。

実に「神の慰め」とは、このような復活の命に与ることです。十字架上の苦しみのままのイエスがそのまま復活者であるならば、私共もまた苦しみのままにおいてこそ、復活の命を与えられるのであります。

三　なめらかな解決などはない

本日は、私共の人生において見舞われる苦しみ悲しみと、復活の命に関して、もう少し深く見て参りたいと思います。

前回、慰めとは何かを探るために、一3—7を学びました。本日はその後の8—9節を見てみましょう。

兄弟たち、アジア州でわたしたちが被った苦難について、ぜひ知っていてほしい。わたしたちは耐えられないほどひどく圧迫されて、生きる望みさえ失ってしまいました。わたしたちとしては死の宣告を受けた思いでした。それで、自分を頼りにすることなく、死者を復活させてくださる神を頼りにするようになりました。

一8でパウロが言う「わたしたちが被った苦難」とは、使徒言行録一九23—40に記されているアルテミス神殿の模型を造る職人たちとの争いでありましょう。しかし本日は、その詳しい内容には立ち入らないようにいたします。私共が本日確認すべきことは、ここでパウロが、生きることを断念せざるを得ないような苦難の中でこそ、初めて真に「死者の復活」の何たるかをパウロ自身が認識したことを告白している、ということです（青野『「十字架の神学」の成立』一九二頁）。

この一9に関して、新約学者のエドゥアルト・シュヴァイツァーは、感銘深いことを「人知を越えた神」という説教の中で語っております。この説教は、創世記二二1—14にあるアブラハムのイサク奉献の箇所の説教です。アブラハムが神に、息子イサクをモリヤの地の山の一つに登り、焼き尽くす献げ物として献げよ、と命じられて、命じられた山へ行き、息子イサクを祭壇の薪の上に載せ、まさにアブラハムが息子を屠ろうとしたその時、神のみ使いが呼びかけ、それを止めました。そしてアブラハムは、息子の代わりに、後ろの茂みにいた雄羊を、息子の代わりに焼き尽くす献げ物として献げた、という話です。

以下、その説教より引用いたします。

しかし、ここにもう一つ全く異なった見方がございます。すなわち、パウロはコリント人への第二の手紙の冒頭において、極度の苦難に陥り、死を真正面に見据えなければならなかったということについて、語っております。また彼は、さし迫って慰めを必要とするような状況に自分がいなかったならば、決して他の人を慰めることなどできないであろうと、語っております。しかしパウロは、その瞬間において初めて、本当に死人を生かす神を信ずることを学んだのでありました。これは実際驚くべきことであります。なぜならば、もしだれかある人が復活とは何であるかを知っており、さらにその復活を固く信じているとしたら、その人こそはまさに、復活された方ご自身が出会われたあの使徒パウロを除いて他にはない、と私たちは考えるであろうからです。しかし、そのパウロ自身が、このコリント人への第二の手紙一章九節において、死が彼自身の間近に切迫した時に初めて、死人を復活させる神を本当に信ずることができたのだと語っているのであります①。私自身は、私が死の床に横たわった時に、どのように信ずることができるかを、今語ることはできませんし、また、私たちのうちのだれもそのことを知ってはいないでありましょう。しかし、いずれにしてもパウロは、力強い威力のある宣教は、怖れなしには、また困難な時の傷あとなしにはなされ得ないものだと確信しておりました。ガラテヤ人への手紙六章一七節で、パウロはこう書いております。「私はイエスの傷あとをこの身に負うている」と。その際彼は、何か神秘的なことを意味していたのではなく、むしろ全く彼の身体の上に現実となっていたことをさしていたのであります②。すなわちコリント人への第二の手紙一一章二四節から二五節が語っておりますような、少なくとも八度におよぶむち打ちの刑の傷あとを意味しておりました。そして当時、そのようなむち打ちの刑によっては、多くの人々が命を失ったのであります。

そういうわけですから、神は決して、無害でお人好しな方ではありません。私たちは先ほど「我らが患難は汝の時なり」と讃美歌で歌いました。また導入の讃美歌においても、私たちはこう祈りました。「我らを強めたまえ、何ものも我らを曲げぬために」と。この祈りによって私たちが実際に何をなしたのか、私たちは知っていたでしょうか。それゆえに神は、決して私たちの外面的な、あるいは内面的な平安のための保険のような方ではあられません③。先ほどのヤコブの手紙一章一二節におきましても、私たちは「冠は神を愛するものたちのものである」というふうに読みました。しかし主を正しく愛するということは、神が私たちの生きていく上で、現実に、そして実践的に、第一の位置を占めておられる所において、そしてすべてが神を中心にして展開していくその所において、初めて可能となることであります。今少し、私たちはアブラハムの歩んだ道を共に行かなければならないでありましょう。なぜならば、そこにおいては、もはやただ神のみが問題であったからであり、さらにまた、そこにおいてアブラハムは、神が、彼と共にか別にかはともかく、ご自身の善き道を行かれることであろうと信じることを、学ばなければならなかったからであります。

さらにまた、たとえアブラハムが息子を失ったとしても、そしてそれゆえに彼が子孫を得ることが全くできなくなったとしても、それでも神はそのことを善きようになさるであろうということを、アブラハムは信じなければならなかったからであります④。ただ、私たちがそのような道を行く時、余りにもしばしば失敗をしてしまいます。確かに今までに一度や二度私たちが神を体験するということがあったでありましょう。恐らく私たちが、全くうつぶせに倒れてしまったその瞬間に、まさに今まで神によって支えられてきたのだということに気づくということがあることでしょう。しかしながらその後に、何か別のことが起こり、しかも全く何の逃れ道も見出し得ないと、そこで私たちはすべてのものを再び投げ出して、かつて実際に経験したことがらを忘れてしまうのであります。アブラハムはしかしながら、終始、彼の神のもとにとどまり続けました。かつて神が彼に与えられたその約束の言葉に、彼はとどまりました。それゆえにアブラハムは、先ほどのヤコブの手紙一章一二節との関連で申し上げた「確証された人」となったのであります。つまりアブラハムは、信仰とは、怖れと傷あとが自分の顔にそのまま残っているということを意味するのだ、と学んだ人となったのであります⑤。

そこにおいては、なめらかな解決などというものはございません⑥。「神よ、我が魂は汝に向かって、多くの要求を持ちつつ叫びます」と、私たちは先ほど歌いました。そこには、「君がその方に基づいてすべてを建てるという、その神はどこにいるのか」という問の響きもございます。私たちの魂は叫ぶでしょう。そして問が頭をもたげてくるでありましょう。そして、そこには常にハッピーエンドがあるわけではないのです。神は、私たちには計り難いような道を行かれるのです⑦。そして神が私たちと共に行かれる時にも、そうなのであります。しかし唯一つのことが、私たちに約束されております。それは、神が共に歩まれるというそのことであります⑧。

（シュヴァイツァー「人知を越えた神」『神は言葉のなかへ』六二一—六五頁。傍線・番号荒井）

シュヴァイツァーは、パウロはⅡコリント書一9において「死が彼自身の間近に切迫した時に初めて、死人を復活させる神を本当に信ずることができたのだと語っている」（傍線①）と言います。十字架上の復活者の傷あとは、私共の苦しみ、悲しみなのであります。私共が実際に苦しみそして悲しみ、傷を負った時、十字架上の復活者も同じ苦しみと悲しみの傷を負っているのです。シュヴァイツァーはこう言っております。「ガラテヤ人への手紙六章一七節で、パウロはこう書いております。『私はイエスの傷あとをこの身に負うている』と。その際彼は、何か神秘的なことを意味していたのではなく、むしろ全く彼の身体の上に現実となっていたことをさしていたのであります」（傍線②）。新共同訳ではこの「傷あと」を「焼き印」と訳しています。原文のギリシア語はスティグマであり、「刺す」「焼き印を押す」という動詞からの名詞ですので、「傷あと」と訳してもよいと思います。パウロはおそらくは迫害によって、ほんとうに体に傷を負っていたのです。それは同時に深い心の傷をも伴うものであったでしょう。人がほんとうに傷を負った時にこそ、復活者は来て下さる。光り輝く姿ではなく、その者と同じ生傷を負った姿で来て下さる。その姿は、十字架につけられたままのキリストであります。私共は傷ついた姿のままで、同じ傷を負った姿の復活者に出会い、その復活者に共振・共鳴して深い慰めを得るのであります。

その意味で信仰とは苦しみ転じて幸いとなる、といったものではございません。ここでシュヴァイツァーが、「それゆえに神は、決して私たちの外面的な、あるいは内面的な平安のための保険のような方ではあられません」（傍線③）と言っていることに学びたいと思います。傷ついても三日後には癒される、というような効能書きが付いているものではないのです。ですから私も「三日後の光り輝く復活」というような言葉に象徴される復活理解には馴染みません。

「たとえアブラハムが息子を失ったとしても、そしてそれゆえに彼が子孫を得ることが全くできなくなったとしても、それでも神はそのことを善きようになさるであろうということを、アブラハムは信じなければならなかったからであります」（傍線④）というシュヴァイツァーの言葉は、その通りと思います。私共は、良きことのみならず悪しきことも含めて、神を信じ切らねばならないのです。そしてシュヴァイツァーは言います。「アブラハムは、信仰とは、怖れと傷あとが自分の顔にそのまま残っているということを意味するのだ、と学んだ人となったのであります」（傍線⑤）、「そこにおいては、なめらかな解決などというものはございません」（傍線⑥）。「そこには常にハッピーエンドがあるわけではないのです。神は、私たちには計り難いような道を行かれるのです」（傍線⑦）。シュヴァイツァーの言う通り、「信仰とは、怖れと傷あとが自分の顔にそのまま残っている」ということなのです。

最後にシュヴァイツァーは言います。「しかし唯一つのことが、私たちに約束されております。それは、神が共に歩まれるというそのことであります」（傍線⑧）。

私共の歩みは、なめらかな解決などはおそらくない、怖れや、苦しみや、悲しみや、傷を負っている歩みであります。しかしその歩みには、同じ怖れ、苦しみ、悲しみ、傷を負っている復活者キリストが常に共に歩んで下さる。そのような歩みにおいてこそ、七10の言葉が実現するのです。

神の御心に適った悲しみは、取り消されることのない救いに通じる悔い改めを生じさせ、世の悲しみは死をもたらします。

神を信じる時に、悲しむ者は、同じ悲しむ者の姿をした神が隣に随伴しておられることを知ります。その時、悲しい境遇のままで神の平安を得ることができるのです。「悲しむ者たちは幸いである」（マタ五４）というイエスの言葉が、ここに響き合っているのです。十字架につけられたままのキリストの傷あとを、我が傷あとと知る時に、私共は真実なる復活者に出会うのでありま す。そして次の、パウロと同じ信仰告白をすることになりましょう。

私は、イエスの傷あと（焼き印）を身に帯びているのだから。（ガラ六17、私訳）

四　癒されておられぬ神を見る——復活者との出会い

私共の人生は、傷多きものであります。苦しみと悲しみと罪にまみれた歩みであります。信仰者であってもなくても、それは変わりません。しかし神はそのままでよい、と言っておられます。苦しいまま、悲しいまま、罪にまみれたままで救われているのだ、と言っておられます。なぜならば、神の子が私共と同じように苦しいまま、悲しいまま、罪となって十字架につけられたからです。そしてその苦しいまま、悲しいまま、罪のままで、十字架につけられたままの姿で復活されているからです。復活とはきらびやかな姿になることではありません。苦しいまま、悲しいまま、罪にまみれたそのままでよい、ということを知ることであります。悟らなくてもよいのです。信仰が何だかわからなくてもよいのです。ただ十字架上で神の子が何も悟らないまま、救われないまま死んでいかれた、そのことが救いなのであります。

「わが神、わが神、なぜわたしをお見捨てになったのですか」。

（マコ一五34）

この十字架上の、神に見捨てられ救われなかった方が、そのままの姿で復活者として心の内に示される時、私共は不思議な喜びと平安に満たされるのであります。

十字架上の復活者の傷あとはいつまでも癒されることなく開いたままなのです。その開いた傷あとゆえに、初めて癒されぬ傷や悲しみを持つ者たちが癒されるのであります。

癒されぬ者たちが、癒されておられぬ神を見ることで、癒されるのであります。

神ご自身が、私共と同じ癒されぬ姿で現れる時、私共は癒されぬこの身そのままで神に受け容れられていることを知るのであります。受け容れられていることを知ることが義とされることであります。神によって義とされていることを、傷ついたままで知るのであります。

これが復活者との出会いであります。

（「復活祭聖書講話」『十字架の祈り』一〇一号［二〇二二年四月］）

〝光り輝く復活〟からの訣別

今号の四つの聖書講話は、それぞれ今年の三月二〇日、二七日、四月三日、一七日に語られたものである。四月一七日は教会暦の復活祭にあたり、私もそのテーマで聖書講話をした。私に新しい信仰が与えられ、それは贖罪信仰ではなく、信仰義認であることは先月号でも明らかにした。新しい信仰では、キリストは人の弱さと同じく弱くなり、そこにおいて神はその者を弱いままで受け容れて、その者を義として下さるのである。その救いにおけるキリストは、苦しみ呻く「十字架につけられたままのキリスト」であり、それがそのまま復活のキリストなのである。復活は十字架の三日後の光り輝く勝利であるという、これまでの理解からは訣別したのである。新しい復活理解は、負け組みの者が負け組みのままで受け容れられて、神に「然り」とされるというものである。今日、弱い者がそのままで生きられる復活信仰が必要である。その意味で、私は内村の『後世への最大遺物』も批判せざるを得なかった（聖書講話「共に死に、共に生きる」本書六六―六七頁参照）。その内村の書にある思想は、無教会に地下水脈のように流れる強いキリスト理解の源泉でもあろう。しかし、私の信ずる復活のキリストはこう言われる。「罪にまみれたそのままでよい、信仰がわからないそのままでよい、私が同じ姿で受け容れよう」と（聖書講話「復活者の傷あと」本書七七―七八頁参照）。

お手紙を頂いた。先月号の「贖罪ではなく信仰義認」に共感するという内容であった。しかしご意見も頂いた。信仰義認には信じるという行為があるように思えるが、「信じる」という行為が救いの条件になることはおかしい、というご意見である。実際は信じせしめられる（受動）、ということではないか、というお考えであろう。実にその通りなのである。まず低くなり罪人になられた神が恩恵として人間に近づかれ、罪人である私共を受け容れて下さり、それゆえに義とされて、そこに信が生じる。信じようと努力しなくても、信じざるを得ない者とされるのである。今号でも私は「神を信じ義とされる」という表現をしているが、「義とされた結果、信じる」とご理解を頂ければ幸いである。頂いた共感とご意見に心より感謝をしている。

（「編集後記」『十字架の祈り』一〇一号［二〇二二年四月］）

贖い出し

ガラテヤの信徒への手紙一章1—5節

1人々からでもなく、人を通してでもなく、イエス・キリストと、キリストを死者の中から復
活させた父である神とによって使徒とされたパウロ、2ならびに、わたしと一緒にいる兄弟一同
から、ガラテヤ地方の諸教会へ。3わたしたちの父である神と、主イエス・キリストの恵みと平
和が、あなたがたにあるように。4キリストは、わたしたちの神であり父である方の御心に従い、
この悪の世からわたしたちを救い出そうとして、御自身をわたしたちの罪のために献げてくださ
ったのです。5わたしたちの神であり父である方に世々限りなく栄光がありますように、アーメ
ン。

一　人によらずに

このガラテヤ書は、前回まで学んできたⅠ・Ⅱコリント書と同様、パウロの真筆の書簡であります。彼の第三回伝道旅行における二回目の訪問以降に、ユダヤからの侵入者たちによってガラテヤの教会に混乱が生じ、おそらくは五三—五五年のエフェソ滞在中に、すなわち、彼がコリント教会における諸問題と格闘したのと相前後して、コリント教会とほぼ同様の問題の解決のために、五四年頃にこの手紙を書いたと思われます。従いまして、このガラテヤ書の学びを通じて、パウロの信仰義認論をさらに学ぶことになるのみならず、パウロの思想の核心部を知ることができると思います。

1節には「人々」「人」とありますが、これはエルサレムのキリスト者、特にその指導者たちを念頭に置いて

いると思われます。彼らパウロの反対者たちは、パウロがエルサレム教会の権威に依存して使徒とされているにもかかわらず、律法を無視しており、エルサレムの使徒たちの教えとは違うことを語っているではないかと批判していたと思われます。エルサレムの権威に服従することは人間的権威に服従することです。それに対してパウロは「人々からでもなく、人を通してでもなく」と言い、否を示しているのです。

私共の信仰もそうです。無教会だからと言って内村と同じ信仰でなければいけない、内村の言うことに倣え、と言うのでは、人間的権威に服従することになります。内村の真骨頂はまさに「人々からでもなく、人を通してでもなく」にあります。私共も内村の根本的な無教会精神を大事にするならば、そこに立たねばなりません。

そしてパウロが使徒とされた唯一の要因は、「イエス・キリストと、キリストを死者の中から復活させた父である神」によるものでありました。パウロが使徒とされたのは、エルサレムの人間的権威によってではない、という主張です。

これはⅡコリント書五21によって理解することができます。

罪と何のかかわりもない方を、神はわたしたちのために罪となさいました。わたしたちはその方によって神の義を得ることができたのです。

キリストがパウロと同じ罪人となって下さった。それは神が罪となられることでした。そのことによってパウロは罪人のまま神に受け容れられ、そのままの姿で義とされました。そしてその後もパウロの中には復活のキリスト——十字架につけられたままのキリスト（ガラ三1、Ⅰコリ一23、二2）——がいて、パウロを神の子とならしめているということなのです。パウロの使徒性は、人間的権威によるものではなく、復活のキリストに立つものである。その復活者はその父なる神によって復活せしめられたのですから、神からのものである、とパウロは主張しているのです。

神学者の佐竹明氏は、「この人によらないという点は、パウロの場合、栄光によってではなく苦難によって彼の使徒としての生が貫かれているということによって表現される」と言っておられます（佐竹『ガラテア人への手紙』二六頁）。私共はパウロの苦しみを、特にⅡコリント書を通じて学んできましたが、この佐竹氏の言葉に加えることができるならば、苦難のみならず、パウロの「弱さ」によっても彼の使徒としての生が貫かれている、と言うことができると思います。

神は私共の苦難、弱さと同じ姿になって下さる。その十字架の姿によって、私共は真に生きることができるのです。

「ガラテヤ地方の諸教会へ」とあります。Ⅰコリント書の冒頭では「コリントにある神の教会へ」（一2）とあり、Ⅱコリント書冒頭では「コリントにある神の教会」（一1）、Ⅰテサロニケ書では「父である神と主イエス・キリストとに結ばれているテサロニケの教会へ」（一1）と言って、相手の教会が、神のみ心に立っていることが強調されていることに対し、ここでは単に「諸教会」のみとなっており、その素っ気ない表現から、ガラテヤ教会に対するパウロの失望の思いが伝わって参ります。続く3節では、そのようなガラテヤ教会が、何とか父である神と、復活のキリストの恵みと平和により立ち直ることができるように、という切実な祈りをパウロはしているのです。

二　贖い出し

4節の「御自身をわたしたちの罪のために献げてくださったのです」という言葉は、パウロ以前の伝承に遡る可能性が大きい、とされています。ここの「罪」が複数形（罪々）であることもそれを示しています。パウロ自身は罪を人間の根源的なものと捉えているため、普通は単数形で使用します。パウロが複数形で使用する場合は、パウロ以前の伝承を用いているか、旧約聖書を引用している場合が多く、彼自身の筆に遡ることはほとんどありません。さらには「わたしたちの罪のために」とあることから、これは代理死を意味しておりますので、贖罪思想の影響が見られます。

一方、４節前半の「この悪の世からわたしたちを救い出そうとして」はパウロが自ら書いた、と見ることができます。これはいわゆる解放を意味しています。三13「キリストは、わたしたちのために呪いとなって、わたしたちを律法の呪いから贖い出してくださいました」、四５「それは、律法の支配下にある者を贖い出して、わたしたちを神の子となさるためでした」も同様に、解放のモティーフを示しています（傍点荒井）。気を付けねばならないことは、パウロ自身が用いる「贖い」は、贖罪思想的なイエスの代理死（自分が犯した罪に対する罰をイエスに代理して受けてもらう）という意味ではなく、神のみ心に反する状況からの解放、導き出し、という意味なのです。神のみ心に反する状況からの贖い出し、解放、導き出しとは、このガラテヤ書におきましては、人間的な思い、そして律法主義からの贖い出し、解放、導き出しと言えます。

ここで大事なことは、パウロにとっての「贖い」とは、実にこのような「贖い出し」、つまり解放の意味なのであり、イエスが私共の「代わりに」自ら進んで死んで下さった、あるいは神がイエスを私共の「代わりに」死なしめられた、というような内容が真っ先に語られているわけではない、ということです。

この悪しき状況からの贖い出し、つまり解放は、これまで私共がⅡコリント書五21で学んでおりますように、神がキリストを私共と同じ罪人とし、つまり神が罪となられて、私共をありのまま、そのまま義として下さった、ということと同じです。それは贖罪ではなく、信仰義認なのです。

このガラテヤ書でも、二15―四31にて、パウロは信仰義認論を展開しています。一４には前述のように贖罪信仰の影響が見られますが、パウロが受けたイエスの死に関わる伝承を通して、イイエスの死において信仰義認、すなわち解放がなされたことを示しています。そして、イエスの復活の命は人を神のみ心に反する悪しき状況からの「贖い出し＝解放」に至らしめる、ということを示しています。

ですからこの4節を単純に、従来の贖罪思想を示していると考えるならば、パウロの考え方、このガラテヤ書の思想全体を捉え損ねることになりましょう。この4節により、冒頭の挨拶文にてガラテヤ書の核心が語られている、ということを私共は知らされるのであります。

5節では「わたしたちの神であり父である方」と語っています。1節、3節、4節でも神を「父」と呼んでおり、印象的です。

神のみ心に反する悪しき状況から贖い出され、解放されることと、神をほんとうに父とするあり方とは、密接な関係があるようです。

真に、神のみ心に反する悪しき状況から贖い出され、律法主義から贖い出されたならば、人はほんとうに自由になる。父のもとで自由奔放に跳び回る子どものようになる（マタ一八3「心を入れ替えて子供のようにならなければ、決して天の国に入ることはできない」）、ということを知らされます。

このガラテヤ書の学びを通して、私共もまた、ありのままで神に贖い出され、受け容れられて、人間的なものから解放されて、自由奔放に、のびのびとこの人生を生きることを学び取りたい、そう祈り願います。

（「聖書講話」『十字架の祈り』一〇七号［二〇二二年一〇月］）

第三章　無教会の信仰における断絶と継承

私が語る「信仰義認」は、突然変異のように現れたものではなく、無教会の信仰の流れを継承するものであることを、本章の「高橋三郎先生から継承すること――人格的受容の福音」という論考を通じて知って頂きたいと思う。この論考は、高橋先生の絶筆「パウロの限界」を受けた内容である。私が語る「信仰義認」には、贖罪信仰からの断絶と、「無条件の救い」という無教会の根本的な救済観における継承を見ることができるのである。

まず以下に高橋先生の「パウロの限界」をそのまま掲載させて頂く。

1

パウロはキリストの福音がユダヤ主義に呑みこまれることを断乎として阻止したという重大な課題を果たした人物であり、彼の書き残した数多くの書簡は、新約聖書の中枢部を形成するに至った。しかし彼とても一人の人間である以上、その限界を免れることはできなかった。分かりやすい例を挙げるとすれば、

「婦人たちは教会では黙っていなければならない。……もし何か学びたいことがあれば、家で自分の夫に尋ねるがよい」（Ⅰコリント十四34―35）

という言葉は、当時の時代的制約を受けていることは疑問の余地がない。

しかしこのような、個々の問題点についての時代的制約だけではなく、パウロがパリサイ人としてキリスト信徒の迫害に狂奔していた当時の法律的思惟形式が、異邦人への使徒としての召命を受けた後にも残存していた、という重大な問題がある。これがいかに重大な禍《わざわい》を後世に残すことになったかという事情を、以下

順を追って考察することにしたい。

2

彼がダマスコ城外で復活の主イエスの顕現に接し、異邦人への使徒として召命を受けたとき、彼は福音の全体を把握し得たと信じたから、生前のイエスに直接師事した先輩の使徒たちから、かつてのイエスの言行について学ぶ必要を認めず、ただちに独自の伝道活動を開始した。その時の彼の探求の歩みは、旧約の預言の成就としてイエスの生涯を把握する、という道筋を辿った。彼の主著とされるロマ書の中に、旧約からの引用が実におびただしい数にのぼっているところにも、この事情がよく現れている。そして彼にとっては、イザヤ書五三章の語る、「苦難の僕」が民の罪を担い、その贖いとして死を遂げたという叙述が、イエスの死を理解するための決定的根拠となったことは、疑問の余地がない。その結果、イエスが人類の罪を贖うため償いの死を遂げたと見る彼の贖罪論が、不動のものとして確定したのである。

しかし歴史的過程を虚心に見れば、エルサレムに君臨する大祭司を頂点とする祭司集団が、民衆や異邦人ピラトまで巻き込みイエスの上に襲いかかった、というべきではないか。つまり人間が神を裁き、神の子を断罪して死に追い詰めたというのが、ありのままの事実ではないか。しかしパウロには、そういう十字架理解は欠落していた。

しかしイエスご自身がご自分の死について、パウロとは違った見方を自ら語られた、という重大な事実がある。

マタイ福音書二一章33節以下に、イエスの語られた「ぶどう園の譬え話」がある。ぶどう園の不在地主が、農園からの年貢を取り立てるため僕たちを派遣したところ、農夫たちは反乱を起こして、ある者を侮辱して追い返し、あとに続いた使者を次々と殺害したので、主人は最後の手段として、自分の息子を派遣することにした。すると農夫たちは「あれはあと取りだ。さあ、これを殺して、その財産を手に入れよう」と言ったという。そして「彼をつかまえて、ぶどう園の外に引き出して殺した」（二一章33―39）。

この譬えを聞いた祭司長やパリサイ人たちは「自分たちのことをさして言っておられることを悟った」と記されている（45節）。これはまさしく、人間の神に対する総反撃を予表するものではないか。パウロがもしこの譬え話を知っていたとすれば、このイエスの預言の成就としてあの十字架を理解したに違いない。しかし惜しいかな、生前のイエスの言行について一切知る必要を認めなかった彼の手許には、この預言は届くことはなかった。この事がパウロの神学の根源的欠陥の原因になろうとは、パウロその人だけではなく、あとに続いた教会史上の誰の心にも、思い浮かぶことはなかったのである。しかもキリストの救いを法律的思考によって捉えようとする見方は、その後も一貫して現代にまで波及したから、救いにあずかるためにはいかなる信仰が必要かという問題をめぐって、プロテスタント教会の意見は四分五裂し、その結果総数二百にも及ぶ多数の分派が形成されるに至った。それだけではなく、正統信仰に背く異端として断罪された人々を、無残な死に追い詰めるという悲惨事が相次いだばかりでなく、宗派間の争いは多くの戦争の引き金となり、その惨状は現代に至るまで波及している。この惨憺たる実情を見るとき、法律的思惟形式がパウロに残存した事が、いかに重大な結果を招いたか、歴然たるものがあろう。

3

しかし幸いなことに、この法律的思惟形式は、新約聖書の全体に波及しているわけではない。例えばヨハネ福音書十五章の「わたしはまことのぶどうの木、わたしの父は農夫である」という言葉で始まるイエスの御言葉の中に、次のような言葉が見られる。

「わたしにつながっていなさい。そうすれば、わたしはあなたがたとつながっていよう。枝がぶどうの木につながっていなければ、自分だけでは実を結ぶことができないように、あなたがたもわたしにつながっていなければ実を結ぶことができない。……もし人がわたしにつながっており、またわたしがその人とつながっておれば、その人は実を豊かに結ぶようになる。わたしから離れては、あなたがたは何一つできないからである。人がわたしにつながっていないならば、枝のように外に投げ捨てられて枯れる。人々はそれをかき集め、火に投げ入れて焼いてしまうのである」（４―６）。

この最後の部分は明らかに一つの審判思想の表明であるが、ここには法律的思考は一切見られず、人格的受容として福音が描かれていることが明らかであろう。

４

すでに述べたようにパウロ的贖罪論がその後の教会史を一貫して現代にまで波及したから、大祭司を頂点とする祭司集団が神の子イエスの上に襲いかかったという原罪的認識は、地下に埋《うず》もれてしまった。つまり宗教性こそ罪の根源であるという重大な事実を、イエスの死は証言しているのだが、その認識はかき消されてしまったのである。

もしあの太平洋戦争当時、日本のキリスト信徒がこのことを的確に認識していたなら、天皇を頂点とする皇国思想が凶悪な侵略戦争へと国民を駆り立てていった状況は、大祭司を頂点とする祭司集団が神の子イエスの上に襲いかかったという事実の繰り返しであることに、気づいたはずである。しかし彼らはこの事実に対して霊的な目隠しを受けていた。だから、戦争は人殺しであって罪だから戦争をしてはならぬ、という非戦平和の思想は出現したけれども、天皇制そのものに対する信仰的批判は目潰《めつぶ》しされていたのである。

5

内村鑑三もまたパウロの信仰思想をそのままの形で受け入れた人物であったが、親友新渡戸稲造は、自分の信仰が内村のそれとは違うことを自覚していた。彼は自分の入信を語るに当たって、自分は正門からではなく横の門から入った者であって、それは悲しみの門であったと述懐した、と伝えられている。しかしこの相違にも拘わらず、中に入ってしまえばキリストにおいてすべてが一致できると信じていたから、彼は一高校長時代の優秀な教え子たちを数多く内村の門下に送った。そしてこれらの人物が、のち無教会の中核を担う人材として重要な課題を果たしたことは、実に重大な貢献であった。その弟子の一人が師内村に向かって、「新渡戸先生の信仰でもいいのですか」と尋ねたところ、内村は答えなかったという。察するところ、それでよいのだとは言えなかったのであろう。

この種の排他性がその後の無教会にも連綿として尾を引き、無教会のセクト化への危険は今も絶えることがない。無教会人相互の間に、深刻な相互批判が絶えることなく現代にまで波及しているのが実情である。無教会自身にも一つの新しい宗教改革が必要であろう。その場合新渡戸稲造は、実に貴重な信仰の遺産を後世に遺《のこ》した。佐藤全弘氏が『新渡戸稲造全集』の編集を担当したばかりでなく、その後も『新渡戸稲造研究』の刊行を精力的に継続してこられたのは、右に述べた認識に基づくのではないか、と私は察している。新渡戸が東京女子大学の学長であった当時、学生たちに向かって「あなたがたは慈《いつく》しみと思いやりのある人になってほしい」と諭《さと》したところに、彼の信仰の性格が如実に現れている。そしてまさにこの点こそ、内村直系の無教会人の間にしばしば欠落しているという事実から、我々は眼をそらしてはならない。

6

我々はパウロにおける限界をここまで辿ってきたのだが、聖書自体もまた（御霊の導きによって書かれたとはいえ、人間が書いたものである以上）一つの限界を持っていることを直視しなければならない。分かりやすい例を挙げるとすれば、ヘブル人への手紙は、古い祭司職が真《まこと》の大祭司なるイエスによって克服されたという大祭司論を中核とする文書だが、エルサレムに君臨する大祭司が真の大祭司なるイエスを断罪し打ち殺した、という事実には一切触れていない。これはヘブル書の決定的欠陥として記録すべきものであろう。かつて無教会人の中から、「来たるべき第二の宗教改革はヘブル書によってなされるだろう」と予言した人さえ出たのだが、これは根拠なき空論であったことが、今では疑問の余地がない。あるいは更に一般化して、一時盛んに提唱された聖書無謬論など、存在の余地がないのである。

以上述べてきた認識に立脚するならば、我々の聖書の読み方は根本的変革を迫られるであろう。そして皮肉なことだが、かつてパウロが無視した生前のイエスについての言行録が決定的重要性を持つものとして再確認されねばならぬであろう。

（二〇一〇年六月四日）

（高橋「パウロの限界」『高橋三郎著作集』最終巻、八一七―八二二頁）

高橋三郎先生から継承すること――人格的受容の福音

一

私の信仰の師である高橋三郎先生は、二〇一〇年六月二四日に八九歳で天に召されたが、先生の絶筆はその二〇日前に書かれた「パウロの限界」（『高橋三郎著作集』最終巻、八一七―八二二頁。本書八六―九一頁に掲載）という論考であった。この論考は口述筆記で書かれたものだが、書かれた直後に「地上の使命終れり」と先生は言われた、と奥様の美佐子様は伝えている（高橋愛子「解題」『高橋三郎著作集』最終巻、八四八頁）。

先生の言わんとしておられる「パウロの限界」とは何であろうか。先生は、「パウロがパリサイ人としてキリスト信徒の迫害に狂奔していた当時の法律的思惟形式が、異邦人への使徒としての召命を受けた後にも残存していた」と言われる（「パウロの限界」八一七頁）。「法律的思惟形式」とは、神の恵みが何らかの条件に依存する、とする考え方のことである。たとえば律法を守ることで、教会法を守ることで、良い行いをすることで神の恵みが与えられる、という考え方のことである。高橋先生は、その考え方がユダヤ教からカトリックの時代を経てプロテスタント教会が生まれて今日でもキリスト教の中に尾を引き続けていると考え、この「法律的思惟形式」を生涯をかけて神学的に、信仰的に探究された。そして何らの条件にも依存しない純粋な「キリストのみ」「恩恵のみ」「信仰のみ」という信仰を尊重し、無教会の精神をそこに確認してこられたのである（高橋「教会の起源と本質」『高橋三郎著作集』第四巻、一三一―一四二頁）。

二

「パウロの限界」にはさらに次のような文章がある。

内村鑑三もまたパウロの信仰思想をそのままの形で受け入れた人物であったが、親友新渡戸稲造は、自分の信仰が内村のそれとは違うことを自覚していた。彼は自分の入信を語るに当たって、自分は正門からではなく横の門から入った者であって、それは悲しみの門であったと述懐した、と伝えられている。しかしこの相違にも拘わらず、中に入ってしまえばキリストにおいてすべてが一致できると信じていたから、彼は一高校長時代の優秀な教え子たちを数多く内村の門下に送った。そしてこれらの人物が、のち無教会の中核を担う人材として重要な課題を果したことは、実に重大な貢献であった。その弟子の一人が師内村に向かって、「新渡戸先生の信仰でもいいのですか」と尋ねたところ、内村は答えなかったという。察するところ、それでよいのだとは言えなかったのであろう。

この種の排他性がその後の無教会にも連綿として尾を引き、無教会のセクト化への危険は今も絶えることがない。無教会人相互の間に、深刻な相互批判が絶えることなく現代にまで波及しているのが実情である。無教会自身にも一つの新しい宗教改革が必要であろう。その場合新渡戸稲造は、実に貴重な信仰の遺産を後世に遺《のこ》した。佐藤全弘氏が『新渡戸稲造全集』の編集を担当したばかりでなく、その後も『新渡戸稲造研究』の刊行を精力的に継続してこられたのは、右に述べた認識に基づくのではないか、と私は察している。新渡戸が東京女子大学の学長であった当時、学生たちに向かって「あなたがたは慈《いつく》しみと思いやりのある人になってほしい」と諭《さと》したところに、彼の信仰の性格が如実に現れている。そしてまさにこの点こそ、内村直系の無教会人の間にしばしば欠落しているという事実から、我々は眼をそらしてはならない。
（高橋「パウロの限界」八二〇―八二一頁）

ここで高橋先生は、内村鑑三の排他性を批判しておられる。無教会のセクト化、無教会人どうしの深刻な相互批判という現象を、その影響として見ておられるのである。「内村鑑三もまたパウロの信仰思想をそのままの形で受け入れた人物であった」という言葉の中で言わんとしておられることは、内村の中にも「法律的思惟形式」が残存していた、ということであろう。さらに先生が「無教会自身にも一つの新しい宗教改革が必要であろう」と言われる時、それはその「法律的思惟形式」を超えるために、いかなる改革が無教会に必要か、という問題提起をされていると思えるのである。

その改革のヒントとして、高橋先生は次のようなことを語っておられる。

しかし幸いなことに、この法律的思惟形式は、新約聖書の全体に波及しているわけではない。例えばヨハネ福音書十五章の「わたしはまことのぶどうの木、わたしの父は農夫である」という言葉で始まるイエスの御言葉の中に、次のような言葉が見られる。

「わたしにつながっていなさい。そうすれば、わたしはあなたがたとつながっていよう。枝がぶどうの木につながっていなければ、自分だけでは実を結ぶことができないように、あなたがたもわたしにつながっていなければ実を結ぶことができない。……もし人がわたしにつながっており、またわたしがその人とつながっておれば、その人は実を豊かに結ぶようになる。わたしから離れては、あなたがたは何一つできないからである。人がわたしにつながっていないならば、枝のように外に投げ捨てられて枯れる。人々はそれをかき集め、火に投げ入れて焼いてしまうのである」（4―6）。

この最後の部分は明らかに一つの審判思想の表明であるが、ここには法律的思考は一切見られず、人格的受容として福音が描かれていることが明らかであろう。

（高橋「パウロの限界」八一九―八二〇頁）

先生はここで法律的思惟形式の存在を聖書の中に認めつつ、それに代わる他の福音――人格的受容の福音――に注目しておられるのである。

また一方で、「パウロ的贖罪論がその後の教会史を一貫して現代にまで波及したから、大祭司を頂点とする祭司集団が神の子イエスの上に襲いかかったという原罪的認識は、地下に埋《うず》もれてしまった」とパウロ的贖罪論を批判しておられる（高橋「パウロの限界」八二〇頁）。これはパウロの贖罪論が刑罰代受説であるとして、それを批判し、高橋先生独自の贖罪論を暗に主張しておられるものと受け止める。「刑罰代受説について」という文章で先生は、刑罰代受説が「人間の受けるべき罰をイエスが身代わりとなってその身に負われた」と考えるものであることに対して、それでは「大祭司以下イエスの殺害に力を結集した人々の罪の実態は不問に付されている」と批判をしておられる。先生の主張する贖罪論は、「（神がイエスを処罰されたのではなく）私共の罪がイエスを死に追い詰めたのであって、この死を通して私共の罪が明確に断罪され、神の義は貫徹された」という認識に立つものであった（高橋「刑罰代受説について」『高橋三郎著作集』最終巻、七五六―七五七頁）。しかしここで先生が語っておられる「人格的受容の福音」は、その先生の主張された贖罪信仰とも違うものである。つまり、法律的思惟形式に属さず、贖罪信仰でもない福音を先生は見つめていると思えるのである。

大胆に言うならば、先生はこの論考において「パウロの限界」と題して語りつつ、「贖罪信仰の限界」を語っておられるように受け止められるのである。実に、先生ご自身の贖罪信仰にも限界を見出されているように思えるのである。

先生が天に召される三年前に書かれた「まことの神観の提示者なるイエス」という短文には、このようなことが書かれている。

三

ルカ十五章11節以下の語録は、「放蕩息子の帰還」を語る譬えとして読み継がれてきたので、読者は自分をあの弟と重ね合わせ、父なる神のもとに立ち帰る悔い改めへの招きを、ここから読み取る人が多かったのだが、二人の息子を呼び戻そうとする父親こそこの譬え話の中心人物である、と著者は断定する。この父親においてまことの神の姿が現れていると見るのである。しかもこの譬えにおいて、イエスの福音の究極の姿が立ち現れているのであって、そこにはパウロ的な贖罪信仰の介入する余地がない。パウロは下から上に向かって救いを探求したが故に、贖罪論が必要不可欠となったのだが、神の意志をわが意志として、上から下に向かって語ったイエスには、その必要がなかったのだと、著者は結論するのである。従来我々は、福音と言えばパウロのロマ書を中核に据えて、贖罪論を展開するのが常であったが、それとは別に「放蕩息子の帰還」に極まる新しい神観の提示が、これとどう向き合うのか。重大問題が、ここに提起されている。

（高橋「まことの神観の提示者なるイエス」『高橋三郎著作集』最終巻、七六四頁）

この文章にある「著者」とは、山下次郎氏のことである。先生はこの文章で、山下氏の『イエスという人』という著作に関して述べておられるのである。そして「放蕩息子の帰還」の譬えにおいて、「イエスの福音の究極の姿が立ち現れて」おり、「そこにはパウロ的な贖罪信仰の介入する余地がない」と言っておられる。さらには、贖罪論とは別に『放蕩息子の帰還』に極まる新しい神観の提示が、贖罪論とどう向き合うのか」、という問題提起をしておられる。
私の考えるところでは、ここで先生の言われる「新しい神観の提示」とは、先生自身の贖罪信仰でもなく、むしろ私が最近語り始めている信仰義認に近いことが想像されるのである。その信仰義認に関して、私はⅡコリント書五21において決定的に気付かされたのである。

罪と何のかかわりもない方を、神はわたしたちのために罪となさいました。わたしたちはその方によって神の義を得ることができたのです。

キリストが人間と同じ罪人となったことを通して、神も人間と同じ罪人となられたのである。そして私共罪人を罪のまま受容し、義として下さったのである。人格的受容である。ここには全く法律的思惟形式は無い。ひたすら一方的な神の恵みのみである。これこそパウロが語ったものであり、彼の根本的な信仰――信仰義認――であると私は捉えている。別の箇所でパウロはこの信仰義認を「不信心な者を義とされる方を信じる人は、働きがなくても、その信仰が義と認められます」（ロマ四５）と語っている。
一般的に「信仰義認」というと、業によるのではなく十字架の贖いを信じて義とされること、と考えられているようである。しかしパウロはローマ書四１―８において、イエスが生まれる遥か前に生まれたアブラハムとダビデについて、イエスの十字架とは関係なく、不信心な者が単純に神を信じて義とされることを語っているのである。実に信仰義認とは、不信心な者が単純に神を信じて義とされることなのである（ロマ四３）。このことに関しては、私は青野太潮氏の見解に与するのである[1]。

イエスの最期は神に絶望した不信仰者であった（マコ一五34）。その神の子がなられた不信仰が、不信仰の私共を限りなく慰めるのである。神はイエスにおいて、不信仰者である私共を人格的に受容し、不信仰なままで義とされるのである（神は不信仰者を不信仰なままで受容される。神に受容されたとしても、その者は相変わらず不信仰のままである。不信仰のままで救われるのである。急に立派な信仰者に変わるというものではない）。

このⅡコリント書五21を贖罪信仰と捉える人もいるが（内村鑑三もその一人である）、私はここを信仰義認で捉えるのである。[2] パウロこそイエスの信仰を受け継ぎ、人間としての限界を持ちつつも、「神の意志をわが意志として、上から下に向かって語った」と考えるのである。もっとも、神は上におられるのではなく、初めから下におられ、私共の愚かさや苦しみを共にしておられる、と私は信じている。つまり下から下へとイエスは語ったのである。

私は、パウロは人間としての「限界」は持っていたが、しかし彼の信仰の中心は法律的思惟を抜け出ていた、と考えている。従って、生涯の終わりに語られた「パウロの限界」にて、高橋先生が、パウロが法律的思惟に捉われていたことを批判しておられるならば、そのお考えを批判しなければならないところである。パウロの信仰の中心は信仰義認であり、それはユダヤ教律法主義者としての彼が、その律法主義（法律的思惟）を復活のイエスに出会うことによって抜け出たところに生まれたのである。彼が書簡の中で用いる贖罪論的な言葉遣いは、彼が伝承として受け取ったものであり、彼の根本的な信仰は信仰義認である。

しかし本論考は先生と私のパウロ観の違いを語ることが目的ではない。先生が晩年に見つめておられた人格的受容としての信仰義認の信仰を確認し、私がそれを継承していることを論じるものである。

四

この人格的受容の信仰――すなわち信仰義認――を、先生が天に召される一年前に書かれた短文に示しておられるので、それも見ておきたい。

見よ、一人のらい病人が〈イエスに〉近づいて来た（マタイ八２、私訳）。

「らい病」という言葉は差別語とされているので、新共同訳は「重い皮膚病」と改めているが、これでは単なる一つの病い、という趣旨になってしまうので、この記事の中にひそんでいる衝撃的事態という含みが、見えなくなってしまう。そこで私は敢えて「らい病」という言葉に固執したのだが、これは全身がただれ落ちてゆく悲惨な不治の病いであったばかりでなく、神の罰を受けている呪われた者と見る宗教的差別思想によって断罪されていたので、文字通り生ける屍のように共同体の外に排除されていた。この病人は宿営の中に住む事を許されず、人が自分に近づかぬよう「私は汚《けが》れた者」と連呼する事さえ義務づけられていた。律法によるこの排除の規定にも拘わらず、今や一人のらい病人が、イエスに近づいて来たのである。冒頭の「見よ」という命令形の動詞は、思いもかけぬ異常事態が起ころうとしている事に注意を喚起するための間投詞であった。明らかな律法違反が起ころうとしていたのである。そしてイエスご自身にとっても、死の呪いとの対決という異常事態が押し迫って来た。この病人にかくも驚くべき接近を決断させた理由は何であったか。次に掲げる彼の言葉がこれを語っている。

彼はひれ伏して〈イエスに〉言った。「主よ、あなたはその気になれば、私を清めることのできるお方です」。

この絶対的信頼の故に、彼は癒しの恵みを切に願って、決死の突撃を敢行したのであった。

イエスは手を伸ばして彼に触り、「私の意志だ、清くなれ」と言われた。すると直ちにそのらい病は清められた（八3）。

イエスが手を伸ばしてこの病人に触った事も、明白な律法違反であった。これによって、イエスはその汚れをご自分の身に引き受けたのである。このように二人の律法違反を通してこの病は癒され、死から生への奪還という事態が実現したのであった。

マタイは五章から七章まで「山上の垂訓」を一括編集した後、イエスの公的活動を語る八章以下の叙述の冒頭に、らい病の癒しという衝撃的事件を配置した。彼はこの出来事を、イエスの公生涯を総括する典型的事例と見たのである。その結果イエスは「呪われた者」として十字架にかけられ、罪の呪いを一身に引き受けて天に帰って行かれた。あのらい病人の癒しと、十字架上の死という二つの出来事が相呼応して、神の子イエスの出現がいかなる救いを地上にもたらしたかという恩恵の事実を、鮮明に証言したのである。簡潔にして何と深い真理の証しではないか。「罪の赦し」という福音理解では包みきれない内容が、ここに提示されているのである。

（高橋「らい病人の癒し」『高橋三郎著作集』最終巻、七六七―七六八頁）

「イエスが手を伸ばしてこの病人に触った事も、明白な律法違反であった。これによって、イエスはその汚れをご自分の身に引き受けたのである」、「その結果イエスは『呪われた者』として十字架にかけられ、罪の呪いを一身に引き受けて天に帰って行かれた」。これは、信仰義認の捉え方といえる。イエスがらい病者の汚れとなりそのらい病者を受け容れて、イエスが呪われた者として罪人の呪いそのものとなり呪われた者たちを受け容れて、排除されていた彼らに対して「あなたがたは生きていてよろしい」として神の「然り」を与え義とされたのである。彼らは人格的に神に受容され、神の「然り」を与えられて義とされたのである。神は一切を排除しない。法律的思惟の条件付けの結果、排除されるに至った者たちは本来受け容れられるべき者たちであることを、イエスが彼らの存在をそのまま受け止めることによって（人格的受容）、神は示しておられるのである。

神は天上の高座におわします方ではない。神はここでイエスが示したように、法律的思惟によって排除された者たちの姿に自らがなり、その者たちを人格的に受容して、ひたすら「生きよ」と励ます方である。そこには死が贖罪の意味を持つなどという贖いの論理は無いのである。死は死である。それに何らの正当性もない。ただ願わぬ死を共に死んで下さる神がおられるのみである（十字架）。しかしその共にいて共に死んで下さる神こそ、私共の死をも受容して下さる愛なる神なのである。死のみならず、神は私共のあらゆる悲惨をも、同じ悲惨の姿になってそのまま受容して下さり、「生きよ」と言われるのである。信仰告白とは、そのような生きる力を与え給う神を賛美することであろう。そして私共も神に倣い、他の人格を受容できるように変えられていくのである。私はこの人格的受容の連鎖を通してこそ、人類の平和が実現すると考えている。

そのような人格的受容の神観を、高橋先生はそのご生涯にわたる探究の最期に垣間見られたと私は思う。無教会人の中での様々な困難なご経験も、その神観に至る道行きの助けとなっていたことであろう。私は私で、今井館という無教会に関わる組織の中枢にいて、先生の語られたことに通じる無教会信仰者の矛盾を感じてきたがゆえに、信仰の模索を続けてきた。通った道は異なるけれども、見えてきた福音は共通のものがあると思う。最近そのことに気付き、その偶然性・必然性に少々驚いている。

先生のマインツ大学での博士論文『ルターの根本思想とその限界』は、まさに法律的思惟形式がマルティン・ルターの中にも残存していたことを明らかにしたものであるが、その結語にて先生が、「そして救いの法律的理解が完全に克服され、これに代わって人格的理解が登場するときはじめて、この問題に対しても最終的解答が期待されるであろう」(高橋『ルターの根本思想とその限界』二五一頁)と言われていることを読むときに、その後の先生の聖書研究の鉾先が常にぶれることなく「救いの人格的理解」に向けられていたことは、疑う余地はない。

高橋先生がそのご召天の直前に見通していた「人格的受容」の神観を、ささやかながらも継承して参りたいと願っている。そして少しでもこの神観を周りの方々へご理解頂けるよう、尽力して参りたいと考えている。

(「論考」『十字架の祈り』一〇三号［二〇二二年六月］)

(1) 青野氏は「ここでパウロが『イエス・キリストを信じる者にとっては』とは言わないで『不敬虔な者を義とするかたを信じる者にとっては』と言っていることは、五節は必ずしもイエス以後の信仰者について語っているのではなくて、むしろ文脈もまたそのことを明示しているように、イエス以前のアブラハムやダヴィデについて語っていることを示していよう。だとするならば、ここには明確にイエス以前のアブラハムやダヴィデにおいて事実としてはいは生起していた『信仰義認』の現実が語られていることになる」と述べておられる(青野『「十字架の神学」の成立』一八〇頁)。

(2) 荒井「贖罪信仰から信仰義認へ」(本書四二頁)参照。また青野氏は「Ⅱコリント五・二一の発言もむしろパウロ独自の信仰義認論にこそ連なるものと考えているので、『和解』と贖罪との直接的なつながり、あるいは贖罪ゆえの『和解』という考え方を肯定することはできない」と述べておられる(青野『「十字架の神学」の成立』五一二頁)。

紫陽花の花を添えて

高橋三郎先生が天に召されて（二〇一〇年）から、今年の六月二四日で一二年が経つ。私が雑誌を発行したいとお話しした時に、先生が「一旦始めたら止められないよ」と言われたことを思い出す。この『十字架の祈り』は先生が召されてから三年後の二〇一三年六月が創刊であるので、途中半年ほど今井館の仕事のたいへんさのために刊行が滞ったものの、九年間にわたり毎月出し続けてきたことになる。

今井館での様々な経験を通して、無教会にある種の疑問を感じ始めてから、内村とはある程度の距離を置きつつ信仰を模索してきて、最近では贖罪信仰と訣別し、信仰義認の信仰に行き着いたことを公にしてきた。しかしそのような信仰の変遷において、周囲とは異なる信仰であることに多少の孤独さを感じてもいた。最近、何となく高橋先生の絶筆「パウロの限界」を読み直していて、先生が最後に見ておられたものは、私が今見ているものと似ていないかと感じた。今号でそれを論じてみた（論考「高橋三郎先生から継承すること」）。本文にも記したが、先生の博士論文の結語で「そして救いの法律的理解が完全に克服され、これに代わって人格的理解が登場するときはじめて、この問題に対しても最終的解答が期待されるであろう」と書かれていることは興味深い。私のたどり着いた信仰義認の信仰は、まさに神によ

る人格的受容によって義とされるものなのである。

この私の論考に関して、皆様の忌憚のないご意見を頂ければ幸いである。

先生のご召天は紫陽花の季節であった。今号ではいくつか紫陽花の写真を添えさせて頂いた。主のみ前で復活の命を生きておられる先生に差し上げるために。

（「編集後記」『十字架の祈り』一〇三号［二〇二一年六月］）

第四章　無教会への問題提起

本章に収録した聖書講話「強さから弱さへ、狭さから広さへ」において、私はこのようなことを語っている。

> 私は信仰者として、贖罪信仰により強くされることを捨てて、信仰義認の、ありのままの私を受け容れて下さる神を信じます。強くならなくてもよい、弱いままで受け容れて下さる神を信じます。一方で強さを求める信仰に、恐ろしささえ覚えるのです。無教会伝道者という自分の立ち位置で語るならば、無教会ではこれまで強くなる信仰が語られ続けてきたのではないか、弱さをありのまま受け容れる信仰が語られてこなかったのではないか、ということです。無教会では強い者が上位に立ち、弱い者が端に追いやられていたのではないか、という危惧です。
>
> 今、真実に、弱さをそのまま受け容れて下さる神が無教会に必要であると思います。そしてその神こそが、イエスが指し示した神であり、イエスはその神に一〇〇パーセント生かされた神の子であったと信じます。
>
> （本書一二〇頁）

贖罪信仰に伴う「光り輝く復活」「栄光の復活」という復活理解は、信仰者を弱い者から強く輝く者とする。ほんとうにそれが福音の真理の指し示すことなのであろうか。無教会人には意外に、世における成功者が優秀な信仰者であるという不思議な理解があるように思える。無教会の歴史において、高学歴の者が多かったこともそのおかしな現象の誘因であると考えるが、同時に贖罪信仰に基づく復活理解が背後にあるとも思うのである。

無教会人が内村以来信じてきた処女降誕に関しても、疑問を呈さねばならないだろう。

廣石望氏は「イエスに関する聖霊による処女降誕の物語は、復活信仰から出発して、イエスの人格に生じた神との唯一無比なる関係を、イエスの誕生に逆投影しつつ神話的に表現したものであると思われます」と語っておられるが、そうだとすると、処女降誕の物語は強い者に甦る復活理解をもとに、造り上げられた奇跡物語だということになる（聖書講話「沈黙の声を聴くこと」本書一三三頁参照）。その強さの象徴である神の子の奇跡的な誕生物語の背後に、（おそらく事実としては）姦淫あるいは強姦の結果孕《はら》んだイエスを産む、というマリアの苦しみの姿は隠されてしまうのである。

贖罪信仰に付随する、強い者に甦るという復活理解が造り上げる欺瞞に満ちた偽りの話は、弱者の苦しみ、悲しみを隠して無きものとするのである。こうして輝く無教会人の背後に、輝くことのできない無教会人が申し訳なさそうに生きる構図ができあがる。

ほんとうの神は、全ての人に、強くならなくてもよい、弱いままでよい、ありのまま、そのままでよい、私があなたをそのままで受け容れ義《よ》しとしよう、と語りかけて下さる神である。それが「信仰義認」の神なのである。

無教会人が真の神に目覚めるのは、いつのことであろうか。本書が一つの契機となることを祈る。

パウロが出会った復活者は、「十字架につけられたままのキリスト」（Ⅰコリ一23、二2、ガラ三1）である。見捨てられた姿の復活者である。そのような無力な復活者に出会ったときに、彼は初めてこのように言い得たのである。

ところが、神は知恵ある者に恥をかかせるため、世の無学な者を選び、力ある者に恥をかかせるため、世の無力な者を選ばれました。（Ⅰコリ一27）

これからの無教会では、光り輝く復活者でなく、このような無力な復活者に出会った無力な者が、真実を語り続けるであろう。

そのままでよい

無教会の学生寮の一つに、登戸学寮がある。その学寮で最近「黒崎幸吉賞」というものが設けられたそうである。内村鑑三の弟子であり学寮創立者である黒崎幸吉にちなんだ賞のようである。『登戸学寮ニュース』第一二号（二〇二二年五月一〇日発行）には、巻頭に小島拓人理事長の「新年度を迎えて」という文章があり、その中には黒崎幸吉の「登戸学寮に対する私の希望」と題する文章からの引用が記載されていた。それは下記のようなものである。

学生として唯幸福に愉快に勉強するだけが凡てでなく、正しい人間となり、正しい生活をし、それによって同胞や隣人更に進んで全人類に対し、出来るだけの貢献を為し奉仕すること、唯神の目に「善かつ忠なる僕」として映るような人が多く輩出し、日本全国、否全世界に、登戸学寮出身という事が、そのままその人の人格の証明になる様な寮になってほしい。

（「方舟」第四号［一九六二年一二月］）

小島理事長によると、黒崎幸吉賞を設けたことは、このような内容に基づき「学寮の存在意義を再確認する試み」であるという。

この第一回目の受賞式は昨年一一月に行われた。お二人の卒寮生が受賞し、そのお一人は私の敬愛する沖縄の石原昌武さん（本誌掲載「月桃通信」執筆者・石原艶子さんのお連れ合い様）であった。私は石原さんの受賞した際の文章を拝読したことがあるが、日本のほぼ最南端である西表島で弱者に寄り添い生きてこられたことなどについて述べられた内容に、深い感動を覚えた。このようなキリストの愛に生かされた方が受賞されたということは、この表彰制度がこの世での出世を基準にしているのとは違う、ということを知らされるものである。

しかし一方で私は、本来人生は多様性に富んでいて甲乙をつけることができないはずなのに、特定の人生のみをよしとして表彰するあり方には違和感を感じるのである。しかもそのようなことが、若者の多感な時期を担う学生寮の中で行われてよいのであろうか。

イエスは賞とは無縁の人々のところへ出かけて行った方であった。当時のユダヤ教社会からはじき出された人々のところへ行き、「あなたは生きていてよいのだ」と告げた人であった。私はイエスのその教えを受け継ぐはずの組織が、優れた者のみをたたえる表彰制度を設け、除外者を作るようなことはあってはならないと考える。イエスは除外者のところにこそ出かけたのであるから。

「心の貧しい人々は、幸いである、
　天の国はその人たちのものである。
悲しむ人々は、幸いである、
　その人たちは慰められる」。
（マタ五３―４）

イエスは「どんな者でも生きていてよい」という神の「然り」、絶対肯定を告げ知らせたのである。そしてそれがゆえに、それを否定するユダヤ人律法主義者たちに、彼は殺されたのである。当時のユダヤ教社会では、律法を守れる者は是であり、守れぬ者は非とされた。しかしイエスは全ての者を是としたのである。

私共はイエスの生き方に生きねばならぬ。

全ての人を是とするところに生きねばならぬ。

そのように生きる時に、このような賞の設置は、ある価値基準のもとに限られた者のみをよしとするということであり、イエスの生き方を否定することになろう。学寮が健全であることを考えるならば、表彰制度は止めて、全ての者を等しく大事にすることが求められる。全ての者が神の目に価高い者なのである（イザ四三4）。

青野太潮氏は著書『十字架につけられ給ひしままなるキリスト』で、このようなことを語っておられる。

このことは、一言で言いますと、何か変な響きをもった言葉に聞こえるかもしれませんが、「すでにそうである者になりなさい」ということだと思います。すでにそうである者になりなさい。すでにそうである者とは、そう、私たちはすべて、すでに神の子なのだ、クリスチャンであるなしを問わず、皆、神に愛され、ゆるされている存在なのだ、ということです。（青野『十字架につけられ給ひしままなるキリスト』六四頁）

ここで青野氏が言っておられることは、先の黒崎の文章の「正しい人間となり、正しい生活をし、それによって同胞や隣人更に進んで全人類に対し、出来るだけの貢献を為し奉仕すること、唯神の目に『善かつ忠なる僕』として映るような人」にならなくてもよい、ということなのである。素晴らしい人間にならなくてもよい、「そのままでよい」ということである。誤解を恐れず言うならば、「不信仰のままでよい」「だめなままでよい」ということである。人間は頑張らなくてよいのである。そのままでよいのである。むしろ神が頑張れない人間の姿になられるのである。

罪と何のかかわりもない方を、神はわたしたちのために罪となさいました。わたしたちはその方によって神の義を得ることができたのです。

（Ⅱコリ五21）

神が罪（不信仰）になり、不信仰者のもとに来られるのである。ルターはこのように語ったという。

キリストは、今や——十字架において——「すべての者の中で最大の強盗、殺人、姦淫する者、盗人、宮を汚す者、神を汚す者等であった。この世に決してそれ以上の者はいなかった」。

（ユンゲル『死』一九二—一九三頁より引用）

十字架はこのように神が罪人（根源的な罪を持つ者）となられ、この世の不信仰者と同じ姿となられて、その者たちに寄り添うところであった。そして同時に、この十字架につけられたままのキリストが、そのままの姿で復活者なのである。

登戸学寮の表彰制度の背景には、光り輝く復活者への信仰があると思われる。それは、人間は罪を贖われて、敗者ではなく復活者として光り輝く存在にならねばならないという、贖罪信仰に由来する復活理解である。

しかしそれはイエスの真の姿とは違うのである。繰り返しになるが、イエスは「輝かなくてもよい、そのままでよい、すでにそうである者になれ」、「あなたは生きていてよいのだ」と、この世の選別に苦しむ人々に語ったのである。

願わくは、キリストを主とする学寮よ、真のキリストにあって、若き全ての命を「そのままで」大事に支える存在となってもらいたい。

蛇足ではあるが、一つのエピソードを紹介する。

私の集会に来て下さった若者が、後日私に電話をしてきて、このようなことを語った。

「無教会には立派になった方々がたくさんいる。私も無教会のキリスト教を学んでそのようになりたい」。

私は、このように返答した。

「キリスト教を学んで立派になろうという考え方は間違いだ。イエスは『そのままでよい』と語り続けた方だ。あなたはそのままでよいのだ。そのことを学びなさい」。

立派になるならば、キリスト教でなく、様々な自己啓発セミナーなどがある。キリスト教はそのようなものではない。キリストの信仰は、そのままで神に受け容れられ、義《よ》しとされ赦されて生きることである。

無教会内部での理解も本来の福音から外れつつあるようである。同時に、外部からも誤解を受けて見られているようである。出世用キリスト教という誤解を。

無教会に本来の福音への回帰の風が吹くことを祈る。


（「巻頭言」『十字架の祈り』一〇二号［二〇二二年五月］）

無教会人の病巣

巻頭言「そのままでよい」（本書一〇八頁）では思い切って、以前から考えていた登戸学寮のことについて書いた。そのことは思いがけず、その直後の聖書講話「強さから弱さへ、狭さから広さへ」の内実にしっかりと繋がっていると思う。贖罪信仰の持つ、光り輝く復活者キリストに基づく「強さ」と「勝利」への憧憬は、弱い者たちを隅に追いやっているのではないか。そこに無教会の問題点を見たように思う。無教会人の多くは、その病を自覚することができていないと思う。それほど深い病巣であると感じている。神観の変更が求められると思う

（後半略）。

（「編集後記」『十字架の祈り』一〇二号〔二〇二二年五月〕）

強さから弱さへ、狭さから広さへ

コリントの信徒への手紙Ⅱ七章11―16節

11神の御心に適ったこの悲しみが、あなたがたにどれほどの熱心、弁明、憤り、恐れ、あこがれ、熱意、懲らしめをもたらしたことでしょう。例の事件に関しては、あなたがたは自分がすべての点で潔白であることを証明しました。12ですから、あなたがたに手紙を送ったのは、不義を行った者のためでも、その被害者のためでもなく、わたしたちに対するあなたがたの熱心を、神の御前であなたがたに明らかにするためでした。13こういうわけでわたしたちは慰められたのです。

この慰めに加えて、テトスの喜ぶさまを見て、わたしたちはいっそう喜びました。彼の心があなたがた一同のお陰で元気づけられたからです。14わたしはあなたがたのことをテトスに少し誇りましたが、そのことで恥をかかずに済みました。それどころか、わたしたちはあなたがたにすべて真実を語ったように、テトスの前で誇ったことも真実となったのです。15テトスは、あなたがた一同が従順で、どんなに恐れおののいて歓迎してくれたかを思い起こして、ますますあなたがたに心を寄せています。16わたしは、すべての点であなたがたを信頼できることを喜んでいます。

一　神の慰め

11節の「神の御心に適ったこの悲しみ」とは、直前の10節「神の御心に適った悲しみは、取り消されることのない救いに通じる悔い改めを生じさせ」によって理解することができます。10節、11節の「悲しみ」は「苦しみ」という意味も持っています。このコリントの人々の悲しみ、苦しみは、パウロが彼らに送った手紙が原因でしたが（8、12節）、その悲しみ、苦しみから「取り消されることのない救いに通じる悔い改め」をコリントの人々に生じさせたのは、「神の慰め」（6、13節）でした。

そしてその「神の慰め」がどのようなものであるかを、私共は五21に見たのです。

罪と何のかかわりもない方を、神はわたしたちのために罪となさいました。わたしたちはその方によって神の義を得ることができたのです。

罪と何の関わりもない方――キリスト――を、神は罪とされた、すなわち罪人とされた、ということです。そしてそのことは、神が罪となった、ということでありました。神が私共人間と同じ罪人となられた、神が私共と同じ悲しみ、苦しみの姿となり、私共を罪人のまま受け容れて下さった、義として下さった、ということです。そこにおいて、私共の罪は赦されました。

コリントの人々に、実に神の慰めが与えられたのです。それはパウロが受けた慰めと同じものでした。パウロの、コリントの人々に神の慰めが与えられますように、との祈りが通じたのです。

神はコリントの人々と同じ悲しみ、苦しみの姿をとり、彼らは神に受け容れられ、悲しみ、苦しみの弱さのままで義とされたのであります。

二　パウロ――贖罪ではなく信仰義認

この神が罪となられた事態は、贖罪ではないのです。似ていますが違います。このことを明らかにしなければ本日の箇所の解き明かしはできません。青野太潮氏の次の文章を読みましょう。

では、「贖罪」とは何であろうか。「贖罪」という概念の根本には、多くの者が救われるためには、誰かが「身代わりの犠牲」(スケープゴート)にならなくてはならない、というような「代理」あるいは「代償」という考え方がある。そのような考え方は、世界の多くの宗教に大なり小なり共通するものであるが、ユダヤ教においてはとくに、人間の罪のための供犠という捉え方とともに典型的なかたちで展開されてきた。

ユダヤ教では、まず神の絶対的な戒律としての律法があり、それを犯す人間の律法違反の罪がある。そして、そのような罪の贖い(ゆるし)のためには、供犠が必要となる。供犠とは、簡単に言えば「生け贄《にえ》」のことである。そうした生け贄を神に差し出して、自分たちが犯した罪に対する罰を代理して受けてもらい、その代わりに自分たちは神からの罪のゆるしをもらう。こうした贖罪論は現代のキリスト教会でも広く共有されているが、もともとは律法違反の罪の贖いをめぐるユダヤ教の法律的な議論であった。

ユダヤ教における律法違反の罪とは、厳密に言うと、一つ、二つと数え上げることができる複数の「罪々」である。それらの「罪々」を贖うために、何らかの供犠、代償が必要とされる。旧約聖書によれば、人間の「罪々」は、贖罪の儀式のなかで子牛や山羊の血を神殿の祭壇に振りかけることによって贖われる。たとえば、旧約聖書の〈レビ記〉では、そのような儀式の次第が事細かに述べられている(とくに16章11―15節)。イエスが十字架上で流した血を「究極の代償」として理解する「イエスの贖罪」という考え方は、こうしたユダヤ教の贖罪論の延長線上にある。

パウロも手紙のなかで、そうした「イエスの贖罪」に言及している。しかし、それらのほとんどは、ユダヤ的な伝統を保持している伝承からパウロが引き継いだものである。たとえば、〈ローマ人への手紙〉のなかには「贖罪の供え物」(ヒラステーリオン)や「贖い」(アポリュトゥローシス)といった、極めて贖罪論的な用語が使われている箇所がある（3章24―25節）。一見すると、パウロはそこでユダヤ的な贖罪論を自ら展開しているように見えるが、実はそうではない。パウロは、「キリストは律法の終わりとなられた」（ローマ人への手紙10章4節）との理解を基に、神が人を義とする（正しい者と認める）のは、律法を正しく守って贖罪の儀式をなす「行為」によってではなく、ただ「信仰」によってなのだと考えている。神学研究の用語で言えば、行為義認論ではなく、信仰義認論を展開しているのである①。

（青野「『贖罪』とは何か」『パウロ』一三一―一三三頁。傍線・番号荒井）

贖罪の考え方としては、キリスト者は罪の奴隷からキリストという尊い代価を払って買いとられ、神のものとされる、というものがあります（キリスト新聞社『新聖書大辞典』六九一頁）。いわゆる買い戻しです。レビ記二五25―28などに買い戻しとして示されている内容が原点にあると思われます。青野氏の文章では、「イエスが十字架上で流した血を『究極の代償』として理解する『イエスの贖罪』という考え方」にあたります。

パウロが恵みとして与えられたものは、イエス・キリストが罪人となった、つまり神が罪となられた、ということであり、その罪人なる神に罪人パウロが受け容れられて義とされた、というものであり、それは上述の「代価による買い戻し」とは違います。信仰義認なのです。

この文章の最後で青野氏は、パウロは神が人を義とするのはただ「信仰」によってであり、彼は信仰義認論を展開している、と言っておられます（傍線①）。

実に先の五21の「神が罪となった」ことによって私共罪人が神に受け容れられたことは、私共と同じ罪人になられた神を信じる信仰義認なのであります。贖罪ではないのです。

パウロは信仰義認をこのように語ります。

しかし、不信心な者を義とされる方を信じる人は、働きがなくても、その信仰が義と認められます。（ロマ四5）

ここにある「不信心な者を義とされる方」とは神であり、その神が今や罪人となられ、私共と同じ姿になられて、罪人なる——不信心なる——私共を受け容れて、不信心なままで義として下さっています。ゆえに、パウロに神の慰めが与えられてパウロが回心したこと、同じ神の慰めによってコリントの人々が悔い改めたことは、贖罪によるのではなく、「不信心な者を義とする」信仰義認なのであります。

三　ありのままで救われている

パウロが彼らに手紙を送ってまで注意を促したコリントの教会の実情には、コリントの教会に入り込んだユダヤ主義的キリスト者たちの煽動があったと思われます。彼らの信仰は、律法主義に基づく贖罪信仰でした。贖罪信仰には、贖罪の死と、それを経ての光り輝く神々しい姿で甦る復活者イエス・キリストがあります。今日もはやユダヤ主義的でないはずのキリスト教においてもなお、イエスの「贖罪」と、「強さ」を象徴する光り輝く神々しい復活者イエス・キリストが信仰の中心に置かれています（青野『パウロ』一八一―一八二頁）。

贖罪信仰を信じていた私の経験から語りますと、贖罪信仰を持ち、自分の罪が贖われたと信じる者は、律法を守れる者となったという自覚を持ちます。救われて強い者となり、律法を守れるのだという自覚を持ちます。実際には守れないのに、頑張って律法を守ろうという行為を自然とすることになります。それは振り返れば行為義認に繋がっていたと思います。私共は、単純なる信仰義認に帰ることが求められています。

次の青野氏の文章を読んでおきましょう。

パウロがしばしば「最初の神学者」と呼ばれるのは、イエスの死をどう受け止めるかという問題において、「十字架」というイエスの「死」の具体的なかたちに徹底的にこだわりながら、「イエスの十字架」が持つ意味を深く問い続け、考え抜いたからである。これまで述べてきたように、パウロの思索の根底には、回心に際しての「十字架につけられたままのキリスト」との出会いの体験があった。

ところが、最初期のキリスト教会、とくにエルサレム教会のユダヤ主義的な信仰理解を奉じていた者たちはもちろんのこと、その影響下にあった人々にとって、「イエスの十字架」はあまりに無残で酷たらしく、かつ弱々しく、目を背けたくなるものであった。なぜならば、彼らは光り輝く神々しいイエス・キリストを、すなわち堂々として力強く、次々と奇跡を起こしてこの世に絶大な力を直接的に及ぼす、いわば超人のようなイエス・キリストを待望していたからである。十字架上で無残な姿をさらすイエスを、彼らは到底受け入れることができなかった。

パウロが〈コリント人への第一の手紙〉を執筆したあと、コリント教会のみならず、ガラテヤの諸教会にも、エルサレムから派遣されたユダヤ主義的キリスト者（ヘブライスト）たちが侵入してきていた。彼らヘブライストは、割礼をはじめとするユダヤの律法を遵守して初めて人は真のキリスト教徒になれるのだ、と主張した。パウロの論敵は、かつての自分のようなキリスト教徒を迫害するユダヤ教徒ではなく、むしろ傲慢にも、自らを卓越した「強いキリスト教徒」とみなしていたユダヤ主義的なキリスト者たちだったのである。

彼らヘブライストの考え方によれば、律法の遵守は「業績」とみなされる。自らの力と業績を頼んで生きていくそのような生き方は、一見すると「強い」生き方のように見える。そのため、パウロの伝道によってキリスト者となった異邦人信徒たちの多くも、彼らの影響を受けて、「強い生き方」に傾いていた……。

> パウロは、信徒たちの待望する超人イエスは「他のイエス」だと言って批判する。また、ヘブライストたちの説く福音を「異なった福音」だと言って糾弾する。一方、パウロ自身はあくまでも、イエスが十字架の上で無残に殺されたことにこだわり続ける。それがどんなに無残で酷たらしいものであっても、否、無残で酷たらしいものだからこそ、神は「イエスの十字架」を肯定しているのだ、とパウロは逆説的に捉えているからである。
>
> 「イエスの十字架」は、精神と生活のすべてを律法に深く規定されていたユダヤの人々にとっては、神による「呪い」であり、「躓き」であり、「愚かさ」であり、「弱さ」であった。しかし、パウロはそのような理解を完全に裏返し、「イエスの十字架」の示す呪いこそが「祝福」であり、躓きこそが真の「救い」であり、愚かさこそが真の「賢さ」であり、弱さこそが真の「強さ」なのだ、と逆説的に捉えているのである。
>
> （青野「『弱さこそ強さ』という逆説」『パウロ』一四一―一四四頁）

パウロ自身が受けた「神の慰め」は、神が罪人となられたことを知らされたことでした。それは天来の恵みでありました。イエス・キリストは十字架につけられたまま罪人となり、十字架につけられたそのままの姿で復活したのです。その復活のイエス・キリストは光り輝く神々しい姿ではなく、殺害され、打たれた傷が開いたままの惨めな姿のキリストでした。神が惨めな罪人となられたのです。罪人となられた神は、その時同時に、罪人である私共を罪人の姿そのままで受け容れ義として下さったのです。

そしてそのような罪人そのままの姿を受け容れて下さったところには、もはや贖罪信仰のような頑張りはありません。自分が救われて強者となり、律法を全うできるという強者の意識はありません。罪人のままで、ありのままで、弱いままで救われている、という平安のみがあるのです。しかし贖罪信仰を持つ者の復活のキリストは、三日後に復活する光り輝く力強いキリストなのです。

パウロは、コリントの教会に入り込んだ贖罪信仰を持つユダヤ主義的キリスト者たちが、そのような強いキリストの信仰を誇り、コリントの人々を惑わしていることを恐れたのです。しかしテトスの報告によれば、コリントの人々は、神の慰めを受け、惑わされずにパウロの信仰義認の信仰に立っていたのです。

実際のイエスはどのような方であったでしょうか。一言で言えば、当時律法主義によって排除されていた人々を、そのまま、ありのままで受け容れた方です。「あなたがたはそのままで生きていてよろしい」と言った方です。

私は信仰者として、贖罪信仰により強くされることを捨てて、信仰義認の、ありのままの私を受け容れて下さる神を信じます。強くならなくてもよい、弱いままで受け容れて下さる神を信じます。一方で強さを求める信仰に、恐ろしささえ覚えるのです。無教会伝道者という自分の立ち位置で語るならば、無教会ではこれまで強くなる信仰が語られ続けてきたのではないか、弱さをありのまま受け容れる信仰が語られてこなかったのではないか、ということです。無教会では強い者が上位に立ち、弱い者が端に追いやられていたのではないか、という危惧です。

今、真実に、弱さをそのまま受け容れて下さる神が無教会に必要であると思います。そしてその神こそが、イエスが指し示した神であり、イエスはその神に一〇〇パーセント生かされた神の子であったと信じます。

四　強さから弱さへ

今、私は強さから弱さへ、ということを述べました。もうお気付きでしょうが、強い信仰は狭いのです。弱い者を退けるからです。弱いままでは入れません。一方、弱い信仰は広いのです。誰でも受け容れます。そこに入るのに何の頑張りもいらないのです。ありのままでよい、そのありのままの姿に神がなって下さり、ありのままで受け容れて下さるのです。

13節後半以降に、パウロの喜びが爆発するように語られています。彼はなぜ喜んでいるのか。コリントの人々の信仰が強さから弱さへ、狭さから広さへ変わったからです。それは神の慰めによるものであり、パウロの信じる信仰への立ち帰りでした。イエスの歩んだ信仰に帰るということでありました。

神にそのまま受け容れられた者は、自分も他者をそのまま受け容れる者となります。ローマ書一四1―3でパウロはこのように言っております。

> 信仰の弱い人を受け入れなさい。その考えを批判してはなりません。何を食べてもよいと信じている人もいますが、弱い人は野菜だけを食べているのです。食べる人は、食べない人を軽蔑してはならないし、また、食べない人は、食べる人を裁いてはなりません。神はこのような人をも受け入れられたからです。

この箇所を踏まえつつ、青野太潮氏はこのように言っておられます。

> 今「受けいれられる」という表現を私はしたが、パウロはローマ一四・三でやはりそういう言い方をしている。「神は彼を受け入れてくださったのだ」。この言い方は、すぐに後続する、そしてすでに前半で伝承的だとした「キリストは彼のために死なれたのである」（同一四・一五）という言い方と明らかに並列させられている。もっとも両者の主語は、前者が「神」で後者が「キリスト」なので、二つの間の相違もあるのであるが、しかしパウロは後続の一五・七では「キリストも私たちを受けいれてくださった」と述べることができたので、神とキリストの関係はここでは、他の多くの別の用例がすでに明示しているように、全く相互に交換可能になっていたのだろう。しかしともかく、神が信徒を受けいれるという表現をパウロがする時、それは贖罪論と深く関連しつつ、しかもなおそれと全く同一ではない思考――それはすなわち上述のパウロの

信仰義認論であろうが――に通ずるものでもあったのではないだろうか①。

（青野『「十字架の神学」の成立』五〇六―五〇七頁。傍線・番号荒井）

青野氏は、「神が信徒を受けいれる」というパウロの表現に、贖罪論と深く関連しつつも、それと全く同一ではないパウロの信仰義認論を認めています（傍線①）。

私もまた、私自身の信仰的実体験として、贖罪信仰と信仰義認は似て否なるものである、違っているのだ、と実感しています。本日、それをパウロの言葉を通して見て参りました。端的にそれをまとめるならばこうなります。贖罪信仰は信仰者を強くする、そして狭くする。信仰義認は信仰者を弱いままでよしとする、そして広く他者を受け容れる者とする。強さから弱さへ。狭さから広さへ。イエスは弱く広いお方でありました。コリントの人々同様、私共の信仰も真の神への立ち帰りを求められていると思います。

本日はウクライナでの戦争には触れませんでしたが、コリントの人々が立ち帰り得た信仰に全人類が立ち帰る時こそ、あの戦争は終結します。何よりも、弱くされた一般の民の命が救われるのであります。この戦争にこそ、強いキリスト、強い神が現れているのではないか、強い神と強い神が戦っているのではないか、と私は考えており、神観の見直しがなされねばならぬとの切実なる危惧を持ちます。

その一方で、私共の中にこそ、この戦争と同じ神がいるのではないかと、我らの足元こそ見直さねばならぬ、と感じています。

（「聖書講話」『十字架の祈り』一〇二号［二〇二二年五月］）

悲惨の極みに

「わたしの魂は主をあがめ、
わたしの霊は救い主である神を喜びたたえます。
身分の低い、この主のはしためにも
　目を留めてくださったからです。
今から後、いつの世の人も
　わたしを幸いな者と言うでしょう」（ルカ一46―48）

これはマリアの賛歌の冒頭です。天使ガブリエルに、聖霊によって神の子を受胎したことを告げられたことに対する、マリアによる神への賛美です。「身分の低い、この主のはしためにも目を留めてくださったからです」は、直訳すれば「主のはしための卑しさに目を留めた」となります。マリアの自覚としては、「身分の低さ」ということよりも「卑しさ」ということなのです。岩波訳では「卑しさ」をさらに「悲惨」と訳しています。神はマリアの「悲惨」に目を留められた、ということになります。

マリアの「悲惨」とは何でしょうか。絹川久子氏によりますと、ヘブライ語のギリシア語訳である七十人訳には、この「悲惨」の動詞形が出てきますが、いずれの場合も、女性に与えられた「性的辱め」に関連して用いられている、ということです（絹川『沈黙の声を聴く』二三九頁）。

おそらくマリアがイエスを孕んだのは、聖霊による処女受胎ではなくて、ヨセフ以外の男性による「性的辱め」の結果でありましょう。強姦であった可能性も否定できません。

もしこの推論が正しければ、マリアの状況はまさに「悲惨」の極みであったに違いありません。しかしその「悲惨」にこそ神は目を留められ、「悲惨」の内にあるマリアと共におられるのです。ここにこそ神の愛があります。

処女受胎のような輝かしい奇跡物語は、事実としての「悲惨」を覆い隠します。

山口里子氏は「二世紀以後になって、教父たち（教会指導者たち）の中から『処女妊娠』という神学的解釈が出て来たことが伺われます」（山口『新しい聖書の学び』一一七頁）と語っております。これが正しいとすると、ますますマリアの処女受胎は、事実に反して作られた話であるという蓋然性は高まります。このようなことは聖書解釈上、大事な歴史的問題として確認していく必要があると思います。

キリスト教は「悲惨」にある弱者の苦悩を覆い隠さないようにしなければなりません。神は「悲惨の極み」にこそ現れて下さるお方なのですから。

私共は勇気をもって、教え込まれてきた既成概念から解放されていくことは大切なことと思います。キリストの誕生は、この世の真の平和のために、私共を既成概念から解放するためであったと思います。

（「クリスマス巻頭言」『十字架の祈り』一〇九号［二〇二二年一二月］）

沈黙の声を聴くこと

ガラテヤの信徒への手紙四章4—5節

[4]しかし、時が満ちると、神は、その御子を女から、しかも律法の下に生まれた者としてお遣わしになりました。[5]それは、律法の支配下にある者を贖い出して、わたしたちを神の子となさるためでした。

一　マタイの系図の女性たち

マタイ福音書一1—16には、アブラハムからイエスまでの「イエス・キリストの系図」が書かれています。その中にはマリアの前に、四人の女性の名前が記されています。タマル、ラハブ、ルツ、ウリヤの妻（バト・シェバ）です。

タマルは、ヤコブの息子ユダの長男エルの嫁でした。エルはその罪のため、神に打たれて世を去りました。タマルはレビラート婚(1)の定めに従い、次男のオナンによって子を得ようとしましたが、オナンはその子孫が自分のものとならないことを憂い、兄嫁のところに入るたびに、子種を地面に流しました。オナンもまたその罪のために主の裁きで死んでしまいました。ユダの息子には三番目にシェラがいましたが、ユダはその息子もまた兄たちと同じように死んではいけないと考え、シェラとタマルの結婚を延期させたままにしました。タマルは子を得たいとの思いから、遊女の身なりをして顔を隠してユダを待ち受け、義父であるユダによってついに妊娠することができました。しかしユダはその娼婦がタマルであることには気付いておりませんでした。後日、寡婦であった彼女がみごもったことを知ったユダは、そのお腹の子が自分の子であることを知らずに、タマルが姦淫の罪を犯したとして怒り、彼女を焼き殺そうとしましたが、実は自分による子である事実を突きつけられたとき、彼は自分の非を認めて、この処刑を思い止まらざるを得ませんでした（以上、創三八章）。

タマルは一時の間、遊女になったのですが、ラハブは本物の遊女でした。さらには異邦の女でした。ヨシュアがエリコ攻略に先立って派遣した二人の斥候が、その地の遊女ラハブの家に入りましたが、ラハブはエリコの王から遣わされた者たちからこの二人を守り、無事帰還させたので、ヨシュアはその功に報いるため、エリコの掃討作戦が終わった後、ラハブとその一族全員の命を守り、イスラエルの民の中に住むことを許したのです。（以上、ヨシュ二、六章）。

ルツもまた、イスラエル人ではなく、異邦人モアブの女でした。彼女はその夫に先立たれた後、夫の母ナオミに従って、その郷里であるベツレヘムに帰り、孤独なナオミに仕えて、その貧しい生活を支えました。そしてナオミの計らいにより、裕福な親戚であるボアズの妻となりました。ルツはナオミの指示に従い、夜、ボアズの寝床に忍び込み、その衣の足もとをまくって寝たのです。そしてボアズはイスラエルの慣習に従い、町の長老たちの同席のもとに、親戚の人々の同意を得て、ナオミの夫エリメレクの全ての財産を買い取り、さらにルツを妻として迎えました（以上、ルツ記）。

「ウリヤの妻」とありますのは、バト・シェバのことです。ダビデ王は、その忠臣ウリヤが遠征に出陣している間に、その妻であるバト・シェバを犯し、しかも彼女を合法的に妻とするため、その夫であるウリヤを故意に戦死させました。このダビデの罪は、神の怒りを招かずにはおりませんでしたが、その後このバト・シェバはダビデとの間に、ソロモン王を産みます（以上、サム下一一―一二章）。

このバト・シェバにおいて不思議であるのは、聖書の記述に彼女の気持ちが一切記されていないことです。ダビデ王の意のままに強姦され、しかも愛する夫を戦死させられた彼女の気持ちが一切書かれていないのです。聖書が男性中心の父権的な記述であることはフェミニズム神学が批判をしておりますが、このバト・シェバに関しても、彼女の気持ちがテキストに一切記されていないことには違和感を覚えます。フェミニズム神学者である絹川久子氏に『沈黙の声を聴く』という著書がありますが、私共はこのバト・シェバのみならず、マタイの系図に出てくる女性たち――タマル、ラハブ、ルツ――の「沈黙の声」を聴き取らねばならないと思います。この系図に記されている四人の女性たちには、律法のゆえに陥った弱い立場における悲しみ、男性優位の社会で排除されることによる呻きがあると思われます。行き場のない苦しみがあったに違いないのです。私共は聖書を読むときに、そのような登場人物の「沈黙の声」を、耳をそばだてて、聴かねばならないと思います。

二　マリアの沈黙の声

マタイの系図の中の第五番目の女性として、マリアが出てきます。そして「このマリアからメシアと呼ばれるイエスがお生まれになった」と記されています（一16）。ここで系図の直後にあるイエス・キリストの誕生の文章（一18―25）を読んでおきましょう。

イエス・キリストの誕生の次第は次のようであった。母マリアはヨセフと婚約していたが、二人が一緒になる前に、聖霊によって身ごもっていることが明らかになった。夫ヨセフは正しい人であったので、マリアのことを表ざたにするのを望まず、ひそかに縁を切ろうと決心した。このように考えていると、主の天使が夢に現れて言った。「ダビデの子ヨセフ、恐れず妻マリアを迎え入れなさい。マリアの胎の子は聖霊によって宿ったのである。マリアは男の子を産む。その子をイエスと名付けなさい。この子は自分の民を罪から救うからである」。このすべてのことが起こったのは、主が預言者を通して言われていたことが実現するためであった。

「見よ、おとめが身ごもって男の子を産む。

その名はインマヌエルと呼ばれる」。

この名は、「神は我々と共におられる」という意味である。ヨセフは眠りから覚めると、主の天使が命じたとおり、妻を迎え入れ、男の子が生まれるまでマリアと関係することはなかった。そして、その子をイエスと名付けた。（マタ一18―25）

さて、この文章を読んで気付くことは、ヨセフのことしか書いていない、ということです。マリアのことは、その名前こそ出てきますが、ほとんど彼女の内面を察し得る言葉はありません。

ヨセフにとっては、婚約者であるマリアがすでに妊娠しているという、思いもかけぬ事態をどう処理するかが課題でした。彼としては、当然のこととして、姦淫の罪を考えざるを得なかったでしょう。イスラエルにおいては、婚約した女性は法的にはすでに妻と見なされていましたので、不倫した女は相手の男と共に死刑に処されるべきものでした（申二二22―24）。しかし想定されることとしては、強姦も考えられます。その場合は、強姦した男の方のみが死刑になりました（申二二25―26）。

19節に、「夫ヨセフは正しい人であったので、マリアのことを表ざたにするのを望まず、ひそかに縁を切ろうと決心した」とありますが、ヨセフにとって正（義）しいこと、つまり「義」とはどのようなことであったのでしょうか。律法に即して考えれば、すでに妊娠しているということは、相手と合意の上での姦淫か、暴力的な強姦の結果ということになり、姦淫の場合、相手とマリアは死刑になり、強姦の場合は、相手の男が死刑になります。強姦の場合は、マリアの命は助かりますが、彼女は社会的にさらし者となり、屈辱と恥辱の中で生きて行かねばならなくなるでしょう。

ヨセフにとりまして、彼の「義」とは、律法を守って裁くことよりも、愛を守ることであったように思えます。優しい人であったのでしょう。もし妊娠が相手の男とマリアの合意による姦淫の結果ならば、ヨセフは婚約を解消して、マリアは姦淫の相手と一緒になった方が彼女のためである、と考えたのかと思います。そうすれば、事件を表ざたにして、マリアがさらし者にされることはないでしょう。

ところで私自身は、この処女受胎の記事に関しては、歴史的事実ではなくて、マタイによって作られた物語である、と考えます。青野太潮氏も指摘しておられます通り、ここはローマ皇帝アウグストゥスが父親の介在なしに直接神から生まれたのだと主張する「皇帝崇拝」に対して、おそらくは三世代目あたりのキリスト者たちが強く抱いた抗議の思いこそが、この「処女降誕」物語の成立の動機だったであろうと考えています（青野『どう読むか、新約聖書』六九―七〇頁）。つまり三代目あたりのキリスト者たちによって、イエスの誕生に関して歴史的事実を超えた神格化がなされたのではないか、ということを考えます。マタイ福音書が八〇―九〇年に成立したことに対して、その前に成立しているマルコ福音書（七〇年ごろ）やパウロ書簡（五〇年代）には、処女受胎のことが一切書かれていないことも、その論を支えているように思えます。

従いまして、私は「処女降誕」物語の背後にある事実として、マリアの姦淫あるいはマリアが強姦されたことを見据えることが、福音の把握にとって、極めて大事であると思うのです。そして、マタイの系図の中にいる先の四人の女性たちの声にならない「沈黙の声」を考えるときに、彼女たちと共通した沈黙せしめられている女性の痛み、悲しみ、苦悩を、五人目の女性であるマリアにも読み取ることは可能であると思うのです。そして四人目のバト・シェバが、ダビデに強姦されて子供を孕んだこと、またダビデに強姦されたバト・シェバの内面が聖書に一切書かれていない事実を考え、それと同じようにマリアの内面がマタイ福音書の「降誕物語」に全く書かれていない事実を知るときに、やはりおそらくマリアは誰かに強姦されたのだろう、という思いが強くなるのです。

ヨセフは正しい、義なる人でした。それは律法を遵守する正しさというよりも、愛に生きる正しさであったように思えます。たとえマリアが強姦されていたとしても、婚約を解消してマリアを世のさらし者にするよりも、このまま結婚して彼女を守ることをヨセフは選択しようとしていたのかもしれません。

そのような事実関係は明らかにしないまま、福音書記者マタイは「マリアの胎の子は聖霊によって宿った」として、処女受胎として降誕の物語を書いたのです。

マタイの系図に出てくる五人の女性たち、この女性たちに対して、神が限りない愛を注いだことは確実であると思います。福音書記者マタイの系図を通して、その筆致が男性中心であるにもかかわらず、神は、苦しみ、排除、悲惨の只中にいる女性たちの「沈黙の声」を聞き分ける神であることを示そうとされていたに違いありません。

神は弱者として沈黙せしめられた人びとの「沈黙の声」を聴かれるお方である、そのことをこの降誕物語から読み取ることができるのであります。

私共は、マリアの「沈黙の声」を、この降誕物語の背後に聴き取らねばなりません。

三　暗闇の中で神と出会う

榎本てる子という日本基督教団の牧師がおられました。この方は、残念なことに二〇一八年に五六歳という若さで天に召されました。膠原病を患い、最後は急性肺炎で息を引き取られました。この方のお父様は「ちいろば牧師」の愛称で知られる榎本保郎牧師です。この榎本てる子牧師の書かれた「We are not alone ――神我らと共にいます」という文章がございます。この文章からの抜粋を読んでみたいと思います。

ある時、アジア・キリスト教協議会（ＣＣＡ）のエイズの会議でタイに行った際、オーストラリア人の感染者の方の証しを聞きました。彼は、カトリックの小学校に教師として勤めていた時に、ＨＩＶに感染していることがわかったそうです。彼は、学校で他の教師が「ＨＩＶに感染した子供はかわいそうだけど、セックスで感染した人はちょっと……」と話しているのを普段から聞いていたので、ここでは絶対に自分のことは言えないと思ったそうです。彼は自分のことを誰にも話せない、親にも言えない、誰も自分の気持ちを分かち合える人がいない中で、本当に辛かったそうです。その時の状況を彼は“sit in the darkness”（暗闇の中に座った）と話しました。暗闇の中で座る彼の心に映ったのは、「わが神、わが神、どうして私をお見捨てになるのですか？」と叫ばれた十字架上のイエスだったそうです。誰にもわからない、誰にも話せない、自分の思いをどこに持って行っていいのかわからず、暗闇の中に座っていた彼が暗闇の中で出会ったのは、自分と同じように十字架上で孤独の苦しみの中で叫ばれたイエスだったのです。彼は孤独になり初めてイエスに出会ったのです。彼にとってよき知らせとは、暗闇の中にも決して一人ではないと語りかけてくださる方がいる、その方との出会いによって生きる力を得た自分は、もう一度大切な人として生きている限り、神様から与えられている使命を果たして生きたいという思いを持てたことだったのではないでしょうか。私は、彼の証しに神様の存在を強く感じました。一人で暗闇に座る時、その時こそ私たちはどんな時も決して一人ではない、叫びを受け止めてくださる方がいるということを実感できる時なのかもしれません。

（榎本「We are not alone」『イエスの誕生』一八四―一八五頁。傍線荒井）

人が人生の暗闇の只中で、誰にも言えない、声にならぬ声を内に秘めているとき、沈黙の声を心に秘めているとき、そのときに神はその者の内に現れるというのです。「わが神、わが神、どうして私をお見捨てになるのですか」と叫ばれた、十字架上のイエスが現れるというのです。

「暗闇の中に座っていた彼が暗闇の中で出会ったのは、自分と同じように十字架上で孤独の苦しみの中で叫ばれたイエスだったのです。彼は孤独になり初めてイエスに出会ったのです。彼にとってよき知らせとは、暗闇の中にも決して一人ではないと語りかけてくださる方がいる、その方との出会いによって生きる力を得た自分は、もう一度大切な人として生きている限り、神様から与えられている使命を果たして生きたいという思いを持てたことだったのではないでしょうか」（傍線部）。

私はこのような十字架上のイエスとの出会いこそが、沈黙の声の内に苦しむ人々を、新たな命に生かしていくものと思います。それは決して光り輝く復活のイエスではありません。自分と同じように、十字架上で孤独の苦しみの中で叫んでおられる神でありました。

自分の中の声にならぬ声を聴くこと、そこに神が同じ孤独と苦しみの姿で共におられることを知ること、これが復活のイエスとの出会いであろうと思います。そしてそのような神こそ、インマヌエル――共にいる神――であると思います。

「見よ、おとめが身ごもって男の子を産む。
その名はインマヌエルと呼ばれる」。
（マタ一23）

この名は、「神は我々と共におられる」という意味である。

四　「強さ」に誤魔化されることなく

廣石望という神学者がおられますが、その方が「イエスに関する聖霊による処女降誕の物語は、復活信仰から出発して、イエスの人格に生じた神との唯一無比なる関係を、イエスの誕生に逆投影しつつ神話的に表現したものであると思われます」と語っています（廣石『信仰と経験』一五七頁）。つまりは、処女降誕の物語は、復活信仰に基づく神話的創作である、ということです。そうすると、「神との唯一無比なる関係」つまり常人のそれとは隔絶した奇跡物語として創作した、ということもまた事実と思われます。それならばこの処女受胎の物語は、悲しみの内に沈む「沈黙の声」などは聴き取れるはずもない、神々しく輝く「強さ」を表出するものと言えましょう。そしてそのもとにある「復活信仰」も同様に、弱さを抹消した強さのみの内実であると思えるのです。

私共は、ジングルベルと共に読むこのマタイ福音書の箇所が、神の強さの面を強調したものであり、そこに潜む弱者の呻きや沈黙の声をかき消している事実を知らねばならないでしょう。そのような形では、福音は偏ったものにならざるを得ないと思います。福音は弱さと強さが逆説的に両立しているところにこそ、正しく成立すると私は信じています。系図の中にいる女性たちは実際、弱さの中で神に強められて生き抜いたのです。強さのみならず、弱さの中でこそ強くされること、それが私共が神より与えられた福音であると信じます。私共は聖書の「強さ」に偏った記述に誤魔化されずに、そこに通底している弱者の「沈黙の声」をこそ、聴き取らねばなりません。

五　パウロの降誕論

パウロは、ほぼ確実にこのような処女受胎による降誕物語は知りませんでした。彼の書簡には、まったくそのようなことが書かれておりません。もし彼が知っていたなら、何らかの形で記したでしょう。本日の聖書箇所を改めて読みましょう。

しかし、時が満ちると、神は、その御子を女から、しかも律法の下に生まれた者としてお遣わしになりました。それは、律法の支配下にある者を贖い出して、わたしたちを神の子となさるためでした。

（ガラ四4―5）

これはパウロの降誕論と考えてよいと思います。処女から生まれたなどという奇跡的な様相は書かれておらず、ただ「その御子を女から」と書かれています（4節）。イエスは単純に普通の人間の女性から生まれたのであり、そこには何らの奇跡的な状況を読み取ることはできません。私共と同じように人間から生まれたのだ、という響きです。私はイエスの降誕に関しては、このパウロの冷静な見方に与します。さらにパウロは、イエスが生まれた背景としては、限定的に「律法の下に生まれた」としています（4節）。そしてイエスの誕生は「律法の支配下にある者を贖い出すため」ということを言っております（5節）。この「贖い出す」は、前回の三13でも学びました。

キリストは、わたしたちのために呪いとなって、わたしたちを律法の呪いから贖い出してくださいました。

「木にかけられた者は皆呪われている」と書いてあるからです。

パウロにとって、律法とは呪いであり、神はパウロをその呪いから贖い出すために、自らが十字架上で呪いとなったのでした。

四４でもこの三13でも「贖い出す」という贖罪論的な言葉が使われていますが、このギリシア語エクスアゴラゾーは、「～の代わりに」という一般的な贖罪論の考え方ではなく、解放する、救い出す、という内実を持つ意味です。これが「～の代わりに」というユダヤ教的な贖罪の考え方から切り離された、パウロ独自のものであることはすでにお話しいたしました。

パウロが律法からの贖い出し、つまり救い出しを語る時、そこにはパウロ自身が出会った復活のイエスがいるのです。彼が出会った復活のイエスは、「十字架につけられたままのキリスト」（ガラ三１、Ｉコリ一23、二２）なのです。そしてその十字架のイエスは、先の榎本牧師の文章の中に出てきましたＨＩＶに感染しているオーストラリア人の小学生教師が、暗闇の中で出会った、「わが神、わが神、どうして私をお見捨てになるのですか」と叫んだ十字架上のイエスなのです。パウロもまた、律法主義の矛盾に悩み「わたしは、自分のしていることが分かりません。自分が望むことは実行せず、かえって憎んでいることをするからです」（ロマ七15）という暗闇の呻きの中で、十字架につけられたまま、自分と同じように呻いているイエスに出会ったのです。それこそが彼が新たに生きることができるようになる、復活の命との出会いでした。

六　インマヌエル

パウロによれば、イエスの誕生は、イエスの十字架上の復活と不可分なのです。私共はマタイによるイエスの誕生物語の中で、インマヌエル（神、我らと共にあり）を学びます（一23）。そしてその真意をパウロによって教えられるのです。神が共におられるのは、私共の暗闇の中である。声なき沈黙のところである。その共におられる神は、十字架につけられたままの姿である。神はその時、私共の沈黙せざるを得ない弱さそのものの姿をしておられるのである。そしてその方は復活のキリストである。

神は私共や隣人の暗闇を知り、声なき沈黙の声を聴き取って下さるお方であります。そこにおいてこそ、神は神であると言ってよいでしょう。その神に真実に生かされた私共もまた、隣人の暗闇を見、隣人の沈黙の声を聴き取ることができるようになりましょう。そして隣人と同じ弱さと苦しみを担いながら、共に歩むことができましょう。

そのような歩みにおいてこそ、神の無条件の愛の深みを、私共は見出すことができると思います。

（「クリスマス聖書講話」『十字架の祈り』一〇九号［二〇二二年一二月］）

（1）レビラート婚。子供がいないまま夫が死亡した場合は、申命記二五5—6にあるように、夫の兄弟が未亡人と再婚することが義務とされた。その目的は、最初の婚姻で結ばれた両親族集団の紐帯を維持し続けようとすることにある。

どちらがほんとうのクリスマスか

キリスト教作家である椎名麟三のクリスマスに関する文章で、次のようなものがあります。

その朝の新聞では、識者といわれるえらいひとが、クリスマスって何の意味だか知っているかというようなきびしい調子でこのようなクリスマス風景を叱りつけていた。……ことに東京の夜の酒場やキャバレーなどのらんちきさわぎとなると、まったく醜態だ。農村の方は御存知ないかも知れないが、とてもひどいものである。サラリーマン氏が、変な紙の帽子をかぶされて、手には子供のように風船をもたされながら、街をよろめいている図は、一種の道化芝居だ。それにもかかわらず、それらの風景に私がほんとうに腹を立てているかと問いつめられれば、そうではないと答えるより仕方がないのである。口をきわめて非難すべきだと思い、またそうしていながら、ほんとうにはそう思ってはいないのである。そしてほんとうにはそう思ってはいないという点が、世のえらい識者と私とちがうところかも知れない。というのは、ほんとうには私に彼等に腹を立てる必要はないのだということを知っているからである。

それでなくても、このようなクリスマス風景のなかにさえ、キリストの意味が私に強く感じられてくるのだ。

なぜなら私にとって、キリストは、一口に言えば、生々と生きよという言葉であるからである。

（椎名『私の聖書物語』八―九頁）

二年ほど前でしたら、私は椎名の言う「識者」と同じ批判を、世のクリスマス風景に対してしていました。しかし今は、椎名の言う「キリストは、生々と生きよという言葉である」に大いに共感しております。それは神の無条件の愛と赦しに基づくものであるからです。キリストの愛は生き生きとした体温のあるものであります。

（「編集後記」『十字架の祈り』一〇九号［二〇一二年一二月］）

絶対性から相対性へ

三時にイエスは大声で叫ばれた。「エロイ、エロイ、レマ、サバクタニ」。これは、「わが神、わが神、なぜわたしをお見捨てになったのですか」という意味である。（マコ一五34）

私自身、怒りっぽい性格であることを自覚しています。そのような私が言うこともおかしいのですが、無教会の方々は、極めて温和で謙虚な方々が多くおられる一方、唐突に怒り出し収拾のつかなくなる人、相手を見下して上から目線で物事を語る人が、意外におられるように思えます。私も今や還暦を超える歳になりますが、未だに年上の無教会人などから上から目線の言動を受けたり、言われのない暴言を受けて、悲しくなる時があります。それは多くの無教会人の心に潜む排他性や絶対性と関係するように思えます。

私の聖書の師でもある高橋三郎先生は、先生の絶筆である「パウロの限界」の中で、このように語っておられます。

内村鑑三もまたパウロの信仰思想をそのままの形で受け入れた人物であったが、親友新渡戸稲造は、自分の信仰が内村のそれとは違うことを自覚していた。彼は自分の入信を語るに当たって、自分は正門からではなく横の門から入った者であって、それは悲しみの門であったと述懐した、と伝えられている。しかしこの相違にも拘わらず、中に入ってしまえばキリストにおいてすべてが一致できると信じていたから、彼は一高校長時代の優秀な教え子たちを数多く内村の門下に送った。そしてこれらの人物が、のち無教会の中核を担う人材として重要な課題を果たしたことは、実に重大な貢献であった。その弟子の一人が師内村に向かって、「新渡戸先生の信仰でもいいのですか」と尋ねたところ、内村は答えなかったという。察するところ、それでよいのだとは言えなかったのであろう。

この種の排他性がその後の無教会にも連綿として尾を引き、無教会のセクト化への危険は今も絶えることがない。無教会人相互の間に、深刻な相互批判が絶えることなく現代にまで波及しているのが実情である。無教会自身にも一つの新しい宗教改革が必要であろう。……新渡戸が東京女子大学の学長であった当時、学生たちに向かって「あなたがたは慈《いつく》しみと思いやりのある人になってほしい」と諭《さと》したところに、彼の信仰の性格が如実に現れている。そしてまさにこの点こそ、内村直系の無教会人の間にしばしば欠落しているという事実から、我々は眼をそらしてはならない。

（高橋「パウロの限界」『高橋三郎著作集』最終巻、八二〇―八二一頁。全文は本書八六―九一頁に掲載）

内村が新渡戸の教え子であった者からの質問に答えることができなかったことに対して、高橋先生は「排他性」という言葉を使っておられますが、これは自己絶対化に伴う排他性と解釈してよいかと思います。その結果、無教会人に「慈《いつく》しみと思いやり」が欠如する結果となるならば、これは先生の言われるように、「無教会自身にも一つの新しい宗教改革が必要」でありましょう。これまでそのような悪しき傾向に対してあまり対策が施されていなかったように思えます。

私の信仰が、無教会のこれまでの主流である贖罪信仰から信仰義認へと大きく変わったことは公にし続けて参りましたが、本来排他的であると自覚する自分自身の変革も含めて、このような無教会の「宗教改革」に資することができるならば、幸いに存じます。

椎名麟三は著著『信仰というもの』の中で、イエスの死とその後の復活に関して、このように語っています。

イエス・キリストという方は十字架にかかって死なれたのだが、三日目に復活されたというのである。従来、キリスト教は、永遠の命とよくいうわけであるが、ときどきキリスト者は死なないのかという質問に出会う。永遠の命というのは、そういう意味ではないのであるが、それについては後の箇所でふれよう。ただ、この事実には（神話としても弟子の創作としてでもいいが）、人間の事実としての「死」というものは否定されていないということはおわかりになるだろう。だが、死のもつ無限性については「復活」によって否定されているということもおわかりになるだろう。しかしそれは無限性の絶対否定ではなく、三日目に復活されているのである。死以後は、「ベン・ケーシー」を待つまでもなく、『そして無限』であり、死以後の時間はそのようなものなのである。いいかえれば無限は三日間だけ（正確にいえば二日間ぐらいになるだろうが）許されているという仕方で、死のもつ「いつまでも」という非人間的な刺が抜き去られているのである。死という人間の事実に対するふかい同意は、「神よ、神よ、どうしてわたしをお見捨てになるのですか」という十字架上のイエス・キリストの悲痛な叫び声のなかにあらわれている。その叫び声には、人間であるかぎりにおいて私たちの胸を打たずにはおかない。そこには人間への愛が鳴りひびいている。しかしこのようなふかい人間の事実に対する同意とその絶対性についての拒絶は、この十字架と復活のなかにもあらわれているのである。いいかえればこうである。人間の苦しみや悲しみや絶望や罪でさえも、人間にとって悪なのではない。少なくともイエス・キリストにおいてあたたかい同意さえ与えられている。しかしその絶対性については鋭く拒絶されているのである。何故なら絶対性こそが非人間化の元凶なのであり、復活というその身をもって啓示された拒絶は、人間をその非人間的な状態から救い出し得るものということはおわかりになるはずだ。だから、イエス・キリストにおいては、人間へのあたたかい同意も愛であることはいうまでもないが、その絶対性についての拒絶においても愛であり、したがって私たちはこの二重の愛において、その愛の完全さを感じ得るのである。

（椎名『信仰というもの』八七—八八頁。傍線荒井）

「神よ、神よ、どうしてわたしをお見捨てになるのですか」という十字架上のイエス・キリストの悲痛な叫び声には「人間への愛が鳴りひびいている」、と椎名は言います。それは「ふかい人間の事実」に対するイエス・キリストの「あたたかい同意」（傍点荒井）であるとも言うのです。イエス・キリストの「あたたかい同意」とは、人間の苦しみや悲しみや絶望や罪それ自体が人間にとって悪なのではない、という神の同意のことであり、イエスが十字架上でその人間の苦しみや悲しみや絶望や罪そのものになっている、あの悲痛な叫び声はその証左である、ということなのです。

このような椎名の信仰に、私は私と共通する信仰義認の信仰を見ます。

私は贖罪信仰にあったときには、苦しみや悲しみや絶望はともかく、罪は悪だと信じてきました。罪と戦うための信仰でした。しかし椎名はイエス・キリストにおいて、罪は悪ではないというのです。現に、神は人間の罪の姿に同意して、キリストが十字架上で罪になられるのです。わが罪に対する神の同意——これほど安心することはございません。そして神ご自身が罪となって下さることを知るとき、その愛の深さに感謝いたします。同時にこの視点に、贖罪信仰と信仰義認の違いの一つがあると思います。贖罪信仰は罪を決定的な悪と見る。しかし信仰義認においては罪を決定的な悪とは見ない。つまり絶対的なものとは見ないのです。神が罪そのものとなり同意して下さる。神が罪となって下さるからであります。

「しかしその絶対性についてはは鋭く拒絶されている」と椎名は言います。絶対に抜け出せないと思い込んでいた人間の苦しみや悲しみや絶望や罪は、絶対ではない、ということです。私共は苦しみや悲しみや絶望や罪に陥り、もうだめだ、と考えます。しかし「もうだめ」ではない、ということです。絶対であると思い込んでいた苦しみや悲しみや絶望や罪は、復活という事実によって絶対ではなくなる、というのです。もうだめだ、という絶対性は偽りであった、ということです。神は十字架上でその人間の苦しみや悲しみや絶望や罪そのものになられましたが、キリストは復活し、苦しみや悲しみや絶望や罪の絶対性は拒絶されました。つまり死そのものの絶対性が復活によって拒絶されたのです。

椎名はこのようにまとめます。「だから、イエス・キリストにおいては、人間へのあたたかい同意も愛であることはいうまでもないが、その絶対性についての拒絶においても愛であり、したがって私たちはこの二重の愛において、その愛の完全さを感じ得るのである」（傍線部。傍点荒井）。

「愛の完全さ」。それはパウロにとりましては復活のキリストであり、「十字架につけられたままのキリスト」であります（Ⅰコリ一23、二2、ガラ三1）。絶対性を拒絶した復活のキリストは、「十字架につけられたままのキリスト」でありました。弱さの内にある神でした。ここでは復活のキリストがいたずらに輝いていないことが大事なことです。栄光や輝きの復活は、再び人を絶対的な強さへと導きます。弱さと苦しみを持ちつつ復活する、そのような逆説的な姿においてこそ、絶対性が拒絶され相対性が保たれるのです。復活の逆説性、つまり弱さと強さの両方を同時にそのまま保持することこそが、相対性を保持する大事な要点である、と私は思います。強さばかりでは、あるいは弱さばかりでは、それらは絶対的であり、だめなのです。弱さと強さの両方が同時に必要であり、それが相対性を保持するのです。

また「愛の完全さ」とは、同時に神の無条件の愛を示します。人は無条件の愛である復活者に出会ってこそ、自分の内にある絶対性を砕かれるのです。特にこれは私自身、経験したことです。自分の主張に凝り固まっている時に、不意に私の中に無条件に人を愛する神が現れて、私の心の岩盤を崩しました。誤解を恐れずに言うならば、神の無条件の愛こそ絶対なのです。人の絶対は神の絶対の愛に出会って砕かれ、相対となるのです。このような神の絶対の愛なる復活者に出会うことは、己を相対化することに繋がる、と考えます。

さらに言うことを許されるならば、そのような「神の無条件の愛」は他の全てのものの相対性に基づいているのであり、その完全なる相対性において絶対なのです。相対的であることこそが、絶対なる愛の基本なのです。

相対化されることが大切です。

高橋先生が「パウロの限界」で述べておられる、内村の中にあったと思われる自己絶対化に伴う排他性は、神の完全なる無条件の愛に出会うことで、相対化されるべきであったのではないか、と憂います。

実に以上のような相対化は、贖罪信仰からのものではなく、神が罪や死そのものになられるという、罪や死への神の同意によらねばならない、つまり神無き者を受容し義とする神（ロマ四5）――信仰義認――によらねばならない、ということを信じる次第です。

贖罪信仰も、相対化を保つ上で、共に歩むべき信仰です。この文章では、内村の絶対的な姿を彼の贖罪信仰において批判いたしましたが、贖罪信仰自体を否定してはいるものではございません。贖罪信仰にある方々にも、たくさんの謙虚で和らぎを持っている方々を私は知っております。共に手を取りあい、地上で神を賛美しつつ歩んで参りたいと存じます。

相対化されること――ウクライナ戦争が始まってから一年になります。ロシアかアメリカかの絶対化が進んでおり、戦況は泥沼にはまり込んでいます。その背後にそれぞれのキリスト教があることに気付くとき、愕然といたします。人間に対する神のみ旨は何でありましょうか。それは、相対化されるということから遠いものではないと信じます。己の絶対化を免れること、己の絶対性は完全なる愛である復活者によって砕かれることを知る時に、この戦争の解決は武器の供与ではなく、弱さを保持された、生ける「十字架につけられたままの神」を知ること、為政者の精神の絶対性から相対性への変革にあることを知らされます。なすべきことは武器の供与ではなく、真実なる福音の供与ではないかと考えます。

（「巻頭言」『十字架の祈り』一一一号［二〇二三年二月］）

無教会の危機――多様性の喪失

先日、無教会関係のある会議で、私の語る信仰義認に関して、「そのようなものはだめだ」と批判されました。贖罪論こそ唯一のものだと言われるのです。教会でも広く市民権を得つつある信仰義認が批判される、旧態依然の無教会とは何であろうかと改めて愕然としました。その思いもあり、巻頭言「絶対性から相対性へ」（本書一三八頁）を書きました。私自身は信仰義認という新しい信仰の展開において、高橋三郎という無教会伝道者の絶筆が示している趣旨と重なるものを見ているのであり、私の語る信仰義認は無教会の歴史に接続する信仰であると信じています。高橋先生は内村が新渡戸の信仰に疑問を抱き、「よし」としなかったであろうことを、「排他性」と言って批判しておられますが、同じ排他性を、私の信仰を批判した方に感じました。つまりその方は高橋先生が心配している無教会の「排他性」を実例として発揮しているのです。しかし普段はその方を私は敬愛しているがゆえ、いつかはご理解頂けると信じています。多様性が失われた無教会は、キリストの福音とはかけ離れたものとなりましょう。その意味でも、あえて「もう一つの道」が無教会には必要です。

（「編集後記」『十字架の祈り』一一一号［二〇二三年二月］）

第五章　そのままでよい——神によるありのままの受容

本章に収録した聖書講話「力は弱さの中で成し遂げられる」の中で、私はこのように書いている。

信仰の達人などいないのです。どうすれば信仰深くなるか、といった悩みは意味のないものです。ありのままの自分、不信仰な自分、偉くなれない自分、とげがあるままの自分をまるごと神に受け容れて頂き、よしとされることが大事です。そのままでよいのです。……誰々にはキリスト者としてのカリスマがある、とよく言います。カリスマとは、辞書によりますと、神の賜物としての超自然的・超人間的・非日常的な資質、能力のことです。内村鑑三などはカリスマのあるキリスト者の典型と受け止められてはいないでしょうか。しかし信仰とカリスマ性とは全く関係ありません。信仰にカリスマを関係させてその優劣を見るほどおかしなことはありません。むしろ神はカリスマとは全く無縁の、ありのままの子どものような者が天国で一番偉い、と言っておられるのです。このカリスマに関しては、無教会の中では意外に肯定的に考える方々がおられるように思えますが、それはよくない傾向と思います。一つ間違えると信仰において、特別な能力――強さ――を求めることになりかねません。弱さを大事にする信仰を大切にいたしましょう。（本書一七五頁）

無教会ではよくカリスマの有無を問題にする。これほど愚かな論議はない。誰でも神は、その人をありのままの姿で受け容れて下さるのである。このカリスマ論議を無教会の中から無くしたいのである。聖化とは、聖い何者かになることではなく、ありのままの自分に帰ることである。ありのまま神に受容され、特別な何者かになることを止めることである。弱さのままでよいことに気付かされることである。

そのままでよい（その二）

七月三〇日の土曜日に、「第十六回愛真の集い」が今井館聖書講堂で行われた。島根県の山間部にある、無教会関係の学校の一つであるキリスト教愛真高等学校の懇親会的な集いである。特に関東のエリアの在校生、卒業生、保護者、関係者をはじめ、愛真に興味を持っている方々が毎年この時期に一堂に集い、愛真教育の具体的な報告、卒業生の状況などを共有し、相交わる会である。私は、私の聖書の師である高橋三郎先生がこの学校の創立責任者であり、また会場である今井館の貸室管理の関係もあり、この会に出席した。思い返せば中根に今井館があった時から、毎年このような立場で参加している。毎年夏に開かれるこの会は、何とはなしに私の楽しみにもなっている。現在の校長先生ご夫妻も、高橋三郎先生のお嬢様のご夫妻であり、親しみを持っている。高橋聖書集会で共に聖書を学んだ方々の中にこの学校の先生になっておられる方もいる。毎年お会いしているうちに先生方にも親しみを覚えてきている。

今年は例年よりも集まって、六〇名弱の参加者であった。今井館が本駒込に移転して最初の会が、このように盛況であったことは、嬉しい限りである。

ただ全校の定員数が八〇名ほどであるのに対して、現在の在校生はその半分ほどの人数と聞いており、学校経営の厳しい現実を感じさせる。この学校は島根県江津の山の中にある。学校のホームページには「キリスト教愛真高校は、日本で一番小さな全寮制高校です」とある。全ての生徒とほとんどの先生が同じ敷地内に住む。当然、人格的な交わりは深くなる。それがよい時もあれば、厳しい時もあろう。しかし生徒同士、また生徒と先生との真摯なる人格的な交流とぶつかり合いが、最終的には互いの結びつきを強くすると感じている。私は現場を知らないので、あまり想像で語ることは失礼になるので止めておこう。

愛真高校の校訓は次のようなものである。

一、本校に学ぶ者は、聖書を真剣に学び、真理を探究しようとする態度をもつ。
二、本校に学ぶ者は、酒を飲まない、タバコを吸わない、うそをつかない。
三、本校に学ぶ者は、作業や当番を誠実に果たし、学校や寮の約束ごとを守る。

この学校は設立にあたり、「人は何のために生きるのか」という人間の根本問題を教育の中心に据えている。なぜ生きるのかを、聖書を学びつつ全寮制という密度の濃い生活の中で探求しようとするときに、生徒各人にその課題は大きく深く迫るであろう。良いことであると思う。人生の一時期に、そのような課題と真剣に向き合うことは必要である。また人生そのものがこの課題を解決するための時間であるとも思う。「うそをつかない」――これは人に対してもそうであるし、むしろ自分自身に対してもそのようであることが大切であろう。自分に対して嘘をつかないこと。それはありのままの自分でいられることである。今日の社会ではいかにありのままでいることが難しいか。ありのままでいるときに、その者は得てしてこの世のルールに当てはまらない者となり、排除される。そのために、人は自分を社会のルール、組織のルールに押し込まなければならなくなるのである。そこに自分を造るという偽りが生まれる。

イエスは自分を造ることができずに世から排除された人々のところへ行った。そして「あなたはこの社会では愚か者と言われ、罪人と言われ、排除されているが、生きていてよいのだ。あなたはそのままでよいのだ」と語ったのである。

この「愛真の集い」で何人かの在校生、卒業生がお話をして下さったが、意外にも多くの方が言われたことは、「この学校では自分が自分になれる」ということであった。本来の自分のままでいることができる、ということである。それまでは自分を造らなければ生きることができなかった。しかしこの学校では、自分の話を聞いてくれる友人がいる、先生がいる、だから自分のままで生きることができる、というのである。

この事実は極めて大事であると思う。イエスの命がそのまま働いていると思えるのである。

救いとは自分の自分に帰ることである。そのままでよい、と神に受容され保証されることである。救いとは特別な何者かになることではないのである。

聖化とは特別に聖められて新たにされることではない。聖化とはそれまでの虚飾を剝がされて、ありのままの自分にされることである。

神の受容。

この会では、先生と生徒の関係がとても自然であることが印象的であった。先生は特に生徒に偉ぶることもなく、むしろ友人のようである。そこに不思議な新鮮さを覚えたのである。これはありのままの関係なのではないか。

何でもありのままがよい。

イエスの救いはありのままに帰してくれる。

イエスの福音。

イエスの真理がこの学校には生きていると感じる。

この学校にもいろいろな困難があるとは聞いている。しかし極めて真理において貴重なこの学校が、様々な困難にもかかわらず、この日本に存在し、神の真理を現し続けて下さることを心より望む。

愛真の日々の様々な現実は、安易な美辞麗句を許さないであろう。しかしその現実の中にきらめく宝を覗かせて頂いたような気がする。

愛真が祝福の源であることを祈っている。


（「巻頭言」『十字架の祈り』一〇四号［二〇二二年七月］）

敗戦七七年目の日に

最近、銀座の教文館へ行った際、平積みになっていた本で、片柳弘史というカトリック神父の『何を信じて生きるのか』という本を手にした。その神父の別の本も二〇一八年、二〇二一年に全国の「キリスト教書店大賞」を受賞しているとのこと、人気がある著者のようである。手に取り拾い読みをしてみると、このようなことが書いてあった。

「救い」というのは、「その人がその人の本来の姿になること」だとわたしは思っています。自分の本来の姿を見失って苦しんでいる人が、本来の姿を取り戻して苦しみから救われるという意味での「救い」なのです。

（片柳『何を信じて生きるのか』一五六頁）

「救い」とは、愛を見失い、荒れ果てた心で生きていた人間が、無条件の愛と出会うことによってやさしさを取り戻すこと。神の愛と出会うことによって、「神の子」としての本来の姿を取り戻すことなのです。

（片柳『何を信じて生きるのか』一五七頁）

片柳神父のこれらの言葉は、最近私が語り始めていることにも通じると、共感を覚えた。そのままでよい、ありのままの自分に帰る、ということである（例えば「そのままでよい」［本書一〇八頁］、「そのままでよい（その二）」［本書一四七頁］）。興味を持ち、その本を購入して読んでみた。とても平易に読める。神学用語が使われていない。キリスト教臭さを離れて、生き方を示し得ている。この方はマザー・テレサの下でボランティアをして、マザー・テレサに司祭になるように勧められ、イエズス会に入会したそうである。

互いに歩んだ道は違えども、カトリックの神父に、同じような言葉で福音を語っておられる方がいることに驚きを覚えつつ、その一致に感謝する。

片柳神父の別の本も購入してみた。『あなたのままで輝いて』という本である。とても良いタイトルである。その中に「愛されることで人は変わる」という文章があった。それを紹介したい。

マザー・テレサの施設に運び込まれてくる人たちの中には、すぐに隣のベッドの人と喧嘩《けんか》を始めてしまい、なかなか施設に溶け込めない人もいました。そんな人が来たとき、マザーは世話をする修道女たちに、「その人に、特にやさしくしてあげなさい」と指示しました。貧しい生活の中で誰からも愛されてこなかった人は、なんとか愛を勝ち取ろうとして周りの人と競い始める。だから、自分が十分に愛されていることがわかれば、安心して争うのを止めるものだとマザーは知っていたのです①。

愛されたいという気持ちがあまりにも強いために、かえって周りの人たちから嫌われ、愛から遠ざかってしまうということがあるようです。たとえば、自分が大切な存在だと確信できない人は、自分が大切な人間であることを人に認めさせ、自分自身でも確かめようとして自慢話をしたり、人の悪口を言ったりします。その結果、ますます人から疎んじられ、嫌われてしまうのです。もし、皆さんの周りに自慢や悪口ばかり話す人がいれば、その人は自分が大切な存在であることに確信が持てない人なのかもしれません。

「自分は誰からも愛されていない」と思い込んでしまった人は、自暴自棄になって、自分を受け入れてくれない人たちに復讐しようとすることもあります②。「自分を愛してくれないような世界は、なくなってしまえ」という絶望的な怒りや、「何か悪いことをしてでも、自分に注目してもらいたい」という悲痛な愛の飢えが、彼らを悪事へと駆り立てるのです。多くの犯罪やテロリズムは、一番奥深いところにこのような人間の悲しみを隠しているように思います。

自分が大切な存在であることを確信できないばかりに人と争い、人を傷つけてしまう人たち。そんな人たちこそ、誰よりも愛を必要としている人たちです。身近にいるそんな人たちにやさしく接することから、世界の平和を実現してゆきましょう。

（片柳「愛されることで人は変わる」『あなたのままで輝いて』。傍線・番号荒井）

片柳神父は、「自分は誰からも愛されていない」という思いのもとに犯罪やテロリズムが起こり、その深いところには、そのような人の悲しみが隠されているように思える、と語っておられる（傍線②）。そしてマザー・

テレサは「自分が十分に愛されていることがわかれば、安心して争うのを止めるものだ」ということを知っていた、と言う（傍線①）。

片柳神父の文章は、大げさな神学用語、政治的な言葉を使用することなく、身近な隣人との関わりを通して、社会の重大な課題の解決を示唆している。人間が社会の問題を起こすのであるから、単純な人間の性質を、聖書を通じて捉えることが大切であると、私も思う。社会の問題の核心は、極めて単純な人間の性質にあろう。そこを単純に探ることが大切である。

「自分は愛されている」。その確信が与えられるのは、神に真実に受け容れられていることを知る時のみである。神が私共と同じ罪人になられ（十字架）、私共を罪あるそのままの姿でまるごと受容して下さるとき、私共は自分がそのままの姿で神にとって大切な存在であることを知る。そしてそのとき、初めて人は他者を受容し愛することができるようになる。

そのままでよい、そのままのあなたを神は受容して下さる。そのとき私共はほんとうの意味で自分が「そのままでよい」ということを知る。そこから愛が始まるのである。

相手をそのままの姿で受容するときに敵意は消える。

この単純な神の愛における受容の理解が、戦争を起こさない最良の歯止めのように思えるのである。

受容され、受容すること。

今号では、このようなことをパウロの言葉を通じて各聖書講話で深めて学びたいと思う。

真の平和を。

（「巻頭言」『十字架の祈り』一〇五号［二〇二二年八月］）

真に誇るべきこと

コリントの信徒への手紙Ⅱ一一章16―21節

16もう一度言います。だれもわたしを愚かな者と思わないでほしい。しかし、もしあなたがたがそう思うなら、わたしを愚か者と見なすがよい。そうすれば、わたしも少しは誇ることができる。17わたしがこれから話すことは、主の御心に従ってではなく、愚か者のように誇れると確信して話すのです。18多くの者が肉に従って誇っているので、わたしも誇ることにしよう。19賢いあなたがたのことだから、喜んで愚か者たちを我慢してくれるでしょう。20実際、あなたがたはだれかに奴隷にされても、食い物にされても、取り上げられても、横柄な態度に出られても、顔を殴りつけられても、我慢しています。21言うのも恥ずかしいことですが、わたしたちの態度は弱すぎたのです。だれかが何かのことであえて誇ろうとするなら、愚か者になったつもりで言いますが、わたしもあえて誇ろう。

一　自己を誇ることから弱さを誇ることへ

この箇所におきまして、パウロが自分を「誇ろう」としていることがわかります。一〇17で「誇る者は主を誇れ」と言い、自己を誇ることを戒めていたパウロが、ここに来て誇ろうとしています。パウロが17節で「主の御心に従ってではなく、愚か者のように誇れると確信して話すのです」と言い、18節で「多くの者が肉に従って誇っているので、わたしも誇ることにしよう」と言っていることを見れば、確かにパウロはここで自己を誇ろうとしているのです。

この後の22―23節aを見る限り、確かにパウロは敵対者と同じく彼がヘブライ人であり、イスラエル人であり、アブラハムの子孫であること、そしてさらには「気が変になったように」キリストに仕える者であることを、誇りとして語っています。まさに肉に従って自己を誇っているのです。しかし、彼の中に深く打ち込まれた十字架は、彼の誇りを単に肉の誇り・自己の誇りで終わらせることはありませんでした。

さらに後の30節におきましては「誇る必要があるなら、わたしの弱さにかかわる事柄を誇りましょう」と言います。最初は肉を誇り、自己を誇ろうとしていたパウロは、最終的には自己の弱さを誇ることになるのです。

神は人の弱さと同じ姿になられ、その弱さを弱さのままで受け容れて、それをよしとされる愛の方です。神が弱くなられることで己の弱さを神に受け容れて頂いた者は、人間のために弱くなられる神、その神の弱さを誇るようになります。そして神の弱さの最たるものは、ゴルゴタの十字架でありました。

つまり自分の弱さを誇るということは、神の弱さを誇ることなのであり、自己を誇ることでは全くもってありません。

私共の中に、弱さのままで「十字架につけられたままのキリスト」（Iコリ一23、二2、ガラ三1）が与えられている時、私共は人間的に自己を誇らんとする誘惑にかられても、遂には弱さのままのキリストの十字架によって、弱さの内にある主を誇る結果とならざるを得ないということを、今回の箇所から学ぶことになります。

実に主の弱さを誇り、自分の弱さを誇ること、それこそが自己を誇る者たちを退ける唯一の方法なのです。パウロも人間ですから、肉の思いはあるのでありまして、最初は敵対者へのおさまりがつかない憤りから自己を誇ろうと意気込んだ（16―18節）のですが、彼の中心に立っている弱い姿のままの「十字架につけられたままのキリスト」は、彼の肉の誇りを最終的には主を誇ることに変えてしまいました。私共の中にしっかりと、弱い姿のままで、十字架につけられたままになっているキリストがいることが大事なことであります。その十字架において、私共の肉の弱さをそのまま受け容れて下さる神が、私共の弱さそのものを誇るべきものへと変えて下さるのです。

二　聖霊を冒瀆する者

もう一つ確認しておきましょう。パウロが今回の箇所で、激しく敵対者を攻撃していることです。全ての者を受け容れ赦すということが、パウロの信仰であり、それはイエスからのものでありました。それは神の無条件で徹底的な赦しのご意志を現すものでありました。

神の無条件の赦しに生きるパウロさえ、この敵対者たちを赦すことができない。そう言っているように見えます。赦されない相手とはどういう者か、それを前回、マルコ福音書三28―29から学びました。

「はっきり言っておく。人の子らが犯す罪やどんな冒瀆の言葉も、すべて赦される。しかし、聖霊を冒瀆する者は永遠に赦されず、永遠に罪の責めを負う」。

28節では無条件で徹底的な赦しが語られています。しかし29節では、聖霊を冒瀆する者だけは赦されない、と言っています。聖霊を冒瀆する者とはどのような者なのでしょうか。それは聖霊に満たされて無条件で徹底的な赦しを宣言する者を冒瀆する者のことである、と前回学びました（聖書講話「唯一赦され得ない者」『十字架の祈り』一〇五号［二〇二二年八月］）。イエスは当時のユダヤで汚れているので触れてはならないと言われている人々

——罪人たち——と食事の席を共にし、彼らを受け容れ、あなたがたの罪は赦されている、と赦しを語りました。また、姦淫の罪を犯した女性にもイエスは「わたしもあなたを罪に定めない」（ヨハ八11）と罪の赦しを宣言したのでした。イエスは神のみ旨である無条件で徹底的な罪の赦しを、排除と不寛容が蔓延する地上に対して、その只中で宣言するために遣わされました。そしてパウロは、イエスの宣教のあり方をそのまま受け継いだ人でありました。イエスは、その宣言を聖霊に満たされて語り続けたのであり、その無条件で徹底的な罪の赦しを否定し冒瀆する者——つまり聖霊を冒瀆する者——は赦されない、と言ったのです。

パウロの敵対者は律法主義者、あるいは霊的熱狂主義者であったようです。前者の場合は、律法を守れぬ者はキリストの救いに与れないと主張し、復活に与って強くなる福音を語っておりました。後者の場合は、霊的に強められる福音を語っておりました。その両者において、弱い者たちは排除されていきました。この排除の論理は、無条件で徹底的な赦しを宣べ伝えるパウロの福音の対極に位置するのみならず、パウロにとっては両者とも「聖霊を冒瀆する者たち」であり、赦される者たちではなかったのです。

これが今回の箇所での、パウロの憤りの理由であると思われます。しかしパウロの認識は、パウロが直接何かをしかけなくても、彼らは自分たちの業によって滅ぶであろう、というものでした（一一15）。パウロはひたすら主を誇るのみでよいのであります。自己を誇る彼らは、己の悪しき業によって自ら滅ぶのです。

三　自分の自分に帰る

十字架につけられたままのキリスト、とはどのような性質なのでしょうか。イエスは上述しましたように、無条件で徹底的な赦しを宣べ伝えました。そしてそのために、その福音を受け容れることができない人々によって十字架にかけられて死んだのです。イエスのその死の様は、この世の最も弱き人々と同じ姿でありました。神の子が最も弱い者と同じ姿になったのです。その弱くなった神の子を通して、神が最も弱い者の姿となられ、弱い者たちを人格的に受容し、よしとされたのです。

神が全ての人と同じ姿となられ、全ての人を受け容れ、よしとして下さる――それが十字架につけられたままのキリストの恵みなのであります。十字架につけられたままのキリストは、無条件に神に赦された者の中に立ちます。自己の内にその十字架につけられたキリストが立った者は、他者を無条件に赦し受け容れる者となるのです。同時に自分自身の弱さを、弱さのままでよしとする者となります。弱いままで強い者となるのです。十字架につけられたままのキリストは、そのままの姿で復活者なのであります。

パウロはその復活者に出会ったのです。そして「このわたしには、わたしたちの主イエス・キリストの十字架のほかに、誇るものが決してあってはなりません」(ガラ六14)と告白する者とされたのです。それ以外になく、またあってはならないのです。

私共の誇りとは、人を無条件に赦し続ける十字架につけられたままのキリストです。

敵対者たちに対し、最初は肉の思いによって自己を誇らんとしたパウロも、実に彼の中に動かし難く据え置かれた十字架につけられたままのキリストによって、主を誇る者、自分の弱さに関わる事柄を誇る者へと変えられました。そのパウロの姿に学びたいと思います。

私共の福音伝道の要は、いかにしっかりと自分の中に、弱く、十字架につけられたままのキリストが生きて働いているかです。それがなければ、いかに福音宣教を頑張っても虚しいのです。パウロの敵対者たちには、そのような十字架が無かったのです。

逆にその弱いままで十字架につけられたままのキリストさえ私共の内に生きて働いていれば、他に何もいらないのです。私共が誇るべきはその十字架それのみなのであります。そこにおいてこそ、私共は私共自身の弱さを大切にし、隣人の弱さに立ち、自分の弱さに関わる事柄を誇る者となるのであります。

昨日、「第十六回愛真の集い」が、この今井館聖書講堂で行われました。島根からキリスト教愛真高校の栗栖達郎校長、矢上俊彦教頭が来られ、在校生数名、卒業生とご家族の方々、入学を検討されている親子など、五八名の方々が集まりました。この会の趣旨は、関東地域の愛真関係者の懇親と新規入学者の募集であると考えますが、その会では在校生の報告、卒業生と在校生の話し合い（クロストーク）などを通じて、在校生、卒業生の胸の内を聞くことができました。

愛真高校は全寮制で定員数は全校でも約八〇名、という小さな学校です。しかし現在の在校生数は定員の半分ほどであるそうです。進学に重きを置かず、聖書を学び、平和を学び、全寮制であるので先生と生徒、生徒どうしの交わりは通常の学校と比べ濃密であると言えます。おそらくは互いに取っ組み合いながら、豊かな自然の中で何かをしっかりと掴み取っていくのでしょう。

在校生、卒業生の報告やお話を聞いたところ、その多くが愛真高校の生活について「自分が自分になれるところ」と語っておられました。自然の中で、聖書を学び、日々己について考えさせられ、他者との濃密な交わりを結ぶ中で、それぞれの心が裸にされていくのでしょう。そしてどうやら、互いが互いを認め合い、受け容れ合っていく、という関係が自ずから出来上がっていくように思えました。

実は本日話して参りました「弱く十字架につけられたままのキリスト」が我が内に立つということは、何も特別なことではなくて、自分の自分に帰る、ということなのであります。それは自分の弱さを認め、そのような自分をそのまま、ありのまま大きな神の愛に受け容れられて、全人格的に受け容れられて、安心を得る、ということであります。そのままでよい、と神に受け容れられて、判子を押されることであります。自分のあるべき本来の姿に戻ることなのであります。

パウロは気張って敵対者のように自己を誇ろうとしました。自己を誇るとは、本来の自分以外の飾りを身にまとうということであり、虚飾の自分を造り上げることになります。キリストの信仰は、虚飾に生きることではありません。ほんとうの自分に生きることです。神がその者と同じように弱くなられて、弱さのままでその者を受け容れて下さる時、その者は全ての虚飾を脱ぎ捨てることになります。

パウロは敵対者に対抗しようと、つい気張って自己を誇ろうとしてしまったのですが、彼に与えられた十字架の恵みは、自然に彼をありのままの彼に引き戻しました。

私共が感謝すべきは、我が心の内に虚飾の無い主の十字架が立っていることでありましょう。弱く、呻き声を上げて、時に神にさえも絶望し、苦しむままのキリストの十字架が立っていることでありましょう。実にその裸のままの場所にこそ、神がおられるのです。

虚飾の自分を誇るのではなく、神にあって本来の自分を誇ることが大切です。神を誇ることは同時に、己の弱さをそのまま誇ることになりましょう。

立ち帰りの場所が、神によって私共の中にすでに与えられていることに、心より感謝したいと思います。

（「聖書講話」『十字架の祈り』一〇五号［二〇二二年八月］）

正気にされること——ありのままの平安

コリントの信徒への手紙Ⅱ一一章21—33節

[21]言うのも恥ずかしいことですが、わたしたちの態度は弱すぎたのです。だれかが何かのことであえて誇ろうとするなら、愚か者になったつもりで言いますが、わたしもあえて誇ろう。[22]彼らはヘブライ人なのか。わたしもそうです。イスラエル人なのか。わたしもそうです。アブラハムの子孫なのか。わたしもそうです。[23]キリストに仕える者なのか。気が変になったように言

いますが、わたしは彼ら以上にそうなのです。苦労したことはずっと多く、投獄されたことも
ずっと多く、鞭打たれたことは比較できないほど多く、死ぬような目に遭ったことも度々でし
た。[24]ユダヤ人から四十に一つ足りない鞭を受けたことが五度。[25]鞭で打たれたことが三度、石
を投げつけられたことが一度、難船したことが三度。一昼夜海上に漂ったこともありまし
た。[26]しばしば旅をし、川の難、盗賊の難、同胞からの難、異邦人からの難、町での難、荒れ野
での難、海上の難、偽の兄弟たちからの難に遭い、[27]苦労し、骨折って、しばしば眠らずに過ご
し、飢え渇き、しばしば食べずにおり、寒さに凍え、裸でいたこともありました。[28]このほかに
もまだあるが、その上に、日々わたしに迫るやっかい事、あらゆる教会についての心配事があり
ます。[29]だれかが弱っているなら、わたしは弱らないでいられるでしょうか。だれかがつまずく
なら、わたしが心を燃やさないでいられるでしょうか。
[30]誇る必要があるなら、わたしの弱さにかかわる事柄を誇りましょう。[31]主イエスの父である神、
永遠にほめたたえられるべき方は、わたしが偽りを言っていないことをご存じです。[32]ダマスコ
でアレタ王の代官がわたしを捕えようとして、ダマスコの人たちの町を見張っていたとき、[33]わ
たしは、窓から籠で城壁づたいにつり降ろされて、彼の手を逃れたのでした。

一　キリストに仕える者としての確信

今回は前回（「真に誇るべきこと」本書一五四頁）に続く21―33節に関してお話をいたします。

この21―33節にて、パウロは敵対者たちに対し誇っているのですが、まずは自分が敵対者たちと同じヘブライ人であり、イスラエル人であり、アブラハムの子孫であることを誇り、さらにはキリストに仕える者であることを、彼ら――つまり敵対者たち――以上にそうなのだ、と誇ります。敵対者たちは、彼らがヘブライ人であること、イスラエル人であること、アブラハムの子孫であること、つまりは彼らの出自を誇っていました。おそらく

彼らは律法を守る者たちだったでしょう。パウロは続けて彼の苦労に関して述べていきます。投獄、鞭打ち、死ぬような経験、石を投げつけられたこと、難船、川の難、盗賊の難、同胞からの難、異邦人からの難、町での難、荒れ野での難、海上の難、偽の兄弟からの難、苦労のため眠れなかったこと、飢え渇いたこと、寒さに凍えたことを語ります。誇るというにはあまりにも苛酷な内容です。しかしパウロはこのような労苦と悲惨な状況そのものを誇っているのです。30節では「誇る必要があるなら、わたしの弱さにかかわる事柄を誇りましょう」と言っております。それらの労苦と悲惨によって、パウロは弱くされたのです。23節で「気が変になったように言いますが」と力を込めて、パウロが敵対者以上にキリストに仕える者であることを強調しておりますが、そのパウロの確信は、彼の体験した労苦と悲惨さ、そしてそれらによって弱くされた事実にあるのです。

そして本日の学びで大事なことは、彼が何ゆえに労苦や悲惨を体験し、弱くされたのかを知ることです。

二　正気にされること——ありのままの自分に帰る

マルコ福音書五1—20に、イエスがゲラサで悪霊に取りつかれた人を癒す話があります。それを読んでみましょう。

一行は、湖の向こう岸にあるゲラサ人の地方に着いた。イエスが舟から上がられるとすぐに、汚れた霊に取りつかれた人が墓場からやって来た。この人は墓場を住まいとしており、もはやだれも、鎖を用いてさえつなぎとめておくことはできなかった。これまでにも度々足枷や鎖で縛られたが、鎖は引きちぎり足枷は砕いてしまい、だれも彼を縛っておくことはできなかったのである。彼は昼も夜も墓場や山で叫んだり、石で自分を打ちたたいたりしていた。イエスを遠くから見ると、走り寄ってひれ伏し、大声で叫んだ。「いと高き神の子イエス、かまわないでくれ。後生だから、苦しめないでほしい」。イエスが、「汚れた霊、この人から出て行け」と言われたからである。そこで、イエスが、「名は何というのか」とお尋ねになると、「名はレギオン。大勢だから」と言った。そして、自分たちをこの地方から追い出さないようにと、イエスにしきりに願った。

ところで、その辺りの山で豚の大群がえさをあさっていた。汚れた霊どもはイエスに、「豚の中に送り込み、乗り移らせてくれ」と願った。イエスがお許しになったので、汚れた霊どもは出て、豚の中に入った。すると、二千匹ほどの豚の群れが崖を下って湖になだれ込み、湖の中で次々とおぼれ死んだ。豚飼いたちは逃げ出し、町や村にこのことを知らせた。人々は何が起こったのかと見に来た。彼らはイエスのところに来ると、レギオンに取りつかれていた人が服を着、正気になって座っているのを見て、恐ろしくなった。成り行きを見ていた人たちは、悪霊に取りつかれた人の身に起こったことと豚のことを人々に語った。そこで、人々はイエスにその地方から出て行ってもらいたいと言いだした。イエスが舟に乗られると、悪霊に取りつかれていた人が、一緒に行きたいと願った。イエスはそれを許さないで、こう言われた。「自分の家に帰りなさい。そして身内の人に、主があなたを憐れみ、あなたにしてくださったことをことごとく知らせなさい」。その人は立ち去り、イエスが自分にしてくださったことをことごとくデカポリス地方に言い広め始めた。人々は皆驚いた。

（マコ五１―20）

ここの箇所に関して、藤木正三牧師が「正気」と題した文章を書いておられます。そこから学びましょう。

イエスが舟に乗られると、悪霊に取りつかれていた人が、一緒に行きたいと願った。（一八節）

悪霊に取りつかれたゲラサの人は、イエスにいやされてどうなったのでしょう。「服を着、正気になって座って」いたというのですから、墓地に住み、昼も夜も叫び、石で自分を打ちたたき、それをだれも押さえることのできなかった彼では、もはやなくなったのです。正気の人として、彼の町の共同体に仲間入りのできる人間に間違いなく変わったのです。では、彼は実際にその社会に適応したのでしょうか。どうやら違ったようです。

彼はその時まで正気でない状態で生きてきました。その意味では、それは彼が生きていく上での装いであったともいえます。ですから、正気になるとはその装いが引きはがされ、丸裸同然で社会に放り出されることであり、かえって彼は生き難くなったかもしれません。その上、豚という大切な財産を失って、町の人々はイエスに反感を抱いています。そのイエスにいやされたのですから、町での彼の立場は微妙で困難なものであったに違いありません。仲間入りするどころではなかったでしょう。

彼は、一緒に町を出て行きたいとイエスに願い出ています。しかし、イエスは、「身内の人に、主があなたを憐れみ、あなたにしてくださったことをことごとく知らせなさい」と彼に命じられました。これでは町の人々の反感を一層買うだけです。イエスは、町の仲間入りをするのに既に困難を覚えている彼に、更に困難を加えるようなことを命じられたのです。イエスは彼を正気にしてくださいましたが、共同体に適応して、仲間入りするようにはしてくださらなかったのです①。

私たちは社会に適応することを大切なことと考えています。それのできる人がまともな人間、できない人を脱落者と思っています。しかし、社会に適応することはそれほど大切なのでしょうか。社会は適応せねばならぬほどに誤りの無いものなのでしょうか。イエスによって正気にされた人が、相変わらずその社会に不適応であったということは、社会の方にも問題があるということです。病んでいるのはこの男だけではなかったのです。社会も病んでいるのです②。そして、社会が病んでいるのなら、その社会に適応して、自分も他の人も同じということで安心して生きているのは、それこそ人間としては正気を失ったことと言わねばなりません。

イエスは、社会に適応するように彼を正気にしてくださったのではありません。ただ端的に正気にしてくださっただけです③。

もちろん社会に適応することは大切なことです。自分の信念に忠実だからといって、自分の考えを頑なに通して、人と容れないというのは、やはりよくないことです。世間の流行も軽んじてはなりますまい。適応するための勉強と努力は怠ってならないのです。

しかし、それでもどうしてもうまく適応して生きていけないというのなら、別にそれを苦にすることはないでしょう。それはそれで良いのです。自分の道を歩みましょう。また、そういう人がいても、変わり者のように思わないことです。社会に適応しているかどうかは、人間にとっては第一義的なことではないのですから。そのことをよく弁《わきま》えて、「適応できない自分」を恥じずに大切にしていきましょう。「適応できない人」もゆるく大切に受け入れていきましょう。それが正気ということです。

（藤木「正気」『この光にふれたら』六四―六七頁。傍線・番号荒井）

藤木牧師は、「イエスは彼を正気にしてくださいましたが、共同体に適応して、仲間入りするようにはしてくださらなかったのです」（傍線①）と言います。そして「社会に適応することはそれほど大切なのでしょうか。社会は適応せねばならぬほどに誤りの無いものなのでしょうか。イエスによって正気にされた人が、相変わらずその社会に不適応であったということは、社会の方にも問題があるということです。病んでいるのはこの男だけではなかったのです。社会も病んでいるのです」（傍線②）と言います。さらには「イエスは、社会に適応するように彼を正気にしてくださったのではありません。ただ端的に正気にしてくださっただけです」（傍線③）と言います。

私共の回心とは、まさに神に正気にして頂くことです。そして、この人間社会が病んでいる限り、神に正気にされた者は社会に不適応とならざるを得ないのです。

しかしその不適応をあえて誇る――それがパウロの誇りでした。社会に不適応である者は労苦し悲惨を味わう者となる。そしてそれゆえ弱い者とされる。しかしパウロはその不適応を誇りとしたのです。

19節でイエスはイエスに正気にされた男に向かい、こう語りかけます。「自分の家に帰りなさい。そして身内の人に、主があなたを憐れみ、あなたにしてくださったことをことごとく知らせなさい」。パウロもこのイエスの命令を聞いたのでしょう。そしてパウロは自分が神によって正気にされたこと、つまり彼の回心の事実と、そこから出ずる福音を宣べ伝えんとしたのです。「人々は皆驚いた」と20節にありますが、神に正気にされた者の言葉を聞いた人々は驚き、その者がこの世の人々の常識とあまりに違うため、迫害し排除しようとしたのでした。

私なりに「正気にされる」とはどういうことかを語るとするならば、それは「ありのままの自分に帰る」ことであります。何者かになることが求められ、業績が求められる今日の社会では、ありのままではいられません。出世するため、業績を上げるため、人は人一倍努力し自分を造り上げていきます。そして自分を見失っていく。その果てが、ゲラサの悪霊に取りつかれた人ではなかったでしょうか。イエスはこの男を元のありのままの自分に引き戻したのだと思います。

三　ありのままである平安

ありのままの自分に帰った者は、ありのままでない人々の間では異質な者となります。迫害され、排除され、弱くされるのです。しかし神にありのままにされた者は、再び自分を造ることはいたしません。なぜならその者の中には、ありのままである平安があるからです。彼は弱いままです。しかし彼の中には決定的な神の平安があります。弱くされ迫害されますが、平安があるのです。

弱い姿のままで神の平安にある者は幸いです。

このような意味で、私共も神に正気にされて、本当の平安に至りたいと思います。そのために最も正気な方——ありのままの方——であるキリストに近づきたいと思います。この汚れた霊に取りつかれた男は、イエスを遠くから見ると、走り寄ったのです（6節）。イエスは彼の苦しみそのものになられたに違いありません。そして彼の苦しみをそのままイエスが受け容れた時、彼は正気に帰った——ありのままの自分に帰った——のでした。

神に受容されてありのままの自分に帰った者は、他者をありのまま受容する者となります。イエスが彼に「自分の家に帰りなさい」と言われたことは、本来のありのままの自分に帰れ、ということなのです。そして、「身内の人に、主があなたを憐れみ、あなたにしてくださったことをことごとく知らせなさい」と言われたことは、「神があなたを憐れんで受け容れて下さり、あなたを本来の自分に帰らせたことを人々に知らせ、あなたも他者を受け容れなさい」と彼に伝道の命令を下したのです。

その伝道命令に従う時、私共は苦難と悲惨を免れることはできないでしょう。しかし主がありのままの平安を私共に与えて下さり、それが神の国の平安であることを知る時、私共はそれを——与えられた神の国の平安を——誇ることができます。苦難の只中で、神を誇ることができます。

それがパウロの言うところの「大いに喜んで自分の弱さを誇る」（Ⅱコリ一二9）が意味することです。

神に受容されて、ありのままの自分になり、他者をありのまま受容する。そのようなありのままの受容の連鎖こそ、今、戦禍の内にあるこの世界を神の平和に導く福音の働きであると信じます。

（「聖書講話」『十字架の祈り』一〇五号［二〇二二年八月］）

力は弱さの中で成し遂げられる

コリントの信徒への手紙Ⅱ 一二章1―10節

1わたしは誇らずにいられません。誇っても無益ですが、主が見せてくださった事と啓示してく
ださった事について語りましょう。2わたしは、キリストに結ばれていた一人の人を知っていま
すが、その人は十四年前、第三の天にまで引き上げられたのです。体のままか、体を離れてか
は知りません。神がご存じです。3わたしはそのような人を知っています。体のままか、体を離
れてかは知りません。神がご存じです。4彼は楽園にまで引き上げられ、人が口にするのを許さ
れない、言い表しえない言葉を耳にしたのです。5このような人のことをわたしは誇りましょう。
しかし、自分自身については、弱さ以外には誇るつもりはありません。6仮にわたしが誇る気に
なったとしても、真実を語るのだから、愚か者にはならないでしょう。だが、誇るまい。わたし
のことを見たり、わたしから話を聞いたりする以上に、わたしを過大評価する人がいるかもしれ
ないし、7また、あの啓示された事があまりにもすばらしいからです。それで、そのために思い
上がることのないようにと、わたしの身に一つのとげが与えられました。それは、思い上がらな
いように、わたしを痛めつけるために、サタンから送られた使いです。8この使いについて、離
れ去らせてくださるように、わたしは三度主に願いました。9すると主は、「わたしの恵みはあな
たに十分である。力は弱さの中でこそ十分に発揮されるのだ」と言われました。だから、キリス
トの力がわたしの内に宿るように、むしろ大いに喜んで自分の弱さを誇りましょう。10それゆえ、
わたしは弱さ、侮辱、窮乏、迫害、そして行き詰まりの状態にあっても、キリストのために満足
しています。なぜなら、わたしは弱いときにこそ強いからです。

一　聖化とは

前回の聖書講話（「正気にされること」本書一六〇頁）で扱った箇所の一一23で、パウロは彼の敵対者たちと自分を比較し、自分の方が彼ら以上にキリストに仕える者なのだ、と激しく語っております。パウロがなぜそう明言できるかというと、それは彼が弱くされたがゆえであります。そしてそれは「誇る必要があるなら、わたしの弱さにかかわる事柄を誇りましょう」（30節）と言っていることからもわかります。彼が弱くされたのは、彼が受けた苦難のためであり、その苦難に関しては23―28節に述べられています。そして前回、なぜパウロは他の人々と違い、そこまで苦しまねばならなかったのかを学びました。人は要領よくうまく生きれば、避けられる苦労や苦難もあるはずです。しかしパウロは普通は避けられるような苦労や苦難を避けようとはしませんでした。そこにはパウロの生きる姿勢が関係していたに違いありません。

前回はパウロの生きる姿勢をマルコ福音書五1―20を通じて、それに関する藤木正三牧師の「正気」という文章を用いて学びました。

イエスは悪霊に取りつかれたゲラサの人を癒し、その人は正気になったのですが、不思議にも彼は共同体の人々に適応できませんでした。つまり藤木牧師は20節の「人々は皆驚いた」を、彼が正気に戻っても周囲の人々に不適応であったという意味に捉えているのです。彼が正気に戻っても周囲に適応できなかった理由は、その共同体、つまりこの世の社会自体が病んでいるからであり、イエスによって正気にされた人は、真の意味で正気にされたのであり、病んでいる社会には受け容れられるものではなかったからです。

パウロもまた復活のイエスに出会い、ゲラサの人のごとくに神によって正気にされた人です。そしてその正気にされた状況について、私は前回、「ありのままの自分に帰る」ことである、とお話ししました。

イエスはその生涯において、律法を守れず社会で排除され差別されている人々のところへ行き、「あなたがたはそのままでよい、そのままで救われているのだ」と語り続けました。病んでいる社会によって排除されることは何ら卑屈になる必要はございません。社会の実態を見極め、弱くされつつもしっかりと立たねばなりません。そのままでよい、つまり自分が自分であること――それが正しく受け容れられる社会でなければ、健全な社会と言えないでしょう。社会にも受容という能力が大事です。人は神にありのままの姿で受容され、神にありのままで受容された者は、他者をありのままで受容する者となります。つまりは神の無条件の人格的受容のもとにこそ、健全な社会が成立するのです。神に無条件に受容されること、これがありのまま他者を受け容れる人格の形成にとって大事なことです。

パウロは復活のイエスに出会い、狂気を帯びた律法主義者から正気にされました。それはパウロが神に無条件で受容され、「ありのままのパウロ」に戻されることでした。律法を守り救われる、という業績主義に生き、そのような力の世界に生きていた彼は、何らの業績もいらない、ありのまま、そのままの姿に神によって戻されたのです。

私はこの事態を聖化と呼びたいと思います。聖化とは聖い何者かになることではない、そのままでよい、神にありのままでよしとされることなのであります。

ありのままの平安――これをパウロは与えられたのでした。そしてありのままの彼は、ありのままが許されないこの不健全な社会では排除されます。迫害、苦難を受けます。しかし彼に与えられた神の平安――ありのままの平安――は彼の上に動くことなくございました。だからこそ、彼は弱くされたままで、ありのままの姿で、平安でありました。それがゆえに、彼はそのありのままの弱さを誇ったのであります。

二　敗戦の日に思うこと――弱さに生きることを知る

本日の講話の題は「力は弱さの中で成し遂げられる」です。これは９節「わたしの恵みはあなたに十分である。力は弱さの中でこそ十分に発揮されるのだ」（新共同訳）の後半部分の私訳です。「十分に発揮されるのだ」のギリシア語はテレオーです。これは「完成する」「成し遂げる」とも訳せます。現在一番新しい聖書翻訳である聖書協会共同訳では「力は弱さの中で完全に現れるのだ」と訳しています。いずれにしても新共同訳の「十分に発揮されるのだ」では少々表現として弱いように思えます。私はパウロの気持ちを考えれば、ここは「成し遂げる」と訳した方がよいと思いました。力はこの社会のように強さの中ではなく、弱さにおいてこそ、すなわち「ありのままの姿」においてこそ、本当の意味で成し遂げられるのです。

ロシアとウクライナの戦争は、抜け出すことのできない泥沼の中に入っています。それは双方が、そしてその背後にいる国々が、軍事力による勝利を考えているからです。すなわち強さの内にある力で勝利を遂げようとしているからです。この戦争のみでなく、これが社会の実相です。力といえばすべからく強さであります。世界が弱さの内にある力に気づき、それを大事にした時、つまり互いのありのままの姿を受容し合うことの尊さに気付く時、この戦争は真実に終わります。

明日は敗戦七七年目の日です。ほんとうは七七年前に、日本は弱さに生きることを知るべきでした。これ以上軍事力を使用せず、武装せず、強さの内にある力を放棄し、弱さのままでありのままに生き、全ての人を受容する国となることを知るべきでした。戦後成立した憲法九条はそのきっかけであったでしょう。しかし敗戦七七年目を迎え、この国の民はもはやありのままではいられなくなってきています。防衛費は増大し、偽りの強さを造り上げようとしています。ほんとうの強さは敗戦したままの弱さの中にこそありました。全てを焼かれて裸にされた、ありのままの弱さの中にありました。あの時ありのままの弱さに立たされた日本が、なぜ再び偽りの強さに向かい突き進んでいるのかは検討すべき課題です。ほんとうに神の弱さを知る宗教が当時、この日本にあったのかどうかが問われねばなりません。ほんとうは、日本は真に弱さの内にある強さに気付き、そこに立たねばならなかったのです。今からでも遅くはありません、ありのままの弱さにある強さに立つべきであります。非戦非武装の憲法九条に立つ、ということはその一つの姿でありましょう。しかし日本は今日も未だに、強さに強さを求める宗教に覆いつくされている。神道などの諸宗教、キリスト教もそのようであります。弱さにこそ強さを求める宗教が今、必要なのであります。

三 「とげ」を引き受ける

さて、パウロはついうっかり再び自分のことを誇ってしまいます。一四年前に第三の天にまで引き上げられたという霊的な体験です（一二1—4）。彼は自分のことではなく第三者の体験として語っています。しかし「その人」（2節）がパウロ自身であることは、7節からもわかります。この体験に思い上がることのないようにと、パウロの身に一つの「とげ」が与えられた、と7節では言っているからです。

しかし5節でパウロは我に返ったように、「自分自身については、弱さ以外には誇るつもりはありません」と軌道修正をしています。

信仰は霊的なものですから、パウロのように第三の天まで引き上げられる体験をすることもありましょう。しかし人はそのようなことがあってもそれを誇ってはならないのです。そのような輝かしい霊的体験は、何の力をも持ち得ません。そのようなことを誇ることは誤った信仰であります。そのようなことを誇ることは、結局は自分の強さを誇示したいだけなのです。信仰はすべからく強さに向かってはなりません。あらゆる誇りを捨て、ありのままの姿の弱さにとどまるべきであります。

７節においてパウロは「わたしの身に一つのとげが与えられました。それは、思い上がらないように、わたしを痛めつけるために、サタンから送られた使いです」と語っています。この「とげ」はおそらくは肉体的な障害であろうと思われます。パウロはこの「とげ」を何とか取り除こうと、三度主に願った、と言います（８節）。しかし最終的にその祈りは叶いませんでした。そのままだったのです。神はパウロに「そのままでよい」と示したのです。人間は現状を何とかしようと神に祈ります。問題が改善されることはよいことです。しかし、そのままでよい、ということが神のみ心ということもあるのです。不自由ならば不自由なまま、そのまま、ありのままでよいのです。そしてその時に与えられている不自由さをそのまま引き受けること、それが信仰者の潔さです。「受難」と言いますが、信仰とは困難、苦難を避けることではなくて、そのまま引き受けることです。よくパウロが三度主に願ったことをして、イエスがゲッセマネで三度祈ったこと（マコ一四41）に重ねる場合がありますが、それは決して外れていないと思います。イエスこそ苦しみを苦しみのまま、ありのまま引き受けたお方であり、それを死に至るまで引き受けたがゆえに、彼は神の子なのであります。神の人間に対するみ心は「ありのままでよい」ということであります。「とげ」が体にあるのなら、そのままでよいのだ、それを抜こうとせずにしっかりと引き受けよ、ということです。これは治る病や生活の改善を放棄せよ、ということではありません。しかしながら、この世にはどうしようもない「とげ」がございます。抜こうとしても抜けない「とげ」――それがパウロの「とげ」でした。祈っても抜けない「とげ」は引き受ける――それが神のみ心なのであります。それに気付くとき、その者の中に神の平安が与えられるのです。その平安において、人は弱いままで強くされるのです。そのような平安は、弱さの中でこそ成し遂げられるのであります。

四　信仰の達人などいない

マタイ福音書一八1―5にこのような話があります。

そのとき、弟子たちがイエスのところに来て、「いったいだれが、天の国でいちばん偉いのでしょうか」と言った。そこで、イエスは一人の子供を呼び寄せ、彼らの中に立たせて、言われた。「はっきり言っておく。心を入れ替えて子供のようにならなければ、決して天の国に入ることはできない。自分を低くして、この子供のようになる人が、天の国でいちばん偉いのだ。わたしの名のためにこのような一人の子供を受け入れる者は、わたしを受け入れるのである」。

弟子たちは一生懸命、天国での自分たちの地位を気にしています。誰が一番になるのかを気にしているのです。つまり強さ、力に思いを致しているのです。今よりもどうしたらステップアップするのかを一生懸命考え、イエスに答えを求めています。

しかしイエスは一人の子どもを呼び寄せました。そして弟子たちにこう言いました。子どものようにならなければ、天国には入れない、自分を低くせよ、そのような者こそ、天国で一番偉いのだ、と。

イエスは何者かになることを求め、偉くなりたい、力が欲しいと言っている弟子たちに対し、子どもを指して「このようにありのままの姿で生きよ」と言われたのです。子どもは偉くなろうなどとは考えません。ありのままの存在です。苦しい時は苦しいと言い、楽しい時は楽しいと言う。ありのまま笑い、ありのまま泣きます。イエスはそのようなありのままの子どもを愛しました。そして全ての計算高い大人たちに対して、子どものようなありのままの姿に帰れ、と促したのです。５節でイエスは「このような一人の子供を受け入れる者は、わたしを受け入れるのである」と言っています。つまりイエスは自分をこの子どものような者だ、と言っているのです。神の子は子どものようにありのままである、ということです。

信仰の達人などいないのです。どうすれば信仰深くなるか、といった悩みは意味のないものです。ありのままの自分、不信仰な自分、偉くなれない自分、とげがあるままの自分をまるごと神に受け容れて頂き、よしとされることが大事です。そのままでよいのです。それは全く一人の子どものようです。信仰を難しく考えることは止めよ、とここでイエスは言っておられます。

誰々にはキリスト者としてのカリスマがある、とよく言います。カリスマとは、辞書によりますと、神の賜物としての超自然的・超人間的・非日常的な資質、能力のことです。内村鑑三などはカリスマのあるキリスト者の典型と受け止められてはいないでしょうか。しかし信仰とカリスマ性とは全く関係ありません。信仰にカリスマを関係させてその優劣を見るほどおかしなことはありません。むしろ神はカリスマとは全く無縁の、ありのままの子どものような者が天国で一番偉い、と言っておられるのです。このカリスマに関しては、無教会の中では意外に肯定的に考える方々がおられるように思えますが、それはよくない傾向と思います。一つ間違えると信仰において、特別な能力――強さ――を求めることになりかねません。弱さを大事にする信仰を大切にいたしましょう。

子どもはカリスマとは関係なくありのままです。そして弱いのです。ありのまま、弱いままで生きよ、力はその弱さ、ありのままの姿の中でこそ成し遂げられる。造られた自分より、ありのままの自分が一番強い。ありのままの自分でよいのだ――本日、神は私共にそう語って下さっております。

（「敗戦七七年聖書講話」『十字架の祈り』一〇五号〔二〇二二年八月〕）

罪にまみれたままで

巻頭言（「敗戦七七年目の日に」本書一五〇頁）で片柳弘史神父の言葉に学んだが、もう一つ神父の言葉を紹介しよう。

そうです。「あなたがあなたである、ただそれだけの理由で、あなたはわたしにとってかけがえのない存在だ。もし何もできなくなっても、わたしはあなたを愛している」。それが、キリスト教の説く愛。まったく無条件の愛なのです。このような愛に出会ったとき、わたしたちの心は初めて本当の安らぎを得られる。わたしは、そう確信しています。家族や友だちのうちに宿った真実の愛に気づくとき、あるがままのわたしたちを無条件に受け入れてくれる本物の愛と出会うとき、わたしたちは初めて本当の幸せと出会うのです。

（片柳『何を信じて生きるのか』三四頁）

「あるがままのわたしたちを無条件に受け入れてくれる本物の愛と出会うとき」、つまり神に受容されるとき、「ありのまま」になれるのである。神父は他の著書で「不幸せな顔をしている人は、まだ何かにしがみついている人」と書いている（片柳『あなたのままで輝いて』）。私共が神にありのままの自分を受容されたとき、自然な喜怒哀楽が表れる。私共の信仰にはこれまで喜怒哀楽がなかったのではないか。いかにも生真面目な顔をして厳粛さを保とうとしていなかったか。実はそれらは「まだ何かにしがみついている」姿だったのではないか。罪を犯さないように、罪といたずらに格闘する姿ではなかったか。自己反省をしたい。自分を抑え込まず、「罪にまみれたまま」ありのままに悩む、それがロマ書七章でパウロが「わたしはなんと惨めな人間なのでしょう」と語っている内実であると思う。罪を相手にすることを止めて、むしろ「罪にまみれたまま」ありのまま、神に受容されること、それによって罪から解放されることが大事である。

（「編集後記」『十字架の祈り』一〇五号［二〇二一年八月］）

受容

今、工藤信夫氏というクリスチャンである精神科医の本を読んでいます。その本の中にこのようなことが書かれていました。

> ある施設を訪問した時のことである。そこのスタッフが私に大変興味深い話をしてくれた。それは、この施設で三年も働くと職員がみなクリスチャンになるというものである。実際、私にその話をしてくれた人も、ここで働く前はある政治団体の熱心な党員だったという。
>
> そして、全員がクリスチャンになる理由は何かと問われて、その人はいとも簡単にこう答えた。
>
> 「この施設の指導的立場にあるA先生と生活を共にしていると、A先生でもクリスチャンなら、私たちもクリスチャンになれると、みな思ってしまうのです」。
>
> これは私にとって、はなはだ示唆に富んだ話のように思われた。というのは、私がこれまで聞いてきたクリスチャンと呼ばれる人々に対する多くの人たちのつまずきは、「あれがクリスチャン」「あれでもクリスチャン」……という類のものだったからである。こうした表現の中には、クリスチャンであることを何か特別

なことのように意識させ、ある種の高い倫理性や人間性を無言のうちに義務づけるようなニュアンスがこめられていたように思う。そしてこれらの表現は、この虚構とも思えるクリスチャン像がひとり歩きしている現実があることを、教えているのではないだろうか。

しかし実のところ、私の臨床体験から言えば、〝その人がその人として受け入れられる〟体験というものは、新しいわざの起こる先駆けであり、その人がもはやそこにとどまっていないということを意味するのである。サマリヤの女もザアカイもきっとそんな体験をして立ち直っていたのにちがいない。

イエスというお方について、ある人が次のようなことを書いている。

「おまえはこれから、イエスというこの方について、さまざまに異なった意見を聞くだろう。けれども、イエスが実際にどんな方であるかについては、教会の聖職者たちも含めて、知る人は非常に少ない。父さんがこれまで読んだり、聞いたりしたところでは、イエスを知ってこれを好きにならない人はおそらくいない。冗談を言うのがとてもお好きで、いっしょにいるのがとても楽しい方だ。イエスは愛を下さり、愛が必要だと言う人びとの声にこたえて、彼らと交際された。

イエスは、あるがままに人びとを受け入れ、また人びとのほうも、本来の自分を少しもきゅうくつな目に合わせずに『受け入れられた』ことを感ずるのだった。イエスが近くにおいでになった時も、人びとはいい子のふりをしたり、いつもとは違う行いをする必要がなかった。彼らにとってイエスは友だちだった。

こんな人との出会いには、当然ながら何か心を打つ美しいものがある。その全体のお姿は『神もまたかくのごとく』ということを伝えてはいないだろうか。イエスはご自身、神の来臨であることを自覚されていたし、人びともそれを知っていた。イエスに会った人たちは、びっくりしたものだった。『なに、神さまがこの人のようだなんて。見ろよ、売春婦を許し、認めているんだ。最低の人間とつきあって酒を飲む。みんなが思っていたような、金の王座にふんぞり返った王様じゃないぞ。こんな人なら、本当に好きになっちまうよ！』」（デヴィッド・アイアランド『生れ来る子への手紙』春秋社、二二四頁）。

（工藤『信仰による人間疎外』一四—一七頁。傍線荒井）

「私の臨床体験から言えば、〝その人がその人として受け入れられる〟体験というものは、新しいわざの起こる先駆けであり、その人がもはやそこにとどまっていないということを意味するのである」と工藤医師は言っておられます（傍線部）。相手をありのままに受け容れること、単純に考えれば、そんなことで相手が変わるとは思えません。しかし、単純にそうすることで相手が変わるということを、イエスはご存じでした。誰でも神にありのまま受け容れられれば、変わります。ありのままであるのに、不思議なことに新しい者に変わるのです。これが神の不思議です。

また工藤医師は、別の著書ではこのようなことを語っておられます。

はたして、私たちのまわりに、私自身も含め、どれくらいの人が〝自分を良し〟とすることができているだろうか。むしろ、罪、罪、といわれるあまり、罪意識にさいなまれることの中にキリスト者の確認を求めようとしたり、キリスト信仰においてなすべきことは自己否定であると言われて、キリスト信仰に触れなかったなら、しなくてもよい苦しみを上乗せさせられている人も少なくないのではないだろうか。……先日、一人の患者さんが私に〝先生と話をしていると、こんな私でも生きてていい、……人に嫌がられても時にいじめられていても、そこにいていいんですよと言われているような気がしてきます〟と言われたが、おそらくそのような自己肯定感を得て、人の心は立ち直っていくのであろう。

（藤木・工藤『福音はとどいていますか』一三六頁）

「私は罪人ですから……」と言い、自分を責めることはもう止めたいと思います。また人の罪をあまり責めても何にもなりません。罪は責めるものではなくて、受け容れられ、受け容れるものであることを教えられたいと思います。罪のまま、ありのまま神と人とに受け容れられること、そして神と人とを受け容れること、それが和解の秘密である、と考えます。

（「巻頭言」『十字架の祈り』一〇六号〔二〇一二年九月〕）

低いままで建て上げられる

コリントの信徒への手紙Ⅱ一二章19―21節

[19]あなたがたは、わたしたちがあなたがたに対し自己弁護をしているのだと、これまでずっと思ってきたのです。わたしたちは神の御前で、キリストに結ばれて語っています。愛する人たち、すべてはあなたがたを造り上げるためなのです。[20]わたしは心配しています。そちらに行ってみると、あなたがたがわたしの期待していたような人たちではなく、わたしの方もあなたがたの期待どおりの者ではない、ということにならないだろうか。争い、ねたみ、怒り、党派心、そしり、陰口、高慢、騒動などがあるのではないだろうか。[21]再びそちらに行くとき、わたしの神があなたがたの前でわたしに面目を失わせるようなことはなさらないだろうか。以前に罪を犯した多くの人々が、自分たちの行った不潔な行い、みだらな行い、ふしだらな行いを悔い改めずにいるのを、わたしは嘆き悲しむことになるのではないだろうか。

一　十字架に引き戻されること

パウロは「誇る者は主を誇れ」（一〇17）と言い、自己を誇ることをしない、と言いつつも、敵対者たちと戦うために「だれかが何かのことであえて誇ろうとするなら、愚か者になったつもりで言いますが、わたしもあえて誇ろう」（一一21）と言い、自己を誇りました。大使徒と言われる（一二11）敵対者たちに比べても自分は劣るところがない、と、自己弁護してきました。

私共にしてみれば、あのパウロ先生が自己弁護するなど、おかしいのではないか、どうしたのであろうか、と考えてしまいます。前回は（聖書講話「ありのままで」『十字架の祈り』一〇六号［二〇二二年九月］）、そのようなパウロの姿をして、神にあって「ありのまま」に生きるパウロの姿、と捉えたのでした。

神が罪人となられて（五21）、神は罪人のまま、ありのままのパウロをそのまま受け容れ、よしとされた――それが、パウロが復活のイエスに出会った時の回心の内実でした。パウロはありのままで、神にあって――神の無条件の赦しによって――よしとされたのです。

神は天地万物を創造された六日目に、全てをありのまま、そのままで「よし」とされました（創一31）。私共は神によって、そこへ帰らねばなりません。

自己を誇ってはなりません。しかし何とか敵対者の手からコリントの人々を救うため、パウロはあえて自己を誇りました。大事なことは、自分の中に神がおられることです。十字架につけられたままのキリストが弱いままの姿で、一切の誇りを失った姿で立っていることです。そのように神が共におられることで、一時は誇ってしまったとしても、一切の誇りを失ったキリストの十字架に必ず引き戻されるのです。そのことが大事です。そのような神が自分の内に共におられるのならば、「ありのまま」でよいのです。

二　愛は建て上げる

「わたしたちは神の御前で、キリストに結ばれて語っています」（19節）。実にパウロは、神に結ばれて神と共にいる「ありのまま」の姿をコリントの人々に見せること、つまり本当の無条件の赦しに与った自身の姿をコリントの人々に見せようとしていたのです。彼の自己弁護する姿は、実に神の無条件の赦しに与った者の姿なのでした。

そしてそのような神にあって「ありのまま」の姿を見せることによって、敵対者たちに惑わされてきたコリントの人々を「造り上げよう」としたのです。「愛する人たち、すべてはあなたがたを造り上げるためなのです」（19節）。

この「造り上げる」は、オイコドメーというギリシア語で、「建てること」、「建て上げる」という意味です。私は、「あなたがたを建て上げる」と訳す方がよいように思います。

Ⅰコリント書八1に「知識は人を高ぶらせるが、愛は造り上げる」とあります。ここの「造り上げる」は、オイコドメーの動詞であるオイコドメオーであり、「愛は建て上げる」と訳すことができます。神の愛こそが信仰者を造る、建て上げる、というのです。

その八1の直後の3節でパウロはこのようなことを言っております。

しかし、神を愛する人がいれば、その人は神に知られているのです。

神に知られる、ということは、その者が神にそのまま受け容れられている、ということです。神を愛する、ということは、その者がすでに神に知られている、神にそのまま受け容れられている、ということなのです。愛は神からのものです。人が神を愛し、隣人を愛するということは、まず最初に神に愛されておらねばなりません。神に受容されて、神の愛に全身を包まれておらねばなりません。まず神の愛にありのまま受容されて、人は愛を知り、他者に愛を与え、他者を受容するようになります。愛には神の受容がその土台としてあるのです。

そのような神の愛を知ることで、人は本当の意味で造られ、建て上げられるのです。

パウロは、神にあって「ありのまま」の姿をコリントの人々へ見せることによって、同時にコリントの人々をそのまま、ありのまま受け容れているのです。伝道とはまさにそのようなことと思います。伝道とは神に受容されたように、相手を受容することです。

三　ありのまま引き受ける

Ⅱコリント書一二20でパウロは心配しています。パウロがコリントへ行った時、コリントの人々はパウロの期待していたような人たちでないかもしれない。そしてパウロ自身も、コリントの人々が期待している通りの者ではない、ということになりはしないか。双方で失望することになりはしないか、と。またパウロがコリントに行くと、そこには争い、ねたみ、怒り、党派心、そしり、陰口、高慢、騒動などがあるのではないか、と心配しています。

そして21節では以前に罪を犯した人々が、相変わらず不潔な行いやみだらな行い、ふしだらな行い、いわゆる性的不道徳を行い、未だ悔い改めていないことを見て嘆き悲しむことになるのではないか、と心配しています。

しかしパウロはすでにそのような心配のあるコリントの人々を、ありのまま引き受けているのです。彼らを不品行のまま、不道徳のまま、罪のまま、引き受けているのです。それが伝道者の姿である――私はそう思います。「ありのまま」でいらっしゃい、ということです。神がパウロをありのまま引き受けたように。

四　赦されているからこそしない

人は神にそのまま、無条件に赦され受容された時に、初めて愛を知り愛に生きるようになります。そして不思議にも、罪を犯さない者に「建て上げられて」いくのです。

青野太潮氏の文章を引用して学びましょう。ドストエフスキーの作品について語っておられます。

ドストエフスキーの作品に『悪霊』という小説があります。その中に、大悪人のスタヴローギンという男と、キリーロフという非常に心の清らかな青年とが、次のようなやり取りをする場面があります。スタヴローギンが「キリスト教の神は愛だと言うけれども、俺のように少女を凌辱し、人の脳天を叩き割ったりするような、そういう者でも許されるのか」と問います。するとキリーロフは、「そうだ、人間は美しい。世界は美しい。皆、ゆるされているのだ」と答えます。そしてさらに、「しかし、すべてがゆるされている、人間は美しいのだ、ということを知っている者は、少女を凌辱したり、人の脳天を叩き割ったりするようなことは、決してしないだろう」と語ります。そうです、ほんとうに無条件のゆるしが自分に与えられている、ということが分かったとき、そのときには私たちは、もうそのようなことは決してするまい、ゆるされているからこそしない、と、きっとそう思うに違いないと思います①。

ドストエフスキーにはまた、『罪と罰』という作品があります。ラスコーリニコフという青年が、金貸しの老婆を殺してしまう、そして売春婦であるソーニャと出会っていく、という話です。ソーニャは家庭の貧困のゆえに売春をせざるをえないのですが、それは、ソーニャの父親であるマルメラードフという人がアルコール中毒だからです。彼はそれを反省して立ち直ろうとするのですが、次の日にはまた酒を飲んで、すべてがめちゃめちゃになってしまう、そういうことを繰り返している人です。そのマルメラードフが、酒場で酒に酔いつぶれて、ラスコーリニコフの前で独白する場面があります。彼はこう言います。

「それから神はすべての人々を裁いて、その罪をお赦しになる。善人も悪人も、賢い人も愚かな人も。いよいよみんなの審判が済むと、俺たちに向かってこうおっしゃる。『お前たちも出て来い。酔いどれども、出て来い。意気地なしども、出て来い。恥知らずども、出て来い』と、そうおっしゃる。俺たちは皆、臆面もなく出て行って立っていると、『貴様たちは豚だ。獣の姿をしている。獣の面付きをしている。だが貴様たちも来るがよい』とおっしゃる、すると『神よ、何故こやつらをお召しになりましたか』と知者が言う。賢者が言う。すると『知者よ、あれらを呼び寄せたのは外でもない。賢者よ、あれらを呼び寄せたのは外でもない。あれ達の誰一人として、自分にこういう待遇を受ける資格があると、自分で思っている者はないからだ』（まさに先ほどの取税人たちや遊女たちのように、です）と言って、俺たちの方へその御手をお伸べになる。俺たちはひれ伏して、そして泣き出す。そしてあらゆることを覚る。その時、俺たちはあらゆることを覚るのだ。誰も彼もみんな覚るのだ。神よ、あなたの御国を来たらせ給え」。

べろんべろんに酔っ払ってこういう独白するのですが、もちろんここにはドストエフスキーの信仰が言い表わされています。神の無条件のゆるしが、最後の審判のときには、マルメラードフのような駄目な男にも与えられるのだという、そういう信仰と希望とに満ちています。

椎名麟三というプロテスタントのキリスト者の作家がおられました。一九七三年に六一歳で亡くなられましたが、『美しい女』など、たくさんの作品を遺されました。その椎名麟三が、このマルメラードフの独白について、こういうことを書いています。

「この台詞が人々の胸を打つのは、人間のあわれな期待がひびきわたっているからである。そこには人間の限りない郷愁があり、自由への憧憬がある。しかもこの言葉は、信仰のない人々の心をも打つのである。なぜなら台詞のなかにもあるように、信仰のない人は、信仰のない故をもって、神から赦されるような『待遇を受ける資格があると、自分で思っている者はないからだ』。洗礼をまだ受けていなかった僕が感動したのも、そのせいだ。さて、いまの僕はこう考える。自分の娘に淫売をさせて飲んだくれているということは、あまり賢いやり方ではない。そして恐らく罪であろう。だが、マルメラードフが、その日（つまり最後の審判の日）への期待が、すでに現実的にも成立しているのだ、と知ったとしたら、彼の生き方は変わるだろう、と思うのである。勿論、彼は、アル中らしいから酒を飲むだろう。しかし飲んだくれはしないだろう。だからまた娘への負担が軽くなるから、娘は、娘自身が淫売という職業が苦しければ、他の職業を探す可能性も出てくるだろう。『職業』などと言えば、矯風会の婦人諸姉はお怒りになるかも知れないが、しかし事実はそうなのだ。要はマルメラードフが、現在、全ての事を覚ることなのだ。そして全ての事を覚った人間は、酒を飲んでいるという形は同じでも、その飲み方がちがうのだ。罪をおかしていても、そのおかし方がちがうのだ。質の問題なのである。」

現在、全てのことを覚るのです。神は全てのことをゆるしてくださっている、愛してくださっているのです。終わりの日にはゆるされるなどということではなくて、今、現在、私たちにそれが現実となっているのだ、ということを覚っていくこと、そのことが必要なのではないか。そうしたらその時に、私たちの生き方というものは質的に変わってくるのではないか、そう椎名麟三は言っているのです②。その言い方は、先ほどのヨハネによる福音書の姦淫を犯した女性に対してイエスが言われた言葉と、まったく同じ構造をもっています。あなたはゆるされているのです、だから、もう今後は罪を犯さないように。

（青野「ゆるされているからこそ」『十字架につけられ給ひしままなるキリスト』六〇―六四頁）

「ほんとうに無条件のゆるしが自分に与えられている、ということが分かったとき、そのときには私たちは、もうそのようなことは決してするまい、ゆるされているからこそしない、と、きっとそう思うに違いないと思います」（傍線①）と青野氏が言われる通りと思います。人は神に無条件に赦されて受容された時、ほんとうにありのままに自由になります。ありのままに自由にされるからこそ、悪いことをしなくなる――そう思います。

「現在、全てのことを覚るのです。神は全てのことをゆるしてくださっている、愛してくださっているのです。終わりの日にはゆるされるなどということではなくて、今、現在、私たちにそれが現実となっているのだ、ということを覚っていくこと、そのことが必要なのではないか。そうしたらその時に、私たちの生き方というものは質的に変わってくるのではないか、そう椎名麟三は言っているのです」（傍線②）。私共はこれまで、終わりの時には赦されるという考え方もして参りました。そうではなく、今、終わりの日の赦しが現実となっている。今、全てを神は無条件に赦して下さっている――「只今」の恩恵を知ることが大切です。それを知る時、人はむしろ罪を犯さない者となっていく。私共はありのままの姿で、罪を犯さない者となっていく。限りなくありのままで自由な者となっていく。

五　低いままで建て上げられる

21節でパウロは「わたしの神があなたがたの前でわたしに面目を失わせるようなことはなさらないだろうか」と言っています。「面目を失わせる」のギリシア語は、「低くする」「卑しくする」という訳にもなります。キリストこそ、神の子でありながら人々の前に面目を失い、低くされ、卑しくされました。しかしその低さでなければ神は人を受け容れることはできませんでした。神が罪人となり、罪にある人々をそのまま受け容れたのであります。

神はまさに神としての面目を失うところでこそ神であられるのです。神に受容された者も、自ずから低くされたところにおいてこそ、他者を受容する者となるのです。

神は、十字架の低さにおいてこそ、人を受容し人を建て上げて下さいます。そこで建て上げられた者もまた十字架の低さにおいてこそ、他者を受容する者となります。そこに神の愛の連鎖が生まれます。この低さにおける神の愛の連鎖においてこそ、人とエクレシアは建て上げられ続けるのです。真実の建て上げは低いままで建て上げられるのです。キリストの低さを忘れた建て上げはあってはなりません。この神の低さにおける愛の連鎖が世界中に広まり、神の愛による建て上げが全人類に及びますように、心より祈ります。そして私共も神に低くされて、その連鎖の基点となりますように祈ります。

（「聖書講話」『十字架の祈り』一〇六号［二〇二二年九月］）

「わたしである」

コリントの信徒への手紙Ⅱ一三章13節

13主イエス・キリストの恵み、神の愛、聖霊の交わりが、あなたがた一同と共にあるように。

一　私が私自身になる

本日の箇所は、Ⅱコリント書の最後の節です。

この言葉は教会の礼拝で、いわゆる「祝禱」として、牧師が礼拝の終わりに与える祝福の言葉によく使われています。またこの文章に、神、イエス・キリスト、聖霊が出て来ますので、三位一体の教理としての内実をここに見ることができる、とも言われています。

確かにこの言葉は祝福と言えましょう。これまでのⅡコリント書の学びの集約と言ってよいと思います。「イエス・キリストの恵み、神の愛」。この内容は五21から理解できます。

罪と何のかかわりもない方を、神はわたしたちのために罪となさいました。わたしたちはその方によって神の義を得ることができたのです。

神は罪と何の関わりもない方、イエス・キリストを罪とされました。神の子を私共と同じ罪人にされたのです。神の子が罪になり、そのことによって神が罪となって下さった。ここに、「イエス・キリストの恵み」があります。そして罪となられた神は、罪人である私共を受容して下さいます。神は私共罪人を受容するために罪となられたのです。これが「神の愛」です。神の愛は、私共を受け容れるためにご自身が罪となられるほど深いのです。「聖霊の交わり」という言葉は、原文の訳し方によって意味が変わってきます。「聖霊の」は属格なのですが、これを目的語的属格として読むか、主語的属格として読むかで意味が変わるのです。前者では「聖霊との交わり」と訳せ、後者ではこの新共同訳のように「聖霊の交わり」と訳せます。「聖霊との交わり」の場合は、私共一人ひとりが聖霊に与る意味になります。しかし「聖霊の交わり」となると、「聖霊がもたらしてくれる信徒と信徒の交わり」となります。縦の関係か横の関係か、と言ってもよいかもしれません。このような二つの見解に分かれていますが、私は両方合わせて考えてよい、と思います。神が罪になって下さり、私共罪人を罪のままありのまま受け容れ義として下さる、その驚くべき神の業は、「聖霊との交わり」として直接、私共一人ひとりに臨みます。義とされた者たちは、互いを聖霊の交わりとして受け容れ合うようになります。ここに神に受容され、人が互いに受容し合う、という受容の連鎖を見ることになります。ですから、「聖霊との交わり」は「聖霊の交わり」を生み出すことになるのです。従いまして、両方の意味をここに見ることができます。

実に以上のお話は、Ⅱコリント書のまとめと言ってよいと思います。これらのことを言い換えるならば、いつも私が引用する一4となりましょう。

神は、あらゆる苦難に際してわたしたちを慰めてくださるので、わたしたちも神からいただくこの慰めによって、あらゆる苦難の中にある人々を慰めることができます。

この「慰め」は、ギリシア語のパラクレーシスであり、これと同類のパラクレートスが「聖霊」を意味するギリシア語です。聖霊は慰め主であり、神の慰めは聖霊を通じて人に与えられるのです。この一4に関して私は、「慰めの連鎖」と語ってきましたが、「聖霊の働きの連鎖」と言い換えることもできると思います。

以上のようにこの13節は、父、子、聖霊による「ありのまま」の受容の連鎖の広がりを、パウロが祈り祝福しているものと言えましょう。さて、「ありのまま」とは「私である」ということです。他の誰でもない、私が私自身になる、ということです。私自身になることは、自分を見失い絶望の淵に陥ることの多い今日の人々に極めて大事なことです。ましてや私はキリスト信仰においてさえ、自分を見失う危うさを強く感じています。宗教の本質は自分を見出すことであるはずですが、現実はそうなっていない場合が多いと思います。

二　ヨハネ福音書の「わたしである」

ヨハネ福音書にはイエスが「わたしである」――ギリシア語でエゴー・エイミ、英語で I am ――と書かれている箇所を三か所見ることができます。まずは、四26です。

イエスは言われた。「それは、あなたと話をしているこのわたしである」。

イエスはここでサマリアの女に、自分自身が誰であるかを伝えています。彼女は25節で未来に来る救い主のことを言っていますが、イエスはそれをさえぎるように、「わたしである」と言っています。救い主は今、ここにいるこの私だ、と言っているのです。

サマリア人はユダヤ人たちに差別されていました。歴史を通じて異教化したサマリア人を、自分たちが正統だとしていたユダヤ人たちは汚れた民として差別し、蔑んでいたのです。この女性にはこれまでに五人の夫がいましたが、今は正式な夫でない男と暮らしています（18節）。このサマリア人の女性は悲しみと苦しみと侮辱の人生を歩んできており、不幸の只中にいることも察し得ます。「五人の夫」とは比喩的にモーセ五書のことであり、サマリア人は今やモーセ律法を離れて違う神を拝む不信仰者となった、という見方もあるようです。もしそのようなことならば、このサマリアの女は不信仰と不道徳にある罪深き者、ということになります。しかし、大事なことは、彼女はイエスに自分のありのままを語ったということです。そしてイエスが彼女のありのままの姿を知った、ということです。

実にイエスは、そのような悲しみと不信仰の女と同じところに立って、つまり自らも不信仰となり、この罪深き女をありのまま受け容れました。イエスは無条件に彼女を受け容れて、その罪を赦したのです。彼女はありのままの罪の姿のまま、救われました。26節「それは、あなたと話をしているこのわたしである」とイエスが言った意味は、「この私があなたを罪のまま、そのまま受け容れる。ただちにあなたは救われる」ということなのです。

一三19にも「わたしである」（エゴー・エイミ）があります。

「事の起こる前に、今、言っておく。事が起こったとき、『わたしはある』ということを、あなたがたが信じるようになるためである」。

ここの「わたしはある」（エゴー・エイミ）が、「わたしである」と訳せます。この箇所は洗足の場面です。イエスが十字架につく前に、弟子の足を洗ったことが記されている話の最後のところです。「事の起こる前」の「事」とは、ユダの裏切りによってイエスが十字架につくことですが、それは神の子が罪人になること、すなわち神が罪になられることでした。神の子が十字架上で罪人となり、神が罪となられるとき、「わたしである」ことを弟子たちは信じるようになる、というのです。神が罪となられて、罪人である弟子たちをそのまま受容すること、それがイエスの洗足の意味なのです。

一八5、8節にも「わたしである」（エゴー・エイミ）が出て来ます。

こう話し終えると、イエスは弟子たちと一緒に、キドロンの谷の向こうへ出て行かれた。そこには園があり、イエスは弟子たちとその中に入られた。イエスを裏切ろうとしていたユダも、その場所を知っていた。イエスは、弟子たちと共に度々ここに集まっておられたからである。それでユダは、一隊の兵士と、祭司長たちやファリサイ派の人々の遣わした下役たちを引き連れて、そこにやって来た。松明やともし火や武器を手にしていた。イエスは御自分の身に起こることを何もかも知っておられ、進み出て、「だれを捜しているのか」と言われた。彼らが「ナザレのイエスだ」と答えると、イエスは「わたしである」と言われた。イエスを裏切ろうとしていたユダも彼らと一緒にいた。イエスが「わたしである」と言われたとき、彼らは後ずさりして、地に倒れた。そこで、イエスが「だれを捜しているのか」と重ねてお尋ねになると、彼らは「ナザレのイエスだ」と言った。すると、イエスは言われた。「『わたしである』と言ったではないか。わたしを捜しているのなら、この人々は去らせなさい」。それは、「あなたが与えてくださった人を、わたしは一人も失いませんでした」と言われたイエスの言葉が実現するためであった。（ヨハ一八1―9）

イエスは自分を捕縛しに来た者たちに対し、ありのままに「わたしである」と告げます。彼を捕えに来た者たちは、その「わたしである」という言葉を聞くと、地に倒れました（6節）。人はイエスのように、いかなる時でもありのままでいることが大事ということを教えられます。ありのままである時には、弱くされますが、その弱さは偽りの内にある人々を倒すこともできるのです。人は弱いありのままの時に、一番強いのです。

三　出エジプト記の「わたしである」

旧約聖書の出エジプト記三14には、ヘブライ語の「わたしである」が出て来ます。三11―14を読んでみましょう。

モーセは神に言った。「わたしは何者でしょう。どうして、ファラオのもとに行き、しかもイスラエルの人々をエジプトから導き出さねばならないのですか」。

神は言われた。「わたしは必ずあなたと共にいる。このことこそ、わたしがあなたを遣わすしるしである。あなたが民をエジプトから導き出したとき、あなたたちはこの山で神に仕える」。

モーセは神に尋ねた。

「わたしは、今、イスラエルの人々のところへ参ります。彼らに、『あなたたちの先祖の神が、わたしをここに遣わされたのです』と言えば、彼らは、『その名は一体何か』と問うにちがいありません。彼らに何と答えるべきでしょうか」。

神はモーセに、「わたしはある。わたしはあるという者だ」と言われ、また、「イスラエルの人々にこう言うがよい。『わたしはある』という方がわたしをあなたたちに遣わされたのだと」。


14節の「わたしはある」という言葉は「私である」というヘブライ語（エフエー）、英語にすればI amです。モーセはファラオの支配の下で重労働に苦しむ同胞イスラエル人の一人がエジプト人に打たれているのを目撃し、そのエジプト人を打ち殺してしまいました（二11―12）。モーセはファラオに捕まることを恐れてミディアン地方に逃げて行き、そこでミディアンの祭司の娘と結婚しました（二15―21）。ある日、神の山ホレブに来た時、神がモーセに声をかけられました（三4）。神から重大な使命を告げられて、モーセは神に尋ねました。「わたしは何者でしょう」（11節）。神は「わたしは必ずあなたと共にいる」と言われました（12節）。モーセは神に、名前を尋ねました（13節）。すると神は答えられました。「わたしはある。わたしはあるという者だ」。神の答えは「わたしである＝I am」でした。神の名は「わたしである」なのです。ここは「わたしになる」とも訳し得ます。神は「私のまま、ありのまま」である。ありのままのお方である神は、人をありのままにするお方なのです。

モーセは人殺しの罪を犯し、ファラオに追われる身となった犯罪者でした。神は地に降ってモーセと同じ低さに立ち、彼を罪のまま受け容れられたのでした。それが「あなたと共にいる」（12節）と神がモーセに言われた内実でありました。神ご自身がありのままの姿となり（I am）、ありのまま罪のままモーセを受け容れ義とされたのであります。ありのまま受け容れられたモーセはイスラエルの人々のもとへ遣わされました。それはイスラエルの苦しむ民を彼が受け容れ、彼らもありのままにされるためでした。弱く罪のままのイスラエルの民が、そのまま神に受け容れられ義とされるためでした。ですから神はモーセにこう言われました。「イスラエルの人々にこう言うがよい。『わたしはある』という方がわたしをあなたたちに遣わされたのだと」（14節）。

四　「選民になる」のではなく「選民にとどまり続ける」こと

モーセはこの後、イスラエルの民を率いてエジプトを脱出しカナンに向かいますが、その途上でこのホレブ山に入った時に、モーセを通して神よりイスラエルの民に律法が与えられました。先にホレブの山でモーセが神の声を聞き、受け取った恩恵が「ありのままで、神と共にあれ」ということだとするならば、その後に同じホレブの山で与えられた律法は、イスラエルの民がそれを守ることで選ばれた民——選民——となるために与えられたものではなく、彼らが「ありのまま」であり続けるために与えられたもの、と捉えることができると思います。大貫隆氏はこのように語っています。

まず、モーセに率いられたイスラエルの民がシナイ山で律法を与えられたのは、何のためだったでしょうか。それを守り実行して初めて、神の選民に「なる」ことができたからでしょうか。そうではなく、その正反対でした。地上には他に立派な見栄えのする国民が沢山いたのに、ヤハウェはその中から、何の業績もないみすぼらしいイスラエルの民を選んで救い出しました。それは無条件の愛、理由なき愛のゆえでした。それは奇跡でした。だから出エジプト記の語り手は、それを紅海の水が割れて両側に壁のように立ち上がり、乾いた陸が現れたなどと、とてもあり得ない話に造形したのでした（出一四章）。どうか、紅海の奇跡を嘘か本当かにこだわって読むのは、もう止めにしましょう。それは神の無条件の選びを伝える強烈なメッセージなのです。

> 律法が与えられたのは、イスラエルの民がその選民に「とどまり」続けるためでした。律法を守って業績を積んで、やっとのことで選民に「なる」ためではありませんでした。そうではなくて、すでにそうであるものにとどまり続けることで、「すでにそうであるものになる」ためでした。モーセ律法はあくまでそのための手引に他なりませんでした。……「すでにそうであるものになる」というのは、明らかに逆説です。「選民になる」とは、業績なしに選ばれたことに「とどまり」続けることなのです。
>
> （大貫『真理は「ガラクタ」の中に』九三―九四頁）

イスラエルの民への律法の授与は、神の無条件の愛によるものであり、イスラエルの民が神の選民にとどまり続けるためでした。「すでにそうであるものになる」、つまり「わたしはある」と言うことのできる者になる、ありのままの自分になるためでした。律法を守って、完全な優れた者になるためでは決してありませんでした。

律法主義者であったパウロは実に、復活のイエスに出会うことによってその倒錯に気がついたのです。ですから彼は律法を「呪い」とまで言ったのです（ガラ三13）。パウロがその倒錯に気づいたのは、十字架につけられたままの姿の復活のイエスに出会ったからでした。弱いまま、ありのまま、十字架についておられるままの神に出会ったからでした。

このように、旧約と新約に、神の正体が「わたしである＝I am」と明確に書かれていることに学びたいと思います。神の正体は「わたしである」、つまり人をありのままにあらしめる方なのです。私を私にあらしめる方なのです。アブラハム、イサク、ヤコブの神とはつまり、アブラハムをアブラハムに、イサクをイサクに、ヤコブをヤコブにし、私をありのままの私にされる方なのです。

Ⅱコリント書の学びの終わりにあたり、Ⅱコリント書を通して学んできた「ありのままでよい」という真理を、旧約の救いの基にも明確に見ることができることを確認いたしました。そのような視点で旧約も学び直すことができると考えます。

五　ありのままの自分にされる時＝召し出しの時

ありのままとは、弱さを含む全ての自分のことであり、それが神によって「然り」とされる時、人は弱いままで最も強くなるのです。ありのままとは私が私になること――これが私である、と神の前、人の前で語れる者となることであります。神によって自己を全面肯定されることなのであります。

イエスにおいて神は、悲しみにあるサマリアの女の前に「わたしである」と語りかけ現れたのであります。そして神は自ら足を洗った弟子たちの前に「わたしである」と言って、その復活の姿を現されたに違いありません。そして神は自ら罪となるために「私である」と進み出て、捕縛され十字架につかれました。そして旧約の時代にも、神は、実に弱小のイスラエルの民をエジプトから導き出すために、モーセの前に「わたしである」と正体を明かして現れ出ました。実に神が「わたしである」と語られた時は、サマリアの女にとっての、弟子たちにとっての、モーセにとっての召し出しの時でありました。パウロもその声を聞いたに違いありません。

「わたしである」――そのみ声を聞く時こそ、私共一人ひとりに神が現れて下さる時であります。そのみ声を聞く時、私共は初めてありのままの自分にされるのです。自らを無条件に肯定されるのです。そしてそれは私共の真の回心の時であり、召し出しの時なのであります。

「わたしである」という神のみ声が心に聞こえませんでしょうか。その声が心の内に聞こえた時、私は私になる。私である。私のままでよいのだ。このままでよい。ありのままでよい。「わたしである」というみ声は、ほんとうの私を私にする神のみ声なのであります。

心を静かにしてそのみ声を聞き取りたいと存じます。祈りましょう。

（「聖書講話」『十字架の祈り』一〇七号〔二〇二二年一〇月〕）

第六章　全ての人への神の無条件の愛

信仰義認の基本は「全ての人への神の無条件の愛」である。神は無条件にいかなる人をも愛しておられる。それは、全ての人と共に常に神がおられる、ということである。インマヌエル（「神、我らと共にあり」マタ一23）とは、神の無条件の愛によるものなのである。私がそのことに決定的に気付かされたのは、マタイ福音書一〇29においてであった。

二羽の雀が一アサリオンで売られているではないか。だが、その一羽さえ、あなたがたの父のお許しがなければ、地に落ちることはない。

実はこのギリシア語原文には、「お許し」という言葉がないのである。だからここの後半を原文に忠実に訳せばこうなる。

あなたがたの父なしに地に落ちることはない。

雀は、何らかの事故で木の枝などから、落ちたのである。それは父なる神のお許しとは関係のない自らのミスか自然な事故であったに違いない。しかしそのような不運な小さな雀においてさえ、父なる神はその雀と共に地に落ちて下さるのである。神が雀と共に死んで下さると言い換えてもよいであろう。一羽の小さな雀さえ愛し共にいて下さる神の無条件の愛。神の愛は無条件であり、神はいかなる人とも共にいて下さるのである。神はあらゆる人の苦しみ、悲しみ、不信仰となられ、全ての人を苦しみのまま、悲しみのまま、不信仰のまま受容して下さり、義として下さるのである。あなたと共に、必ず神はいて下さる。それに気付いたときに、初めて人は信仰を与えられるのである。逆を言えば、信仰を持たなくてもよいのである。神は信仰を持たない者とも共にいて下さる。安心せよ。神は全ての人と共にいて下さるのだ。神は全ての人と共にいて下さる。３・11のような不慮の天災、そして戦争における死に切れない死。そこで亡くなった信仰を持たない人々とも、神は共にいて下さる。共に死に、共に復活して下さるのである。

青野太潮氏は、このように言われる。

そして、イエスのその、私たちのレベルにまで降りて来てくださるという温かさは、実は、イエスが語ってくださった神さまとはどういうお方なのか、その神さまが与えてくださるよき音信《おとずれ》としての福音とは、いったいどのような性格のものなのか、という最も重要な問題においては、まさにその中核を形成していた考え方だったのではないのか、と私には思われます。なぜならばイエスは、神さまとは、この世の「罪人」である私たちのところにまで降りて来てくださって、その私たちを、無条件に受容しつつ、徹底的に愛し、ゆるしてくださっている方なのだ、という福音を、唯一無比の仕方で私たちに明らかにしてくださったのだからです。

そしてその考え方は、まさにイエスというお方の「受肉」の出来事において最も明瞭になったのではないか、と私には思われます。なぜならば、イエスが私たち罪人とは隔絶《かくぜつ》した神的存在であったということを、「処女降誕」という思想でもって主張することなどまったく知らなかったパウロは、むしろ「神は御子を罪深い肉と同じ姿でこの世に送られた」（ローマ８章３節、新共同訳／聖書協会共同訳）と語りつつ、神さまは、そのようなイエスをとおして、罪深く不完全なこの世界にまで降りて来てくださって、「行い」も「わざ」もないままにこの世界の「不信心な者」でしかない者を、そのままで義としてくださる方なのだ（ローマ４章５節）、と語っているからです。

（青野『どう読むか、聖書の「難解な箇所」』二一一―二一二頁）

人は神の無条件の愛によってのみ義とされるのであり、その救いは人の側からの何らの条件によるものではないのである。人は神の無条件の愛によって義とされてのみ、初めて神を信じせしめられるのである。義とされたからこそ自ずから信じるようになさしめられる。

この大事な福音理解が、聖書協会共同訳のガラテヤ書二16の優れた訳「イエス・キリストの真実」に封じ込められていることを、聖書講話「イエス・キリストの真実」（本書二二三頁）にてお読み頂ければ幸いである。ここの訳は「イエス・キリストへの信仰」（新共同訳）ではなく、「イエス・キリストの真実」（聖書協会共同訳）でなければならないのである。

また、私が関わった今井館移転に関しても、その深いところには「全ての人への神の無条件の愛」があったことを知って頂ければ幸いである。

雀

二羽の雀が一アサリオンで売られているではないか。だが、その一羽さえ、あなたがたの父のお許しがなければ、地に落ちることはない。
（マタ一〇29）

この聖書箇所の解釈の多くは、次のようなものである。「イエスの当時、雀は最も安価な食物の一つであった。この安い値段で売られていた雀でさえ、父なる神のお許しなしには、一羽も地に落ちることはない」。しかし、「あなたがたの父のお許しがなければ、地に落ちることはない」という箇所のギリシア語原文には「お許し」という言葉がないのである。直訳すると、こうなるのだ。

あなたがたの父なしに地に落ちることはない。
（傍点荒井）

つまり、神が雀と共に地に落ちて下さる、という意味になるのである。岩波訳（新約聖書翻訳委員会訳）でも、このように訳されているのである。新約学者の青野太潮氏はこの訳とこの解釈の立場をとられている。そしてこのような理解は、大地震や大洪水などの天災をどう捉えるのか、という問いにおいて、決定的に重要である、と言っておられる。なぜならば、天の父は、あの大津波においても、被災者と一緒に流されておられたのだ、という捉え方がそこからは可能になるからである、と言われる。そして大貫隆氏が著書『真理は「ガラクタ」の中に』において「思い切って言えば、神は彼らと一緒に流されたのです」と語っていることに賛同しておられる（青野『どう読むか、新約聖書』一六頁）。

ここには雀を含む全ての被造物を支配する神、という解釈（前者）と、支配せずに共にいる神（後者）、という神観の違いが生ずる。

私の師である高橋三郎先生の解釈は前者であった（高橋『マタイ福音書講義（上）』四二九―四三〇頁）。多くの無教会人、キリスト者も同様であろう。かつては私もそのような理解をしていた。しかし最近の私の理解は、自然に後者となった。神は無力であり被造物を支配しないお方であるが、不慮の事故や天災に振り回され苦しみに陥る人間と共におられ、共に苦しんで下さるお方である。共に落ち、共に流されて下さるお方である。全ての人間の苦しみを共にして下さる十字架の主である。

以前と今の私の信仰の違いは、端的にこの聖書箇所の解釈の違いに示されている。私は人間や全被造物を支配する神を拒絶し、人間や全被造物と共に苦しむ神を受け容れたのである。神観が変わったのである。

支配する神を信じる者は、自ずからその者自身も他を支配する者になるのではないか。支配せず共にいる神を信じる者は、他者を支配することなく他者と共に愛の内に生きる者となるのではないか。

これまでの無教会に目立っていた先生主義（権威主義）は、「支配する神」を信じてきたところから来るのではないか。これからの無教会人は、支配せず共にいる神を信じて、全てのものと共に生き、共に死ぬことを大事にせねばならないのではないか、と考えている。

（「巻頭言」『十字架の祈り』九六号［二〇二一年一一月］）

神の無条件の愛――今井館移転を想い返しつつ

神はお造りになったすべてのものを御覧になった。見よ、それは極めて良かった。夕べがあり、朝があった。第六の日である。（創一31）

天地創造の時、神はご自身が造られた被造物全てを見て「極めてよかった」と言われました。神は全ての被造物を無条件に肯定し、「然り」としておられます。これが一人ひとりの人間、一つひとつの被造物を、無条件に愛する神の愛なのです。

この神の無条件の愛の告知こそ、無条件の愛が無い地上で、イエスが行った唯一のことでした。そしてその愛を否定する者たちによって、彼は十字架にかけられたのです。

実にこの無条件の愛は、個々の人間の人生途上における迷い、愚痴、悩み、怒り、苦しみ、不満足を超えて、天地創造以来、実現しているものです。

パウロのエルサレム会議（ガラ二1―10）。パウロの信仰とエルサレム教会の信仰は水と油でした。前者は、不信心な者を義とされる神を信じること（ロマ四5）のみで救われることを主張し、後者は、割礼を受け律法を守らなければ救われないと主張していました。しかしその交じらない水と油が合意に至ったということを、パウロは証言しています（二7―9）。しかしなぜ合意に至ったのかは聖書に明確に記されておらず、想像するしかありません。おそらくは想像してもなかなか結論は出ないでしょう。

合意に至るはずのないことが、なぜ合意に至ったのか。

私はその会議の開催自体に、神の無条件の愛の風が吹いたからこそ、あらゆる人間の思惑を超えて、水と油が合意できた、と考えます。

パウロの回心そのものが、神の無条件の愛に襲われたことによるものでした。神に背いていた彼を、愛なる神が彼と同じ背きの姿となられ（十字架）、背きの姿のまま彼を受け容れ、よしとされました（「不信心な者を義とされる方」ロマ四5）。彼が神に受容されたのは、神の無条件の愛の故でした。

神はそのパウロを突き動かし、エルサレム会議に遣わしたのです。それは会議そのものを神の無条件の愛で満たすためでした。そして無条件の愛による福音宣教がこの会議を通して、全人類になされるためでした。

そのような神による内実があるために、意見の衝突を超えて、本来は合意に至らぬはずの水と油が合意に至ったのです。

この会議のことを考える時に、私は今井館の移転のことを考えずにおれません。いろいろなことがありました。詳しくはもうすぐ今井館より出版します開館記念誌『内村鑑三と今井館――本駒込の地で想いをつなぐ』をお読みいただきたく存じます。そこにはほんとうに詳しく移転経緯が記されています。

そして実にそこに書けないこともたくさんあったのです。それは迷い、愚痴、悩み、怒り、苦しみ、不満足に属することです。合意に至るはずがないことがたくさんあったのです。関係者にとりましては、必ずしも美辞麗句で終わるものではなかったのです。

しかし今井館の移転はそれらの人間的なつぶやきを全て超えて、合意がなされ、本駒込に建ちました。

今、私はガラテヤ書を学びつつ、そのことを想い返しています。あのエルサレム会議で水と油が合意したのと同じ不思議が、本駒込の今井館建設に至るあらゆる合意にもあった、と。

本駒込の今井館建設には、人間の愚かなつぶやきを超えて、神の無条件の愛が働いていたとしか思えないのです。神の無条件の愛を日本の人々に伝えるためにこそ、あらゆる個々の人間のつぶやきを超えて、建設されたのだ、と。


私はそのことを覚え、神に心より感謝をしています。

神の無条件の愛は、私のつぶやきの口を封じました。封じて、神への全ての感謝を唇に上らせます。

人間の愚かなつぶやきを超えて働く、神の無条件の愛。


人は愚痴や怒りを言ってよいのです。ありのままでよいのです。水は水のままで、油は油のままでよいのです。無理に水が油に、油が水になる必要はありません。しかし人間個々の愚痴や怒りを超えて働く神の無条件の愛を知ることは、もっと大事なことと思います。水も油も等しく愛する神の愛。

神の大いなる無条件の愛を知らされる時、愚痴や怒りを口にするこの者がいかに小さな存在かを知ることになります。いくら愚痴や怒りを口にしても、神の愛のやぐらは、それらとは全く関係なく建つのですから。私共の生と死すらも超えて、そのやぐらは建つのです。

そのやぐらは誰の心にも建つものです——その者の愚痴や怒りを超えて建つ、神の無条件の愛であります。

人類の中心に神の無条件の愛のやぐらが建つ時こそ、戦争は止み、神の国は訪れるのでしょう。そして天地創造以来、そのやぐらはすでに建ち続けている、という事実を知る時に、私の心は感謝に溢れます。

（「巻頭言」『十字架の祈り』一〇七号［二〇二二年一〇月］）

福音による一致

ガラテヤの信徒への手紙二章1―5節

1その後十四年たってから、わたしはバルナバと一緒にエルサレムに再び上りました。その際、テトスも連れて行きました。2エルサレムに上ったのは、啓示によるものでした。わたしは、自分が異邦人に宣べ伝えている福音について、人々に、とりわけ、おもだった人たちには個人的に話して、自分は無駄に走っているのではないか、あるいは走ったのではないかと意見を求めました。3しかし、わたしと同行したテトスでさえ、ギリシア人であったのに、割礼を受けることを強制されませんでした。4潜り込んで来た偽の兄弟たちがいたのに、強制されなかったのです。彼らは、わたしたちを奴隷にしようとして、わたしたちがキリスト・イエスによって得ている自由を付けねらい、こっそり入り込んで来たのでした。5福音の真理が、あなたがたのもとにいつもとどまっているように、わたしたちは片ときもそのような者たちに屈服して譲歩するようなことはしませんでした。

一　エルサレム会議

本日の箇所は「エルサレム会議」と呼ばれている箇所です。

使徒言行録一五１―２によりますと、アンティオキアの教会に、ユダヤのエルサレム教会に何らかの形で関係のあるユダヤ人キリスト者たちがやって来て、異邦人信徒も割礼を受けなければ救われない、と主張したために、その必要はないとするパウロたちとの間に紛争が生じました。この問題について協議するためにアンティオキア教会からパウロとバルナバが、他の数人の者と共にエルサレム教会に行ったと記されています。本日のガラテヤ書二１―２によりますと、パウロとバルナバとテトスがエルサレムに上った、と書かれています。

バルナバは、もともとエルサレムのヘレニスト（ギリシア語を語るユダヤ人）たちの教会の一員で、ステファノが殉教した後に起こったエルサレム教会への大迫害の時に、彼はエルサレムを逃れ、他のヘレニストたちと共にアンティオキアで異邦人伝道を始め、そこに教会を作りました。バルナバとパウロは福音理解をかなりの程度同じくしていました。

テトスはギリシア人であり、異邦人信徒です。Ⅱコリント書では、彼はパウロの使者としてコリント教会を訪れ、パウロとコリント教会との和解をもたらす成果を上げた人物です。その意味で、信仰的にも同労者としても、パウロの大きな信用を得ておりました（Ⅱコリ八16―24、一二17―18）。

一節に「その後十四年」とありますが、「その後」とは、パウロの最初のエルサレム訪問（一18）から足かけ一四年後、ということであり、パウロの最初のエルサレム訪問が西暦三五年ごろでしたので、今回の第二回目の訪問は、西暦四八年ごろとなります。パウロの回心からは足かけ一六年経った時のことであります。

先にも述べましたが、この第二回目のエルサレム訪問は「エルサレム会議」と呼ばれており、会議への参加者は、エルサレム教会側の代表者として、イエスの兄弟ヤコブ、ケファ（ペトロ）、ヨハネを中心とする人々（９節）、アンティオキア教会側の代表者は、パウロ、バルナバ、そして同行者としてテトスがおりました。そしてそこにユダヤ主義者（「偽の兄弟たち」４―５節）が介入したのです。

エルサレムに上ったのは「啓示によるものでした」（２節）とあります。パウロが出会った復活のイエスは

「十字架につけられたままのキリスト」（ガラ三1、Ⅰコリ一23、二2）でありました。イエスは、生涯にわたり人々へ「神の無条件の『然り』」を宣べ伝えましたが、その結果、律法主義者たちによって殺害されました。そしてその十字架で殺害されている姿のまま、イエスは復活者としてパウロの前に現れたのでした。そしてパウロもまたイエスと同じく「神の無条件の『然り』」を語る者とされたのです。従いまして、この会議は「神の無条件の『然り』」という「福音の真理」（5節）がエルサレム教会に認められるか否かをかけての、パウロにとりましては、彼の福音をかけてのエルサレム上りでした。まさにパウロが異邦人に宣べ伝えている「神の無条件の『然り』」の福音は、神は無条件に異邦人を受け容れて義として下さる、というものであり、エルサレム教会が救いの条件として強いる割礼などの律法の遵守は、全く必要ないとするものでした。救いには一切の条件は必要ない、無条件である――それをパウロは語ったのです。

そしてパウロはそのような彼の福音、伝道に関して、「おもだった人たち」（2節）つまりヤコブ、ケファ、ヨハネに、「自分は無駄に走っているのではないか、あるいは走ったのではないか」と尋ねたのでした。パウロは彼の語る「無条件の救い」の福音が「人によるものではない」（一11）と自覚しておりますので、このように人に、しかも律法を救いの条件とするエルサレム教会の有力者たちに尋ねることには矛盾があるように見えます。しかし、パウロが大事にしていたことは、キリストの出来事に恵みによって結びついているエルサレム教会との、歴史的接続であったと思われます。パウロは、エルサレム教会の律法主義的なキリスト教を批判しつつも、彼らもまた神によって生かされている者たちである、との認識を持っていたと思われます。パウロは、自らが神にありのまま受容されて義とされたように、エルサレム教会をもありのまま受容しようとしました。

パウロは彼らを受け容れて胸襟を開いて、彼の伝道についての正直な思いを語ったに違いありません。そこには媚びへつらいや高慢さは全く無かったと思います。

相手を受容する。これが和解と一致の秘訣です。そしてエルサレム会議は合意に達しました。

その合意は、会議に潜り込んできた偽の兄弟――アンティオキア教会を攪乱したユダヤ人キリスト者たち――の画策をも抑えました。ユダヤ人キリスト者たちは、パウロが連れて来たギリシア人テトスに割礼を強制しようとしましたが、ヤコブ、ケファ、ヨハネは、それを認めなかったのです（6節）。

4節の「わたしたちがキリスト・イエスによって得ている自由」とは、ありのままの自由、ということです。その自由は、神が低くなり罪となって、罪人をありのままの姿で受容されるがゆえ、ありのまま受容された罪人も他者を受容する者となる、という信仰義認の「福音の真理」（5節）に由来するものなのです。

この神によってありのまま義とされる「福音の真理」に関しては、「屈服して譲歩するようなことは」しなかった、とパウロは告白しています（5節）。なぜならそれは、パウロが人からではなく神から直接啓示された、確かなものであったからです。

そしてその福音の真理は、復活のイエスとの出会いという形で与えられました。彼は殺害された、十字架につけられたままのイエスを、復活者として、彼の心の内に与えられたのです。（一16）。そのことを彼は誰にも相談せず、一時アラビアに退き、神と二人きりになりました。それまで熱心なユダヤ教徒として律法を守ってきた彼は、律法を捨ててキリストに従う者とされたのです。神の啓示はパウロにとってあまりにも急転直下のことであり、事態を冷静に見つめるため、そして彼の中に据えられた十字架につけられたままの復活者――すなわち神――との関係を探るためにも、彼にはその神と二人きりになる時間が必要でした。エルサレムの先輩のところへも行かず、誰のところにも行かず、神と二人きりになりました。その回心から足かけ三年後、パウロは第一回目のエルサレム訪問をいたします（一18）。そこで初めてケファとヤコブの二人に会い、語り合いの時を持ちました。神と二人きりであった彼は、ついに人と出会うに至ったのです。そしてそれから一四年後のこのエルサレム会議で再び人に――ケファ、ヤコブ、ヨハネに――会いました。今度は単に人に会うのみならず、彼が神から直接与えられた福音とエルサレム教会の福音との和解と一致に至ったのでした。

私共の人との出会い、和解と一致は、常にその根底に神と私との二人きりの関係があることを確認しておきたいと思います。人との和解と一致の基には、神とその者との二人きりでの和解と一致があらねばならないのです。そしてその和解と一致とは、神にありのままの自分を受容される、という事実にほかなりません。

二　なぜ一致したのか

ところで、このエルサレム会議の一致については、その決定の内実に関して疑問点は残ります。使徒言行録一五12には、バルナバとパウロがエルサレム教会の人々に、バルナバとパウロを通して神が行った「しるしと不思議な業」を語ったことが、エルサレム教会がパウロを受け容れた理由であるように記されていますが、もしこれが事実とするならば、エルサレム教会の人々は、パウロの「福音の真理」を受け止め切れないままで一致したことになります。

一致のほんとうの誘因はわかりません。しかしパウロの「福音の真理」が公式に決議されて一致した、というその事実は奇跡と言ってよいでしょう。私はこの一致の深いところに、実にパウロが与えられた「神の無条件の愛」を見ています。以下でご紹介する大貫隆氏の文章は、その「神の無条件の愛」を「神の無償の愛」とも表現して語っておられます。とてもよい文章です。パウロの回心とは、神がパウロをありのまま受け容れられたことであると書かれています。そしてそれは神の「新しい行動」である、と言われていることにも注目したいと思います。しっかりと学んでおきたいと思います。

繰り返しますが、パウロはモーセ律法というユダヤ教の規範を誰よりも熱心に守ろうとする競争心そのものが、根源的な罪であることに気づいたのです。20節（荒井注・ロマ七章）の後半からは、その罪はパウロを捕まえて離そうとしない強大な力として感じ取られていることが分かります。別の手紙でパウロは、その強大な「罪の力」のことを「律法の呪い」（ガラ三13）と言い直しています。「死に定められたこの体から、だれがわたしを救ってくれるでしょうか」（ロマ七24）というパウロの絶叫は、その「律法の呪い」からの解放を求める絶叫に他なりません。

　ところが、パウロは深刻なその自己分裂の只中で、もう一人自分と同じように律法によって呪われた人がいたことに気づきます。それは他でもない、十字架にかけられて、なぶり殺されたナザレのイエスという男です。パウロはすでにそれ以前に、イエスのことを伝え聞いて、「律法によって呪われた男」だと思っていました。その時、まだユダヤ教原理主義者だったパウロにとっては、モーセ律法は神の意志そのものでした。ですから、イエスは「神によって呪われた」男（申二一22―23）に他なりませんでした。ところが、今やパウロは「律法によって呪われる」ことと「神によって呪われる」ことが同じではないことに気がつくのです。たしかにイエスは、自分（パウロ）と同じように、「律法によって呪われて」いる。しかし、イエスのなぶり殺しの処刑は、神自身が今や律法を無視して起こした新しい行動だったのではないのか、と考えました。こうして今や、パウロの中で大逆転が起きたのです。イエスの十字架上の処刑は、他でもない神が自分の「独り子」を十字架という屈辱の死に捨てた出来事だ、とパウロは受け取り直すのです。「独り子」を捨てる。それは独り子の親にとっては、自分自身を捨てるのと同じことです。ですから、イエスの十字架上の処刑は、言わば神が自分自身を捨てた行動なのです。この逆説への気づきこそ「パウロの回心」と呼ばれる事件です。

　しかし、何のために神はそのような行動を起こしたのでしょうか。パウロはこの問いに、こう答えます。神は「わたし〔たち〕を律法の呪いから解放するために」この行動を起こした、イエスは神の独り子であったにもかかわらず、「わたしたちを律法の呪いから贖い出すために」十字架にかけられたというのです。そこまでして、イエス・キリストの父なる神は、「律法の呪い」、すなわち「宗教的」真面目さの競争から抜け出せず、自己分裂に陥り、ついには自分のことを生きていても死んでいるような惨めな存在として裁いているパウロの仲間となってくれた。そういうパウロを丸ごと、ありのまま受け入れてくれたのです。「パウロよ、お前は虚無ではない。お前は有る。お前は存在している」と呼んでくれた神。それはパウロにとって、「無から有を創造」する神でした。

神のこの新しい行動によって、モーセ律法は今や拘束力を失ってしまいました。確かにそれは同じ神が、かつてモーセを通してユダヤ人の祖先たちに与えたものでした。しかし、神は絶対的に自由です。かつての行動がそうだったからと言って、それに縛られて新しい行動を憚ることがないのです。聖書の神は行動し、変化する神なのです。モーセ律法はすでに「古い」行動として、神自身によって乗り越えられてしまいました……。

それにしても、パウロが経験したような大逆転、「回心」はどうして起こり得るのか、そこが不思議だ、と思うかもしれません。しかし、パウロに言わせれば、それは神から無条件の愛を告白された、ということでした①。「自分みたいな者でも、ありのままで愛してくれる」神をパウロは突然発見したのです。そのような無償の愛、無条件の愛によって愛される瞬間こそ、わたしたちがどんな失意の中にあっても、新しく生きる勇気を与えられる瞬間ではないでしょうか。それは出来事です。愛は事件なのです。愛はあらかじめ予測も計算もできません。だからそれは理屈で説明もできないのです。逆に、理屈で説明できるような愛は無条件の愛ではないはずです。自分が必死で自分自身に付け加えてきた「付加価値」と相手の「付加価値」を見比べて、お互い受け入れるかどうか判断に迷うような「愛」――もしそれを「愛」と呼ぶとして――その行く末は知れています。

（大貫「神の愛」『真理は「ガラクタ」の中に』五四―五七頁。傍線・番号荒井）

大貫氏は、パウロの回心は、神から無条件の愛を告白されたがゆえに起こった、と言っておられます（傍線①）。まさにその通りと思います。本日の箇所で、このエルサレム会議の一致は、人の目には理屈で説明し切れないところが残るけれども、神の無条件の愛による一致である、神から無条件の愛を告白されたパウロが、今度はエルサレム教会へ無条件の愛を語りかけたがゆえに起こった奇跡であると言えましょう。神の無条件の愛こそが、人には成され得ぬ一致を生む。福音による一致とは、神の無条件の愛による一致のことである、そう思います。

そして大事なことは、神の無条件の愛は「神の新しい行動」である、ということです。神の「新しい行動」により、モーセ律法は「拘束力」を失い、乗り越えられました。神は「古い」行動であるモーセ律法を無視して、神が神ご自身を捨てるという「新しい行動」を起こして、律法の呪いに陥っていたパウロを解放に至らせたのです。エルサレム会議においては、律法という「神の古い行動」を乗り越える力として、神の無条件の愛は働いたのでした。

ここで少々考えることは、この今井館の移転のことです。人間的に見て問題を抱えたことがないとは言えません。しかし事実として移転がなされ得たということ、今井館が出来てから今年で一一五年目を迎えることができたということとは、人間の思いや業を超えた神の無条件の愛を感じざるを得ないのです。私共は今ここで、その神の無条件の愛が成し遂げる業を目撃している、と考えます。そしてその神の愛の業は、一致しつつも全く新しい何かを創出することを予感させます。

分断ばかりが目立つ今日の世界で、今一度、このエルサレム会議に現れた神の無条件の愛を祈りに覚え、その愛に突き動かされることこそが、人類には必要である——そう思います。

（「聖書講話」『十字架の祈り』一〇九号［二〇二二年一二月］）

福音の真理に則る

ガラテヤの信徒への手紙二章11―14節

[11]さて、ケファがアンティオキアに来たとき、非難すべきところがあったので、わたしは面と向
かって反対しました。[12]なぜなら、ケファは、ヤコブのもとからある人々が来るまでは、異邦人
と一緒に食事をしていたのに、彼らがやって来ると、割礼を受けている者たちを恐れてしり込
みし、身を引こうとしだしたからです。[13]そして、ほかのユダヤ人も、ケファと一緒にこのよう
な心にもないことを行い、バルナバさえも彼らの見せかけの行いに引きずり込まれてしまいま
した。[14]しかし、わたしは、彼らが福音の真理にのっとってまっすぐ歩いていないのを見たとき、
皆の前でケファに向かってこう言いました。「あなたはユダヤ人でありながら、ユダヤ人らしい
生き方をしないで、異邦人のように生活しているのに、どうして異邦人にユダヤ人のように生活
することを強要するのですか」。

一　アンティオキアでの衝突

前回はエルサレム会議のことを学びましたが、今回は、その会議の後に起こったアンティオキアでの衝突に関して学びます。

エルサレム会議の経緯はこのようなものでした。アンティオキア教会にエルサレム教会のユダヤ人キリスト者たちがやって来て、異邦人信徒も割礼を受け、律法を守らなければ救われないと主張したため、その必要はない、と主張するパウロたちとの間に紛争が生じ、その問題解決のために、パウロとバルナバとテトスがエルサレ

ム教会に行きました。テトスはギリシア人であり異邦人でしたが、エルサレム教会の責任者であるヤコブ、ケファ（ペトロ）、ヨハネから割礼を強制されることはありませんでした。そこにアンティオキア教会で異邦人たちに割礼を受けるべきと主張しているユダヤ人キリスト者たちが潜り込んで来て、おそらくは、テトスに割礼を受けさせようと迫りましたが、そのもくろみも成功せず、テトスはついに割礼を受けることを強制されませんでした。そしてペトロには割礼を受けた人々、すなわちユダヤ人への伝道が委ねられ、パウロには割礼を受けていない人々、すなわち異邦人への伝道が委ねられました。それがこの会議の合意でした。

本日学ぶアンティオキアでの衝突は、この会議の後に起こったことです。この衝突は、エルサレム会議の合意のあいまいであった部分を露呈させ、それがゆえに生じた事件とも言えましょう。しかし一方で、その衝突は「福音の真理」（14節）を明らかにしたことでもありました。

アンティオキア教会は、ステファノの殉教から始まった迫害によって、エルサレムを追われてきたキリスト教徒によって建てられた教会であり、異邦人伝道の拠点でした。教会には多くの異邦人がいましたが、中心はパレスチナ以外に住むユダヤ人たちでした。ですから、いざというときにはまずユダヤ人の立場で物事を考える人々が大きな力を持っていました。

12節に「ヤコブ」が出て来ますが、エルサレム会議の時点でエルサレム教会の責任者は、ペトロに代わって、より律法に厳格なヤコブになっていました。当時のユダヤ社会は、反ローマ感情に伴い、よりユダヤ教への忠誠を主張する熱狂主義的状況にありました。ペトロから、より律法に厳格なヤコブにエルサレム教会の責任者が代わったことも、自然の成り行きであると同時に、エルサレム教会にとっての自衛手段でありました。イエスを主とする者たちは、律法に対して態度不鮮明な存在であると、ユダヤ人たちには思われていたのです。ここに来て、エルサレム教会は、迫害からの自衛手段としても律法重視を打ち出す必要があったのです。「ヤコブのもとからある人々が来るまでは」とは、異邦人伝道を重視するアンティオキア教会で、律法が軽んじられていないかをチェックするための派遣要員が、ヤコブから遣わされて来たことを意味していると思われます。

エルサレム会議の合意は、ユダヤ人への伝道をペトロに、異邦人への伝道をパウロにと振り分けること、つまり伝道の棲み分けを決定したことは極めて画期的でしたが、アンティオキア教会のような、ユダヤ人と異邦人の混成している教会での食卓の交わりの際にはどうしたらよいのか、といった日常の具体的なことまで念頭に置いたものではありませんでした。今回、その踏み込んでいない部分で問題が起きたのでした。

そのような問題に関しては、パウロとエルサレム教会では考え方の違いがありました。パウロとしては、会議での取り決めの実現のためには、共同の食事を異邦人に対し無条件に開放する必要があると考えました。エルサレム教会側——ヤコブ側——としては、ユダヤ人キリスト教徒に対して律法からの自由を認めているわけではありませんので、ユダヤ人キリスト教徒と異邦人が混在している教会においては、ユダヤ人キリスト教徒が異邦人との共同の食事を避けるべきと考えました。

一方、ペトロはヤコブと違い、厳格な律法主義者ではありませんでした。物事を理詰めに考える方でもなかったようです。アンティオキア教会でユダヤ人と異邦人がパウロの考えに従い、一緒に食事をしているのを目撃すると、彼はそのままそれに参加しました。しかしヤコブからの派遣要員たちがやって来ると、ペトロは身を引きました。この時ペトロが恐れた「割礼を受けている者たち」（12節）とは、そのヤコブからの派遣要員と、その背後にいるユダヤ人キリスト教徒たちのことです。

二　「福音の真理」に立つ

ペトロにしてみれば、律法に反する異邦人との同席が派遣要員たちに知られたならば、エルサレム会議によって定められた「ユダヤ人への伝道」という彼の使命に、支障が生じるかもしれないとの心配があったと思います。

またこのような、律法に則らない食事がアンティオキア教会で行われていたことが広く知られれば、キリスト教徒は律法に不徹底であるとして、ユダヤ教徒からの迫害がエルサレム教会にまで及ぶことになるかもしれない、という心配に基づく配慮もあったと思われます。

ペトロにも彼としての考えがあったのであり、単純に「恐れてしり込みをし」（12節）というようなパウロの言葉のみでは、状況の説明としては足りないかもしれません。

しかしここで言えることは、パウロは「福音の真理」に立っていたということです。この「福音の真理」という言葉は、エルサレム会議の箇所の五節にもございます。エルサレム会議の合意の背後には、揺るがぬ「福音の真理」がありました。パウロがそこに立ち切ったからこそ、一致は成立した、と私は考えています。

ペトロはヤコブからの派遣要員が来た時に、自分なりに一生懸命に人間的に配慮して行動しました。自分が責任を持つ宣教活動への支障となることを恐れて、またエルサレム教会への迫害が起こらないように配慮をして、異邦人と共同の食事の席から身を引きました。しかしそれはどこまでも人間的な配慮に終わっていたのであり、「福音の真理」に立った態度決定ではありませんでした。

パウロは腹が据わっています。彼の中には「十字架につけられたままのキリスト」がいるのです。福音の真理に立ち、ついに十字架につけられたキリストが、十字架で殺害されたままの姿で彼の中に、復活者として、いるのであります。彼はその復活者と一つでした。

パウロにとりましては、人間的配慮は二の次であり、まずは彼の内にいる復活のキリストと共に、「福音の真理」に立ち切ることが大切なのでした。

パウロが与えられた「福音の真理」とは、神は無条件に全ての人を愛しておられる、ということです。ローマ書一16で、パウロはこのように語っています。

わたしは福音を恥としない。福音は、ユダヤ人をはじめ、ギリシア人にも、信じる者すべてに救いをもたらす神の力だからです。

福音の真理は、ユダヤ人もギリシア人も関係なく、つまり異邦人にも示される、救いをもたらす、と言っています。そしてその真理とは、神は無条件に全ての人を一人残さず愛しておられる、ということなのです。

神に背いているパウロを神は愛し、神は罪の姿となられ（十字架）、パウロを罪の姿のまま、そのまま受容し、「然り」とされました。人は出自そのままで差別や区別されることなく、神によしとされるのです。そこにユダヤ人もギリシア人もありません。ユダヤ人も異邦人も、そのままよしとされる神。その神に受け容れられ、その神を受け容れて初めて、人は人となるのです。神の愛を知り、神の愛に生きるようになるのです。

パウロはこの神の福音の真理によって回心に導かれました。残念ながら、未だペトロはこの真理把握に至っておりませんでした。ですから彼は、一番大事な時に「福音の真理」に立ち切れず、食事の席を退いたのでした。

私共もそうです。人道的に、倫理的に、出自の違う方々と共に食事をし、あるいは共に生活をすることはできるかもしれません。しかしそのような人間的な計らいは、いざ自分に圧力がかかると、すぐにペトロのように退いてしまう結果となるのかと思います。しかし神からの真理に支えられ、神が、国や民族も異なるそれぞれの人々を愛しておられることを知る時に、ささいな人間的理由では退かない者とされるでしょう。

大事なことは、人間的にどうすべきか考え、取り計らうのではなくて、神がどう考えておられるかを知り、そこに立つことです。神の福音、「福音の真理」に直接立つことです。

兄弟たち、あなたがたにはっきり言います。わたしが告げ知らせた福音は、人によるものではありません。わたしはこの福音を人から受けたのでも教えられたのでもなく、イエス・キリストの啓示によって知らされ

たのです。　（ガラ一11―12）

「人によるもの」にではなく、神からのものにパウロは立っていたのです。アンティオキア教会の責任者でもあるバルナバも、ペトロと共に退いた、とあります（13節）。バルナバもまた、人間的レベルの理解にとどまっていた、ということになります。福音の真理に立つことがいかに、純粋さを要求されるものであるかを知らされます。

「見せかけの行い」（13節）とは、「偽行」と訳せます。福音の真理から外れているにもかかわらず、いかにも真理に則っているかのような人間的な行いを、「見せかけの行い」と言っているのです。私共の信仰は見せかけではいけません。

三　律法からの解放

アンティオキア教会の指導者層がユダヤ人である限り、彼らが異邦人と共に食事ができないとなった場合、その教会での異邦人は、彼らが「ユダヤ人のように」――つまり割礼を受け、律法を守るように――ならなければ、その教会での交わりから締め出されることになります。ペトロやバルナバがしたことは、最終的には「異邦人にユダヤ人のような生活を強要する」ことでした。ここに至り、パウロは「福音の真理」に則り、律法とは関係のない福音を語るに至りました。福音の真理とは、神の無条件の愛のことであり、国や民族の違いにかかわらず、人がその人としてありのままそのままで生きていてよい、という神のみ心であり、割礼や律法を守るなどの条件は一切存在しないものです。つまりは他者への強制が一切生じようがないのです。神がその人をそのまま愛しておられるがゆえに、私もその人をそのまま愛する、というものであります。パウロは「福音の真理」に立つことによって、律法主義から解放されているのです。その「福音の真理」を、このアンティオキアの衝突に際して彼は主張し、披瀝しました。

四　福音の真理に立ち切ることは、神の愛に立ち切ること

エルサレム教会の責任者ヤコブからの派遣要員に対するペトロやバルナバの行動は、結局は異邦人のユダヤ人化に結びつくものでした。パウロは「福音の真理」において、そのことを受け容れることができませんでした。だからこそ、パウロはエルサレム教会にも強い影響力を持つペトロを厳しく追及したのです。パウロにとっては、エルサレム教会との合意は極めて大事なことでした。しかし合意した会議においては、このような異邦人との混成した生活のあり方までは話し合うことができませんでした。

この問題の解決においても、パウロが拠って立つべきところは、エルサレム会議の時と同じ「福音の真理」でした。そしてエルサレム教会の重鎮であるペトロに、「福音の真理」に立つことをほんとうの意味で知ってもらいたかったのです。エルサレム教会にも「福音の真理」を知ってもらいたかったのです。

「十字架につけられたままのキリスト」――この復活者がパウロの内におりました。そのキリストは、「福音の真理」に立ち続けたがゆえに、十字架につけられました。その真理に立ち続けた生涯も、十字架につけられたことも、神は「然り」とされました。神はイエスを、その生涯の時も死の時も愛し続けられました。そしてイエスと共に神も十字架にかかられました。共に死なれたのです。

パウロの最期は、ローマで処刑されたと伝えられております。彼の「福音の真理」に立ち切った生も死も、神は愛し、「然り」とされました。神はパウロと共に生き、そしてパウロと共に死なれたのです。

私共も本日学んだパウロのように、「神の無条件の愛」を宣べ伝え、そこに生き、そこに死ぬことが求められ

ています。

人生の剣が峰に立つようなことは何回か、私共の生涯にあるでしょう。その時には、神が全ての人を無条件に愛されたことを深く覚え、その「福音の真理」に立ち切ること、神に受容されて、私共も全ての人を受容する神の愛に立ち切ること——それが求められます。たとえその選択のために私共が死なざるを得なくなったとしても、愛なる神は共に死んで下さり、私共の生と死を共に「然り」として下さるはずです。

（「聖書講話」『十字架の祈り』一一〇号［二〇二三年一月］）

イエス・キリストの真実

ガラテヤの信徒への手紙二章15—21節

[15]わたしたちは生まれながらのユダヤ人であって、異邦人のような罪人ではありません。[16]けれ
ども、人は律法の実行ではなく、ただイエス・キリストへの信仰によって義とされると知って、
わたしたちもキリスト・イエスを信じました。これは、律法の実行ではなく、キリストへの信仰
によって義としていただくためでした。なぜなら、律法の実行によっては、だれ一人として義と
されないからです。[17]もしわたしたちが、キリストによって義とされるように努めながら、自分
自身も罪人であるなら、キリストは罪に仕える者ということになるのでしょうか。決してそうで
はない。[18]もし自分で打ち壊したものを再び建てるとすれば、わたしは自分が違反者であると証
明することになります。[19]わたしは神に対して生きるために、律法に対しては律法によって死ん
だのです。わたしは、キリストと共に十字架につけられています。[20]生きているのは、もはやわ
たしではありません。キリストがわたしの内に生きておられるのです。わたしが今、肉において
生きているのは、わたしを愛し、わたしのために身を献げられた神の子に対する信仰によるも
のです。[21]わたしは、神の恵みを無にはしません。もし、人が律法のお陰で義とされるとすれば、

それこそ、キリストの死は無意味になってしまいます。

一　ペトロに欠落していること

このガラテヤ書二15—21を、何回かに分けて、味わいつつ見て参りたいと思います。パウロが信仰義認に関して述べている大事な箇所だからです。

本日は、15—16節をじっくりと学びたいと思います。神の無条件の愛、つまり神は全ての人を愛しておられる、という福音を神から直接知らされたパウロが（一11—12）、唐突に、自分たちは「異邦人のような罪人ではありません」（15節）言うことには違和感を覚える方も多いでしょう。

この言葉は、前回の箇所である二11—14の、アンティオキアにおけるパウロとペトロの衝突に関わるものとして考えなければ理解が難しいと思います。

異邦人が多く来ているアンティオキア教会では、パウロの方針に従い、律法の食物規定に関係なく、ユダヤ人と異邦人が食事の席を共にしておりました。それを見て、ゆるやかな律法理解を持っていたペトロはそれに加わり、異邦人と共に食事をしていたのです。しかしエルサレム教会のヤコブのもとから派遣要員がやって来ると、ペトロは異邦人と一緒の席から離れて身を引きました（12節）。それには理由がありました。ペトロにしてみれば、律法に反する異邦人との同席が派遣要員に知られたならば、エルサレム会議で定められた自分の「ユダヤ人への伝道」という使命に支障が生じるかもしれない、との心配があったのです。また、その当時のユダヤ社会では反ローマ感情が高まり、よりいっそうユダヤ教への忠誠を主張する熱狂主義的状況にあり、エルサレムのキリスト教会にも律法を厳格に守る気運が高まっていました。そしてそのこと自体は、キリスト教会がユダヤ教徒から迫害を受けるのを防ぐ手段でもありました。ペトロとしては、アンティオキア教会で律法が軽んじられていることを広く知られたら、キリスト教徒は律法に不徹底であるとして、ユダヤ教徒からの迫害がエルサレム教会にも及ぶかもしれない、との心配もありました。

しかしパウロは、ペトロの態度を「福音の真理」（14節）に対して不徹底であると見たのです。

ですからパウロはペトロにこう言いました。

「あなたはユダヤ人でありながら、ユダヤ人らしい生き方をしないで、異邦人のように生活しているのに、どうして異邦人にユダヤ人のように生活することを強要するのですか」。（14節）

アンティオキア教会の指導者層はユダヤ人でしたから、彼らが異邦人と共に食事ができないとなった場合、その教会にいる異邦人はユダヤ人のようにならない限り、その教会の交わりから締め出されることになります。つまり彼らが教会の交わりに入るには、割礼を受けてユダヤ人となり、律法を実行しなければならないのです。ペトロの行ったことは実に、「異邦人にユダヤ人のような生活を強要する」ことに繋がるものだということを、パウロは言っているのです。

パウロはペトロが「福音の真理」に立っていないことを知りました。うわべだけ異邦人と共に食事の席に座っても、ペトロにはその福音の実質が身に備わっていない、ということを見抜いていたのでした。

二　福音の真理

パウロが示さんとしている「福音の真理」とは、「神の無条件の愛」を知る、ということです。

実にそのことを、ペトロや律法を守らねば救われないと主張する全てのユダヤ人キリスト者たちに徹底的に知ってもらおうとして、本日の箇所で、パウロはその「福音の真理」の深い意味を語り始めるのです。一般的な注解書などでは、本日の箇所からパウロは「信仰義認」に関して語り始める、と示しています。その信仰義認の本質こそ「福音の真理」であり、それは「神の無条件の愛」である、と私は考えています。

さて、15節では、以上のように「神の無条件の愛」を神より直接知らされたはずのパウロが突然、ユダヤ人に肩入れしているような物言いをいたします。

わたしたちは生まれながらのユダヤ人であって、異邦人のような罪人ではありません。

しかし、このパウロの言葉が14節に続くものであることを知る時に、「わたしたちは生まれながらのユダヤ人であって」というパウロの言い方は、わざとペトロと同じ立場に立ったユダヤ人としての発言であることがわかります。それはペトロに「神の無条件の愛の福音」を知ってもらいたいがためでした。パウロは現在の民族主義から自由にされた彼の立場からではなく、むしろあえて回心前の、ユダヤ教徒時代の民族主義的な自己意識を持ち出して、あえてペトロや他のユダヤ人キリスト者たちと同じフィールドに立って、語っているのです。自分たちはユダヤ人であり、選ばれた民として神から律法を授けられている。しかし神との契約の外にいる異邦人には律法は授与されておらず、彼らは義とされ得ない。従って彼ら異邦人は「罪人」である、と言うのです。そこには根深い選民思想があります。しかしパウロは言外に、そのような律法主義には金輪際立ってはならない、と言っているのです。ペトロよ、私もあなたと同じようであった。しかし、「福音の真理」にほんとうの意味で立つがよい。その時、律法主義や選民思想を超えることができる、共にそこに立とうではないか、とパウロは言外に語っているのです。

三　イエス・キリストの真実

16節では、パウロは一気に「福音の真理」の本質を語ります。現在、私共は新共同訳で学んでいますが、一番新しい訳である聖書協会共同訳では、16節はこのように訳されています。

> しかし、人が義とされるのは、律法の行いによるのではなく、ただイエス・キリストの真実によるのだということを知って、私たちもキリスト・イエスを信じました。これは、律法の行いによってではなく、キリストの真実によって義としていただくためです。なぜなら、律法の行いによっては、誰一人として義とされないからです。
>
> （二16、聖書協会共同訳、傍点荒井）

見て頂きたいところは、「イエス・キリストの」という属格の訳し方です。新共同訳で「イエス・キリストへの」と訳されている箇所が聖書協会共同訳では「イエス・キリストの」と訳されていることです。文法的にはどちらにも訳し得ます。前者の新共同訳では「イエス・キリストへの」となっており、イエス・キリストを信仰目的語としてとるという意味で、目的語的属格といいます。後者の聖書協会共同訳では「イエス・キリストの」となっており、この場合、イエス・キリストが主体となる「真実」を指すので、主語的属格といいます。新共同訳で「信仰」と訳されている言葉はピスティスであり、「信仰」とも「真実」とも訳し得る言葉です。かねてからここを目的語的属格で訳すか主語的属格で訳すか、またピスティスを「信仰」と訳すか「真実」と訳すかは、議論の対象となってきました。

口語訳、新改訳、岩波訳は新共同訳と同様の目的語的属格ですが、ついに聖書協会共同訳では主語的属格で訳されました。これは画期的なことと思い、私もこの訳に同意します。
そしてなおかつ聖書協会共同訳ではピスティスを「信仰」ではなく「真実」と訳しています。これにも私は同意します。
このことは、単に訳語の問題のみならず、信仰義認の捉え方そのものにも関わります。『ここが変わった！「聖書協会共同訳」新約編』という本に、この箇所に関してこのように書かれていますので、学んでおきたいと思います。

聖書協会共同訳
しかし、人が義とされるのは、律法の行いによるのではなく、ただイエス・キリストの真実によるのだということを知って、私たちもキリスト・イエスを信じました。これは、律法の行いによってではなく、キリストの真実によって義としていただくためです。

新共同訳
けれども、人は律法の実行ではなく、ただイエス・キリストへの信仰によって義とされると知って、わたしたちもキリスト・イエスを信じました。これは、律法の実行ではなく、キリストへの信仰によって義としていただくためでした。

新改訳２０１７
しかし、人は律法を行うことによってではなく、ただイエス・キリストを信じることによって義と認められると知って、私たちもキリスト・イエスを信じました。律法を行うことによってではなく、キリストを信じることによって義と認められるためです。

「義とされる」とは一般に、神と良い関係を持つ者とされることです。ガラテヤの信徒への手紙2章16節は従来「キリストへの信仰により義とされる」と訳されてきましたが（明治元訳以降、大正訳、口語訳、フランシスコ会訳、岩波訳、新改訳２０１７ともに、「〔信ずる〕信仰」に準ずる訳語）、聖書協会共同訳では「義とされるのは……キリストの真実による」となっています。私たちが義とされるのは、キリストを信じるから（前者）でしょうか、あるいはキリストが十字架で真実――つまり神への誠実さ――を示したから（後者）でしょうか①。この問いは、キリスト者の在り方の本質に関わる問題です。

このように翻訳へ変更が加わったことには二つの事情が関わっています。一つは、これまで「信仰」と訳されてきたピスティスというギリシア語が「真実／誠実さ」とも十分に訳し得るという事情です。この語は本来、人と人、あるいは人と神との関係性を築き、維持するのに不可欠な要素――つまり信頼性――を指します。そしてこの語は、信頼性を態度で示す「信仰（信頼）」、あるいは信頼性の根拠となる「誠実さ（真実）」の両方の意味を持っています。著者がどちらの意味を念頭に置いて用いているかは文脈によって判断されます。例えばガラテヤ書3章9節では「アブラハム」が神の言葉に信頼を置くという文脈でピスティスが用いられているので、この場合は「真実」でなく「信仰」と訳すのが適切でしょう。

もう一つは、これまで「キリストへの」と訳されてきたクリストゥーというギリシア語が文字どおりには「キリストの」であるという事情です。ギリシア語文法には「格」という概念がありますが、これは日本語文法での助詞である「てにをは」のような機能を果たしています。クリストゥーは、本来の「クリストス（キリスト）」という名詞に格変化が起こって属格という格の形になったものです。属格の「クリストゥー」が「ピスティス」につながる場合、「キリストのピスティス」とも「キリストへのピスティス」とも訳すことができます。この場合も、どちらの意味をとるかは文脈によって判断されます。

私はガラテヤ書2章16節については「キリストの真実（信頼性）」に軍配を上げます。十字架に象徴されるイエス・キリストの在り方——十字架に至るまで神へ誠実を尽くして人に仕えたその生き様（フィリピ2・7～8参照）——が人を神との和解へと向けるからです（ローマ5・10参照）②。もっとも私たちが、キリストとの信頼関係——信じること——をとおして神との和解という義の状態に至ることも確かです。ですからこの場合に「キリストの真実（誠実さ）」という解釈を選択したとしても、それは「キリストへの信仰」を軽んずることにはなりません。それは「キリストへの信仰」という解釈を選択したとしても、キリストの十字架が象徴する「真実（誠実さ）」を軽んずることにならないのと同じです。

もしかしたらパウロは、どちらの意味とも訳し得る「ピスティス・クリストゥー」という表現を用いることによって、読者が信仰の営みの両側面の重要さを強く心に留めるよう促しているのかもしれません。いずれの訳でも、キリストと私たちの信頼関係（ピスティス）が信仰生活の鍵であることに違いはありません。

（浅野「26 私たちが義とされる要件　ガラテヤの信徒への手紙2章16節」『ここが変わった！「聖書協会共同訳」新約編』一〇三―一〇五頁）

大事なことは、「私たちが義とされるのは、キリストを信じるから（前者）でしょうか、あるいはキリストが十字架で真実……を示したから（後者）でしょうか」（傍線①）ということです。前者の信仰の場合、「イエス・キリストへの信仰」という訳になります。後者の信仰の場合、「イエス・キリストの真実」という訳になります。私の信仰は、決定的に後者です。私自身が信じる前に、キリストを通して神が十字架上に真実を示されたがゆえに、私は救われた、というものです。そして救われたがゆえに信じるに至るのであり、その逆ではないということです。

そしてこの文章を書かれた浅野氏が「キリストの真実」に軍配を上げた理由として、「十字架に象徴されるイエス・キリストの在り方――十字架に至るまで神へ誠実を尽くして人に仕えたその生き様（フィリピ２・７～８参照）――が人を神との和解へと向けるからです（ローマ５・10参照）」（傍線②）と言っておられますが、これは「十字架につけられたままのキリスト」に象徴される生と死そのもののことであると、私は思います。律法主義によって排除され、弱くされた人々に対して、「神は無条件に全ての人を愛しておられる。あなたは神に受け容れられている。生きよ」と語り続けたイエス、しかしそれを語り続けたがゆえに律法主義者たちによって十字架につけられたイエス――その生と死を通して、神はイエスを受け容れ義とされたという、その「イエス・キリストの生と死の両方の真実」によってこそ、人は義とされるのであります。もう少し詳しく見てみましょう。その「イエス・キリストの生と死の両方の真実」は、Ⅱコリント書五21にて知ることができるものです。これは「キリストが十字架で真実を示した」（傍線①）ことを示すものでもあります。

罪と何のかかわりもない方を、神はわたしたちのために罪となさいました。わたしたちはその方によって神の義を得ることができたのです。

イエスは生涯、神の無条件の愛を語り続け、その結果、それを否定する律法主義者たちに罪人として十字架にて殺害されました。神の子が罪人となったのです。イエスが十字架で罪人となった時、それを通して、神もまた罪となられました。神ご自身が罪となられ、私共罪人を罪人のまま受け容れて、義として下さいました。これが信仰義認であります。ローマ書四５でパウロが言っておりますが、信仰義認とは、不信仰な者が不信仰のままで、罪人が罪人のままで、そのままで、ありのままの姿で、不信仰となられ罪となられた神に受容され、「よし」とされることです。これがパウロの経験した救いでした。このように、神の無条件の愛のもとには「イエス・キリストへの信仰」ということが含意する人間の側から「信じる」という働きかけは必要ありません。人間が信じる前より、まず神が一方的に無条件に、すでに、只今、人間を受容し愛して下さっている、という真実があるのです。それに気付くことが大事です。イエスはその生と死を通じて、揺らぐことなく、そのような神の無条件の愛を語りました。それ以外のことはなさらなかったのであります。そしてそれこそが「イエス・キリストの真実」なのです。さらに言うことができるならば、それが「神の真実」なのです。

ですから、私はここを「イエス・キリストの真実」と訳すことに心から賛同いたします。

この16節にはもう一か所、同様の言葉がございます。新共同訳では「キリストへの信仰によって義としていただくためでした」のところを、聖書協会共同訳では「キリストの真実によって義としていただくためです」と訳しています。

人が義とされるのは、律法の行いによるのではなく、「イエス・キリストの真実」による、つまりイエス・キリストを生かした、全てに先行する「神の無条件の愛」によるのです。その愛を知らされること、その愛に受容されることが信仰義認の内実であります。その愛の下に生き、死ぬこと、それがパウロの示すキリスト者の姿であります。まかり間違っても律法の行いによるものではありません。

このようなことは、目的語的属格によって訳出される「イエス・キリストへの信仰」とは明らかに違うものです。訳とは恐いものですね。全てにおいて、イエス・キリストの真実が先行している、つまり人が信じるより前に、神が全ての人を無条件に愛していて下さるという真実そのものによってこそ、私共はいかなる人間的なものにもよらずに、義とされるのです。いかなる人間的なものをも拒否して、悠然として、神の愛に受容されて生き、死ぬことができるのです。

四　イエス・キリストの真実に立ち切ること

アンティオキア教会でのパウロとペトロの衝突の時、パウロはこの「イエス・キリストの真実」に立ち切っておりました。一方、ペトロやバルナバは、うわべばかりで、この真実を知るところまでには至っておりませんでした。神に受容されていることを、十分に受け止め切れていなかったのです。パウロはこの15節以降で、ペトロやユダヤ人キリスト者たちに、この「イエス・キリストの真実」を知ってもらいたいと語りかけているのです。そしてこの真実を、ガラテヤの教会の人々にも知ってもらいたいのです。そして同時に私共にも語りかけているのです。

今一度、聖書協会共同訳二16の訳を味わって読んで終わりにいたします。

しかし、人が義とされるのは、律法の行いによるのではなく、ただイエス・キリストの真実によるのだということを知って、私たちもキリスト・イエスを信じました。これは、律法の行いによってではなく、キリストの真実によって義としていただくためです。なぜなら、律法の行いによっては、誰一人として義とされないからです。

（傍点荒井）

（「聖書講話」『十字架の祈り』一一〇号［二〇二三年一月］）

第七章　「十字架につけられたままのキリスト」——復活理解

本章に収録した「十字架につけられたままの復活」という文章で、私はこのように書いている。

わたしたちは、十字架につけられたキリストを宣べ伝えています。

（Ⅰコリ一23、傍点荒井）

なぜなら、わたしはあなたがたの間で、イエス・キリスト、それも十字架につけられたキリスト以外、何も知るまいと心に決めていたからです。

（Ⅰコリ二2、傍点荒井）

ああ、物分かりの悪いガラテヤの人たち、だれがあなたがたを惑わしたのか。目の前に、イエス・キリストが十字架につけられた姿ではっきり示されたではないか。

（ガラ三1、傍点荒井）

これらのパウロの言葉の「十字架につけられた」は、スタウロオーというギリシア語の受動態・現在完了形分詞である。ギリシア語の現在完了形は、完了した動作が今もなおそのまま継続していることを示す。つまり「十字架につけられたキリスト」は「十字架につけられたままのキリスト」と訳されることが正しいのである。

パウロの内には十字架につけられたままの苦しみ呻くキリストがいて、この方が彼の実存を支えていたのである。……彼の出会った復活のイエス・キリストは、実に苦しみ呻きつつ執り成す「十字架につけられたまま」の姿であった。

（本書二四三―二四四頁）

これまでの無教会では、復活者は輝いていて強い、という理解があったと思う。内村鑑三は、復活に関してこのようなことを述べている。

健（すこや）かなる身体に健かなる精神宿るとのことわざは、精神と肉体との深い関係を言うたることばである。同じように、健かなる身体は健かなる精神の結果であるとも言うことができる。精神と肉体との関係は相互的である。一は他に感化を及ぼさざるを得ない。しかして罪の痕跡だも留めざる精神の肉体に及ぼす感化力のいかなるかは、われらはその実例を人の中に見るあたわざるがゆえに、これを量り知ることができないのである。しかしてただ一人、イエス・キリストの場合において、その感化力のいかなるかが示されたのである。変貌（へんぼう）の山における彼の容貌（かたち）の変化は、彼の精神が彼の生ける肉体に及ぼしたる感化を現わしたるものである。

その容貌変わり、その顔、日のごとく輝き、その衣は白く光れり（マタイ伝一七・二）

とあるは、いわゆる「神の栄えの輝き、その質の真像」が、彼の生ける肉体を聖化せしその状態を言うたのである。しかして復活は、同じ精神がイエスの死せる肉体に及ぼしたる感化を現わしたるものである。罪を知らざる純聖の精神は、生体はこれを変貌の山におけるがごとくに光化し、死体はこれをアリマテヤのヨセフの墓におけるがごとくに復活すとは、新約聖書がイエスの場合における精神と肉体との関係について語るところである。

（内村『内村鑑三信仰著作全集』第十三巻、一八二―一八三頁）

聖書学の研究によると、最初期のマルコ福音書は一六８で終わっていたとされる。新共同訳聖書においても、９節以降は文章が〔　〕でくくられていることからそれがわかる。最初期のマルコ福音書においては、イエスの墓を訪れた婦人たちが天使と思われる若者から「あの方は復活なさって、ここにはおられない」と告げられ、その復活のイエスはガリラヤへ行かれるので、そこでお目にかかれる、と示されるのであり（6—7節）、イエスがどのように復活したのかの描写はないのである。

一方、イエスの十字架上の死の情景については、最期の叫びが一五34に記されている。

三時にイエスは大声で叫ばれた。「エロイ、エロイ、レマ、サバクタニ」。これは、「わが神、わが神、なぜわたしをお見捨てになったのですか」という意味である。

39節には、百人隊長の信仰告白が記されている。

百人隊長がイエスの方を向いて、そばに立っていた。そして、イエスがこのように息を引き取られたのを見て、「本当に、この人は神の子だった」と言った。

私の理解では、イエスは十字架上で完全なる人として絶望したのである。ここをしてイエスは十字架上で詩編二二篇を歌ったのだ、それゆえ「絶望のどん底にありつつ、なおも神に依りすがっている」という解釈は、間違いであろうと思う。ここでイエスは、神が「完全な人として」絶望しているのである。その絶望は、私共人間の絶望と同じなのである。神の絶望が人の絶望に完全に重なったのである。そして、人と同じ姿となられた神は、イエスと同じように絶望する者を絶望そのままの姿で受容されるのである。受容してその者をそのままで義とされるのである。これが信仰義認である。

このことが、生前のイエスの山上での次の言葉と呼応していることは明らかである。

「心の貧しい人々は、幸いである、
　天の国はその人たちのものである。
悲しむ人々は、幸いである、
　その人たちは慰められる……
義のために迫害される人々は、幸いである、
　天の国はその人たちのものである」。
（マタ五3、4、10）

イエスの絶望の叫びと死を見た百人隊長は、そこに人となり尽くして、人の絶望となり切った神を見て、そこに深い神の愛を見出したのである。それは百人隊長が復活のイエスに出会った事態であった。おそらく百人隊長にも、人知れぬ深い絶望や苦しみがあったのであろう。その百人隊長を、神は神ご自身が絶望そのものとなって、絶望のまま苦しみのまま受容したのである。

ここで青野太潮氏の「マルコ福音書の描写」という文章を読んでおきたい。

　ではマルコ福音書はイエスの十字架についてどのような描写をしているでしょうか。マルコ15・33―39を見てみましょう。以下、断りがない場合には、ほとんどの皆さんが今用いておられる新共同訳聖書からの引用です。

　昼の十二時になると、全地は暗くなり、それが三時まで続いた。三時にイエスは大声で叫ばれた。「エロイ、エロイ、レマ、サバクタニ」。これは、「わが神、わが神、なぜわたしをお見捨てになったのですか」という意味である。そばに居合わせた人々のうちには、これを聞いて、「そら、エリヤを呼んでいる」と

言う者がいた。ある者が走り寄り、海綿に酸いぶどう酒を含ませて葦の棒に付け、「待て、エリヤが彼を降ろしに来るかどうか、見ていよう」と言いながら、イエスに飲ませようとした。しかし、イエスは大声を出して息を引き取られた。すると、神殿の垂れ幕が上から下まで真っ二つに裂けた。百人隊長がイエスの方を向いて、そばに立っていた。そして、イエスがこのように息を引き取られたのを見て、「本当に、この人は神の子だった」と言った。

……そして、このマルコの描写についてでありますが、（荒井注・青野氏は）受洗後かなり長い間、つまり一年浪人した後にＩＣＵ（国際基督教大学）に入学して新約聖書学を専攻するまでの二、三年の間、この百人隊長の「告白」は神殿の幕が上から下まで真っ二つに裂けたのを見たからこそなされたものだったのだ、と受け止めていました。しかしよくよく読んでみますと、そのようには決して書いてはありません。「百人隊長がイエスの方を向いて、そばに立っていた。そして、イエスがこのように息を引き取られたのを見て、『本当に、この人は神の子だった』と言った」、とありますので、百人隊長はまさに「イエスの死に様を見て」そのように言ったのだ、ということが語られていることになります。実際、もしも現在のエルサレムにあります「聖墳墓教会」が建っている場所が、福音書が伝えているイエスが十字架につけられたゴルゴタの丘であったとしますと（それは15・22によれば「されこうべの場所」という意味を持っていたとされておりますが、讃美歌などでよく「カルバリの丘」と表現されるのは、そのラテン語名 calvaria に由来します）、それは当時のエルサレムの街を囲んでいた高い城壁のすぐ外にあるほんの小高い丘だったということになりますし、四〜五〇〇メートルは離れていたであろうと思われる距離からしましても、丘とは正反対の側の城壁の方向にある神殿はそこからはとても見えにくかったことでしょう。その上さらに「神殿の幕」とは「神殿の至聖所の幕」のことを意味していますから、仮に遠くに神殿が見えたとしても、その内奥までは外側からは見えませんので、神殿の幕の奇跡を見ての告白という解釈は成り立たないでしょう。

つまりマルコ福音書は、何の奇跡をも起こすことなく十字架の上で絶叫して死んでいったイエスの中に「神の子」を見るという「逆説」を語っていることになります……。

何もできないイエスを「神の子」と告白する、しかもユダヤ教徒たちから見ればまったく神なき罪人であり信仰などまったくないとみなされていた異邦人の典型であるローマの軍人の百人隊長がそのような信仰告白をし、他方で自他共に信仰深いと認められていたユダヤ教の指導者たちにまったく信仰がない、という「逆説」がここには描かれています。

（青野「マルコ福音書の描写」『「十字架の神学」をめぐって』二一一―二一六頁）

青野氏の語られるところは、私の考えを支えて下さっているように思える。百人隊長は、まさに自分を救えないイエスに「神の子」を見たのである。それは百人隊長が、天の上座にいる存在ではなく、地に降りて人そのものになり切るという愛の極みにおいて、神を見出したことを示す。神の子は人の絶望そのものになったのである。それはイエスを通して神が絶望そのものになられることであり、絶望と苦しみの内にあった百人隊長は、神の愛の極みにおいて、神に受容されたのである。

マルコが語ろうとした復活は、実はこの十字架上に捨てられたイエスの絶望の言葉で語られ切っていた、と私は考えている。この絶望する神が復活者であった。イエスの死の姿は同時に復活者の姿でもあったのである。そしてその復活者は、ガリラヤの絶望する民のもとへと向かうのである（7節）。

パウロの復活者理解は、マルコのそのような見方と重なる。パウロにとっての復活者は「十字架につけられたままのキリスト」、絶望のキリストであった。その十字架につけられたままの姿からは、「わが神、わが神、なぜわたしをお見捨てになったのですか」とのイエスの叫びが聞こえたに違いない。その絶望のキリストは、神が完全に人になられるほどに人を愛される神の姿であった。神の無条件の愛が、そこに結晶として現れているのである。

いつごろ、マルコ福音書の最後に、復活したイエスがマグダラのマリアや弟子たちに現れた記事（一六9—）が書き加えられたのかは定かでない。その書き加えは、なぜなされたのか。神の思いとは違う、人の欲望の結果ではないかとも考える――信仰した結果、よりよくなりたい、成功したい、強くなりたい、清くなりたい、などの。また、青野氏が言われるように、まさに私共一人ひとりが心のどこかで秘かに願っている「今こそ奇跡をして見せろ」という思いが書かせたものかもしれない（青野「マルコ福音書の描写」二一四頁）。

しかし、いちばん最初に書かれたマルコ福音書やパウロの示す復活者は、この方との出会いにおいて人を「そのまま」「ありのまま」受け容れて、よしとする（義とする）。人は弱いまま、ありのままで救われる。その者は弱いままで強くされるのである。人間の考えで書き加えた奇跡的な強い復活者ではなく、そのような復活理解のほうがほんとうではないか、と考えている。

そこに死そのものを味わった者を、ありのまま、そのままで生へと甦らせる神の愛の極みを見出すのである。

十字架につけられたままの復活

同様に、〝霊〟も弱いわたしたちを助けてくださいます。わたしたちはどう祈るべきかを知りませんが、〝霊〟自らが、言葉に表せないうめきをもって執り成してくださるからです。人の心を見抜く方は、〝霊〟の思いが何であるかを知っておられます。〝霊〟は、神の御心に従って、聖なる者たちのために執り成してくださるからです。

（ロマ八26―27、傍点荒井）

だれがわたしたちを罪に定めることができましょう。死んだ方、否、むしろ、復活させられた方であるキリスト・イエスが、神の右に座っていて、わたしたちのために執り成してくださるのです。

（ロマ八34、傍点荒井）

34節の「執り成し」が復活のキリストによってなされることは間違いない。そして文脈から考えれば、26、27節の執り成す〝霊〟は、34節の復活のキリストである。復活のキリストは言葉に表せない呻きをもって執り成しているのである。

わたしたちは、十字架につけられたキリストを宣べ伝えています。

（Ⅰコリ一23、傍点荒井）

なぜなら、わたしはあなたがたの間で、イエス・キリスト、それも十字架につけられたキリスト以外、何も

知るまいと心に決めていたからです。（Iコリ二2、傍点荒井）

ああ、物分かりの悪いガラテヤの人たち、だれがあなたがたを惑わしたのか。目の前に、イエス・キリストが十字架につけられた姿ではっきり示されたではないか。（ガラ三1、傍点荒井）

これらのパウロの言葉の「十字架につけられた」は、スタウロオーというギリシア語の受動態・現在完了形分詞である。ギリシア語の現在完了形は、完了した動作が今もなおそのまま継続していることを示す。つまり「十字架につけられたキリスト」は「十字架につけられたままのキリスト」と訳されることが正しいのである。

パウロの内には十字架につけられたままの苦しみ呻くキリストがいて、この方が彼の実存を支えていたのである。それは冒頭聖句ローマ八26の呻きつつ執り成す復活のキリストに他ならない。彼の出会った復活のイエス・キリストは、実に苦しみ呻きつつ執り成す「十字架につけられたまま」の姿であった。

ローマ書八34には「復活させられた方であるキリスト・イエスが、神の右に座っていて、わたしたちのために執り成してくださるのです」とあるが、「神の右に座っていて」は直訳では単に「神の右にいて」であり、この新共同訳にあるような神の右に天上の権威をもって座っている、という意味は持たない。復活のイエス・キリストは、決して権威ある姿ではなく、弱々しく呻きつつ苦しみながら十字架につけられた姿のままなのである。受苦するキリストを光り輝く姿に飾り立てるのは、いつも人間の方である。それは真理の倒錯と言っても過言ではないであろう。

パウロにとっての復活のイエスは、十字架の無残な死の三日後に光り輝く姿で復活する方ではなかったのである。彼にとっての復活のイエスは「十字架につけられたまま」、無残なままの姿である。実に十字架につけられたイエスがそのまま復活者なのである。復活に三日も待つ必要はない（以上、青野「弱いときにこそ」新約聖書翻訳委員会編『聖書を読む　新約篇』九八―九九頁参照）。

青野太潮氏はこのように語る。

パウロが「十字架につけられたままのキリスト」という言葉で伝えようとしていることは、十字架の上で無残な姿をさらし続けるイエスから目をそむけず、その無残な姿を深く心にとどめよ、ということであろう。なぜならば、神はそういう無残な姿をさらすイエスをこそ肯定しているのだと、パウロは捉えているからである。パウロの心の内において現れたのは、みじめで無残な姿になりながらも、復活のいのちを与えられ、十字架につけられたまま今もなお生き続けるイエスであった。「復活者」イエスは、まさに「十字架につけられたままのキリスト」であったのである。パウロが受けた啓示の内実は、そのようなイエス・キリストとの出会いの体験であった。

（青野『パウロ』一二四頁）

また、エーバーハルト・ユンゲルは、このように語る。

復活日の出来事は、このような出会いの結末を物語っている。それは勝利を語っている。しかしながら、この勝利についてあたかも神が凱旋門をくぐるように、死をくぐりぬけると語ってはいない。このことは特記すべきことである。死は、人がそれを自分の背後に押しやってしまうような形で、勝利されたわけではない。ちょうど異教の神話が語っているように、年のめぐり来るごとに、死んでふたたび戻って来て、また死ぬ神々というものは、死を自分の背後に追いやることが、ただ新たに死を自分の前にもつことを意味するにすぎないのである。死は依然として、もとのままである。そこにおいては同じものが永劫に回帰してくるということが起こる。それに対し、死人のなかからよみがえられた主は、十字架につけられたお方にとどまっている。このお方は、その栄光のしるしとして、永遠にその体に傷あとをもっておられる。

（ユンゲル『死』一八九頁）

ユンゲルは「この勝利についてあたかも神が凱旋門をくぐるように、死をくぐりぬけると語ってはいない。このことは特記すべきことである。死は、人がそれを自分の背後に押しやってしまうような形で、勝利されたわけではない」と言う。イエスの復活は、死を背後に押しやる輝かしい勝利といったものではないと言うのである。そして「死人のなかからよみがえられた主は、十字架につけられたお方にとどまっている」と明確に語る。ユンゲルの語る復活者も、死の只中に苦しむキリストなのである。そして「このお方は、その栄光のしるしとして、永遠にその体に傷あとをもっておられる」と言う。神は私共人間と同じ罪の傷を持たれるのである。しかも永遠に。神が自らの体に受けたその傷によって、神は同じ傷を持つ人間を受け容れ給う。傷のままに受け容れて、赦し給う。人間は、すでに赦されていることに気付くのみである。これが義認の秘義である。

パウロはこの驚くべき神の復活の秘義をⅡコリント書五21でこう語る。

罪と何のかかわりもない方を、神はわたしたちのために罪となさいました。わたしたちはその方によって神の義を得ることができたのです。

光り輝く復活者ではなく、死の只中に苦しむ「十字架につけられたままのキリスト」が、復活者なのである。

この神観を知り、この復活の主に出会うとき、真に人は赦された罪人として歩むようになる。その罪人の傷は癒されてはいない。傷口は開いたままである。共にいる十字架のキリストの傷口と同様、開いたままである。しかし赦されているのである。

光り輝くキリストの復活を信じる時には、その傷は癒され塞がってしまうのである。その者は愚かにも自分の罪を忘れるだろう。しかし罪を忘れてはならない。罪人は自らの罪の傷口を開けたまま赦されて生きる。

十字架につけられたままの復活の主に出会うとき、罪人は癒されない。癒されないが、赦されて生きることができるのである。罪の自覚は保持されねばならぬ。そこに赦された罪人の真実の歩みがある。その者は傷を持つ他者のために、傷ついたままで十字架につくのである。自らの罪の傷口を開けたまま、他者のために生きるようになる。キリストの如くに。

復活は三日後ではない、只今の十字架上にある。
今、すでに赦されているのである。
癒されないまま赦される喜びを受容せよ。
弱き者、悲しむ者、苦しむ者の傷口の痛みを知る者となれ。

（「復活祭巻頭言」『十字架の祈り』一〇一号［二〇二二年四月］）

み子を私の内に示して――復活のキリストとの出会い

ガラテヤの信徒への手紙一章11―17節

[11]兄弟たち、あなたがたにはっきり言います。わたしが告げ知らせた福音は、人によるものでは
ありません。[12]わたしはこの福音を人から受けたのでも教えられたのでもなく、イエス・キリス
トの啓示によって知らされたのです。
[13]あなたがたは、わたしがかつてユダヤ教徒としてどのようにふるまっていたかを聞いています。
わたしは、徹底的に神の教会を迫害し、滅ぼそうとしていました。[14]また、先祖からの伝承を守
るのに人一倍熱心で、同胞の間では同じ年ごろの多くの者よりもユダヤ教に徹しようとしていま
した。[15]しかし、わたしを母の胎内にあるときから選び分け、恵みによって召し出してくださっ
た神が、御心のままに、[16]御子をわたしに示して、その福音を異邦人に告げ知らせるようにされ
たとき、わたしは、すぐ血肉に相談するようなことはせず、[17]また、エルサレムに上って、わた
しより先に使徒として召された人たちのもとに行くこともせず、アラビアに退いて、そこから再
びダマスコに戻ったのでした。

一　み子を私の内に示して

本日の箇所には、パウロの回心に関することが書かれています。ガラテヤ書はパウロの真筆ですので、彼の回心に関しても本人の真実の告白として捉えることができましょう。

パウロは、自分がガラテヤの人々に告げ知らせた福音は、人によるものではない、人から受けたり教えられたものではなく、イエス・キリストの啓示によって知らされたのだ、と言います（11―12節）。「啓示」とは覆いを取り除いて現すという意味です。ここは目的語的な属格として考えた方がよく、「神がイエス・キリストを啓示することで、パウロは福音を知らされた」という内容になります。

16節には「御子をわたしに示して」とあります。ここの「わたしに」はギリシア語ではエン・エモイであり、英訳聖書ＮＩＶではin meと訳されています。つまり「み子を私の内に示して」と訳す方が原文に適っています。実際に、口語訳、新改訳（一九七〇年版）、岩波訳もそのように訳しています。

パウロがガラテヤの人々に告げ知らせた福音とは何か、三1を見るとパウロ自身がこう語っています。

> ああ、物分かりの悪いガラテヤの人たち、だれがあなたがたを惑わしたのか。目の前に、イエス・キリストが十字架につけられた姿ではっきり示されたではないか。

パウロは、十字架につけられたままのキリストをガラテヤの人々に告げ知らせたのです。Ｉコリント書二2におきましては、コリントの人々にも彼は「わたしはあなたがたの間で、イエス・キリスト、それも十字架につけられたキリスト以外、何も知るまいと心に決めていた」と言っています。

彼にとって「イエス・キリストの啓示」（12節）とは、神がパウロの内に十字架につけられたままのキリストを現されたことでした。パウロは心の中ではっきりと、十字架につけられたままのキリストの姿を見たと考えます。

二　神の強さは神の弱さの内に

一1でもパウロは「人々からでもなく、人を通してでもなく」と人間的な介在を否定して、「イエス・キリストと、キリストを死者の中から復活させた父である神とによって使徒とされた」と自分が使徒とされた根拠を語っていますので、パウロが彼の心の中に示されたそのイエス・キリストとは、復活のイエス・キリストであったことがわかります。彼の心の中に神によって現された復活のキリストは、十字架につけられたままのキリストでありました。復活のキリスト、と言いますと光り輝く勝利者という、弱者から強者に変わったキリストの姿を絵画や讃美歌でさえよく見ますが、実にパウロに示された復活者は、十字架につけられたまま、苦しみの内に殺害されたキリストでした。神はその弱くされた十字架の死を「然り」とされたのであり、その死に至るまで神のみ心を生き切ったキリストは、その苦しみの十字架のまま、弱さのまま、復活したのです。十字架の死は、まさにイエスが神の無条件の赦しの福音を人々に宣べ伝えたがゆえに、それを許さない律法主義者たちによってもたらされたものでしたが、実はその律法主義こそ「人によるもの」(11節)でありました。イエスは「人によるもの」によって殺されたのです。そしてイエスご自身は「人によるもの」ではなくて、「神からのもの」でした。「神からのもの」は常に、「人によるもの」に追いつめられ殺されるに至ります。

一方でパウロこそ、かつては「人によるもの」である律法に生きておりました。それは13―14節でパウロ自身が告白しています。

あなたがたは、わたしがかつてユダヤ教徒としてどのようにふるまっていたかを聞いています。わたしは、徹底的に神の教会を迫害し、滅ぼそうとしていました。また、先祖からの伝承を守るのに人一倍熱心で、同胞の間では同じ年ごろの多くの者よりもユダヤ教に徹しようとしていました。

パウロは彼自身が「人によるもの」に生きてきたことを伝えることによって、今や再び「人によるもの」に生きようとしているガラテヤの人々に、このままだとあなたがたは、キリスト者でありながらキリストを殺す者となるのだ、ということを暗に訴えようとしていたに違いありません。

エルサレム教会からガラテヤ教会に入り込んだユダヤ主義的キリスト者たちは、律法を守って救われる、という「人による」救いを語っていました。律法の遵守は業績と見なされますので、彼らは自らの力で業績を積んで救われようとする「人による」あり方の信仰でした。当然それは強さを志向する信仰となっていきました。そして彼らは律法を守れない者、努力しない者たちを救われない者として、救いの外に排除したのです。

「神からのもの」であるイエスはそのような律法主義者たちを批判し、人は無条件に救われているのだ、と神の福音を宣べ伝えました。当然ながらイエスは強者である律法主義者たちに殺害された——十字架——のですが、神はイエスの生涯と十字架の死を神のみ心に適うものとして、「然り」を与えられたのです。それがキリストの復活であります。神はイエスの十字架のその弱さを「然り」とされました。ですからイエス・キリストの十字架は弱さのままの姿です。しかしその弱さに秘められた強さを、私共は見過ごしてはなりません。その強さは人の強さではなく、神の弱さにある神の強さです。人の強さは単なる強さに過ぎません。しかし神の強さは神の弱さの内に現れるのです。

三　真の権威のありか

ここで青野太潮氏の文章を読んでおきましょう。

しかし使徒職を可能にするものは、もちろんこの復活のイエスとの出会いでありました。「使徒ではないか。わたしたちの主イエスを見たではないか」と彼が語っているのは、そういう事情があるからです。そしてこのようにパウロが自ら問うているということは、パウロはやはり福音書が描き出すあのような神々しい復活のイエスとの出会いの体験をしてはいなかったということを予想させます。むしろそれは、他人には証明のできないイエス様との出会いだったのです。そしてそのような体験ならば私たちにもよくわかりますね。私たちの大部分は、異常な体験をして何か幻のようなものを見たわけではないですね。そうではなくて、やはり私たちの内側に働きかけて下さっているキリストを体験しているのです。しかしそのことは実は、私たちが復活のイエス様に出会っているということを意味しているのです。何か実体的に目で見たり、さわったりはしていないけれども、しかしこんなに内側に燃える思いを与えて下さっている、愛とゆるしを与えて下さっている、そのかたに私たちが出会っていないはずはないのです。証明はできません。目に見える形で差し出してみせるわけにはいきませんけれども、しかしそこで私たちはみな復活のイエス様との出会いを体験しているのです。パウロの復活のイエスとの出会いというのも、まさにそのようなものだったのだと私は思います。

　しかし使徒たちの中には、やはり実際に復活のイエス様を見たという人たちが多くおりました。そして使徒とはそれゆえに実に権威ある存在でした。まさに目に見える形で権威ある存在となったのです①。ですから多くの奇跡をもなしたことでしょう。コリント人への第二の手紙の一〇章から一三章までにかけて書かれていますように、さきほどの「弱いところにこそ完全にあらわれる」という逆説ではなくて、まさにストレートの、直接的な強さというものを強調していた使徒たちがおりました②。それは論理的必然でしょう。なぜならイエス様の復活をそのように目に見える形で理解するならば、当然のことながら、私たちの信仰の内容も、生き方も、全く同様に目に見えるものに依り頼むものになってこざるをえないからです。つまり奇跡信仰ですね……。しかしキリスト教のキリスト教たるゆえんは、そういうことが起こらなくても、いや起らないまさにそこのところにおいて、つまり、問うても問うても何の答えもない、神様は沈黙されたままでおられる、そのようなところにおいてこそ、実は神様は私たちと関わって下さっているんだということだと思うのです。「十字架からおりて来い」と言っても、何ごともそこでは起こらずに、惨めにも死んでいかれたあのイエスという方が、実は神の子なのだ、そういう信仰を与えられていくこと、それが復活信仰なのだと思います。もしかしたらそこでは私たちにはとても理解できないような、超越的なできごとが起こったのかも知れません。説明できないことがらはいっぱいありますから、そういうこともあり得るでしょう。けれども、そういうことがあったからというよりも、むしろここで貫ぬかれていることがらそのもの、つまり答えがなくても、神が沈黙されているかに見えても、しかしそこで、神の「然り」が与えられているのだ、あのイエス様は死んでしまったのではなくて、生きておられるのだ、と信じていく、そういう信仰の方がはるかに大事だと私は思います。（青野『見よ、十字架のイエス』四六—五〇頁。傍線・番号荒井）

ここで青野氏が言われていますように、エルサレムの使徒たちには復活のイエスを見た、という人たちが多くいたのです（傍線①②）。彼らは自分たちの権威の根拠をそこに置きました。復活のイエスを実際に目の当たりにした、という強さを権威の根拠としました。同時に彼らは、光り輝く強い復活のキリストを待望していました。しかしパウロが神によって心の内に示された復活のキリストは、弱々しく十字架につけられたままの姿だったのです。その復活者は、輝いて力強く目の前に現れたのではなく、ひそやかにパウロの内に現れたのでした。ここにおいてパウロは全てを悟ったのです。これまで追いかけてきた強さへ向かう信仰——律法主義——は間違いであった、全ての人は無条件にすでに救われている、というイエスの福音こそ、神からのものなのだ。そのようなイエスの生と死を神は「然り」としてイエスを復活させられたのだ。だから信仰は人によるものではだめだ、神からのものでなければだめなのだ、と。

その真実をパウロが悟った時、その福音はもはや律法という民族主義的なものからかけ離れたものであること、すなわち全ての異邦人に開かれたものであることを彼は知ったばかりでなく、再び間違いを犯さないよう「血肉」つまり人間に相談することをせず、エルサレムの使徒たちに会いに行くこともしないで、人間との関わりを絶ち、神とのみ共にいて、神と向き合うことに集中するために、アラビアに退きました。アラビアとは、ダマスコの東南にあるナバテア王国のことではないかと言われていますが、ここでパウロは伝道をしたのかもしれないし、祈りの時を過ごしたのではないか、とも言われています。私は、これだけの大転換が彼の中に起こったことから、彼の内に示された復活のイエスを静かに思い、神が彼の身に一体何を起こされたのか、何のためにこのようなことを起こされたのかを、静かに祈りつつ考え続けたであろうことは確かであると思います。そして人ではなく神とのみ繋がるべく、祈りを深めたことは当然でしょう。しかし私のこの想像は、アラビアの地での伝道活動を否定するものではありません。祈りを深めることが伝道に繋がることを、私たちは見失ってはなりません。

前回の講話（聖書講話「呪いと神の愛」『十字架の祈り』一〇八号所収）で私は、一8、9節にある「呪われるがよい」というパウロの言葉に関して、高橋三郎先生がこの大胆な発言自体にパウロの「権威の自覚」を見ていたことに対して、また多くの注解者がこれに類する理解を持っていることに対して否を唱え、この発言の背後には、救いのために呪いそのものになられた神（三13）がおられるのであり、その神の愛がパウロのこの呪いの言葉の中には秘められている。そしてその愛のゆえに呪いとなられた神は、十字架につけられたままの弱い姿である。真実の権威は十字架の弱さにある、とお話しをしました。多くの方々が強い神の権威をパウロに見ていることに対して、私は神の弱さを通しての権威を見ているのです。それは神の権威を神の強さに基づくものから、神の弱さに基づくものへと見直す内容でもありました。

本日は改めて、パウロの復活のキリストとの出会いを通して、実に一般的に考えられている強いキリストへの復活理解は、実は「人によるもの」であり、パウロが与えられた弱い姿のキリストの啓示にこそ福音の真実性を見ることができることを学びました。これもまた復活理解における権威の捉え直しなのであります。真実なる神の権威は、弱い姿の復活者にあるのです。

十字架につけられたままのイエス・キリストの姿は、イエスが神の無条件の赦しを宣べ伝えた生涯の結果でした。神はそのイエスの生涯と死を「然り」とされたのです。私共も、そのような十字架につけられたままの復活者に出会う時、私共の生涯を通して神の無条件の赦しを宣べ伝える者に変えられます。その生き様は人間的な権威を拒否した、弱さに満ちたものでありましょう。その死も見栄えなきものかと思います。

しかしそのような見栄えなき歩みと死にこそ、真実なる神の権威を見るのだ、という逆説を、本日、私共は学びました。

静かに自らの歩みを捉え直したく存じます。

（「聖書講話」『十字架の祈り』一〇八号［二〇二二年一一月］）

第八章　捨てられた神と共に

「わが神、わが神、なぜわたしをお見捨てになったのですか」（マコ一五34）は、イエスの十字架上の最期の言葉である。この言葉は、神が神ご自身によって捨てられることを意味した。神の愛の極みは、神が神ご自身を、捨てられた者たちのために捨てるところにあるのである。

この世の捨てられた者たち、つまり非信仰者のためにこそ、神はおられるのである。決して教会や集会の信仰者のためにおられるのではない。

シモーヌ・ヴェイユがこのようなことを語っている。

どうしようもなく神を欠く、そのかぎりにおいて、この世界は神そのものである。

（ヴェイユ『重力と恩寵』九七頁）

以前には、この言葉が何を意味するかがよくわからなかった。しかしようやくわかり始めたように思える。神を欠いたところ、つまりこの世の只中にこそ、神を欠いた者たちと共に、神であることを欠いた神がおられるのである。従って、教会や集会ではなく、神なきところ、神を欠いたこの世そのものが、真に神が共にいて下さるところなのである。

私共は、信じる者たちとのみ神は共におられる、という錯誤から抜け出さねばならない。そして私共自身もこの地上で、捨てられた神と共に、神なき捨てられた人々と共に、神なき捨てられた者として生きるのである。

神の約束と律法――捨てられた神

ガラテヤの信徒への手紙三章19―22節

[19]では、律法とはいったい何か。律法は、約束を与えられたあの子孫が来られるときまで、違犯
を明らかにするために付け加えられたもので、天使たちを通し、仲介者の手を経て制定された
ものです。[20]仲介者というものは、一人で事を行う場合には要りません。約束の場合、神はひと
りで事を運ばれたのです。
[21]それでは、律法は神の約束に反するものなのでしょうか。決してそうではない。万一、人を
生かすことができる律法が与えられたとするなら、確かに人は律法によって義とされたでしょ
う。[22]しかし、聖書はすべてのものを罪の支配下に閉じ込めたのです。それは、神の約束が、イ
エス・キリストへの信仰によって、信じる人々に与えられるようになるためでした。

一　捨てられた神

「約束を与えられたあの子孫」とは、キリスト者たちのことです。「神の無条件の愛」を地上で成し遂げたイエス・キリストを通して、神の約束の一方的な恵みによって救われた、キリスト者たちのことです。この神の一方的な恵みとは、神ご自身が罪となり、つまり捨てられた者となり、捨てられた者たちのところへ行かれた、ということです。

律法は捨てられた者たちを生み出しました。律法を守れず、救いからはみ出した者たちを生み出したのです。しかし神は自らが捨てられた者となることで、捨てられた者たちを義とされたのです。

神が捨てられた者となった――これが救いであり、神の約束でした。この救いをその生と死によって見事に現したのが、イエス・キリストでした。彼は十字架上で、実際に律法によって呪われ、律法によって捨てられ、神から捨てられた者となったのでした。

しかし実に、神の救いはそのような捨てられた者に向かうものでした。神ご自身がそのイエスを通して捨てられた者となり、捨てられた者をそのまま義とされたのです。

これが信仰義認です。

救いは実に捨てられた者の上にあるのです。そして救いとは、十字架の上に捨てられることなのです。決してこの世的なハッピーエンドではありません。

二　神なしに生きる

ディートリヒ・ボンヘッファーという牧師――反ナチ抵抗運動に参加して逮捕・投獄され、三九才の若さで処刑された神学者――が、このように言いました。彼の『獄中書簡』にある言葉です。

われわれと共にいる神とは、われわれを見すてる神なのだ（マルコ十五・三四）。……神の前で、神と共に、われわれは神なしに生きる。

（ボンヘッファー『ボンヘッファー獄中書簡集』四一七頁）

神の救いのないところにこそ、神の救いがあるのです。神に捨てられること――真の救いは、そのことを真実に味わった者に与えられるのです。イエスは神に捨てられた人でした。捨てられたところにおいて、捨てられたままで、彼は義とされました。彼を義とした神も捨てられた神でした。

私共もまた、本当に神に捨てられた時、義とされます。ボンヘッファーの言うように、神とは私共をお見捨てになる神であります。そして私共のために自らも捨てられた者となられる方です。捨てられた私共は、神なしとならざるを得ない。しかしその神なきところこそが、神が真実に共におられるところなのです。

神なきところとはどこでしょう。教会でもなく、無教会でもなく、社会の現実の只中です。私共は信仰の片鱗も見せることなく、信仰を捨てたがごとくにこの世そのものとなり、この社会の只中で、神なき人々と共に、捨てられた者として生きねばなりません。「神なしに生きる」のです。しかしそこにこそ、神が共におられるのです。

シモーヌ・ヴェイユが次のように語ったことも思い出します。

> 神はわたしが教会に入ることを少なくともいまのところ望んでいません。ですが、思い違いでなければ、神の意志は、これから先も、おそらく死の瞬間を除いて、わたしが教会の外に留まることであるようにわたしには思われます。とはいえ、わたしはつねに、どのようなものであれ、あらゆる命令に従う心づもりがあります。地獄の直中《ただなか》に赴き、そこに永遠に留まりなさいという命令にも、わたしは歓びをもって従うでしょう。この種の命令に対する嗜好があると申し上げたいわけではもちろんありません。こうした倒錯をわたしはもっておりません。
>
> キリスト教は、あらゆる召命を、例外なく、キリスト教のうちにもっていなければなりません。なぜなら、キリスト教は普遍的《カトリック》だからです。教会も同様です。ですが、わたしの目には、キリスト教は道理の上では普遍的ですが、実際はそうではありません。多くのものが教会の外にあります。わたしが愛し、捨て去るのを望まない多くのものが、神が愛している多くのものが、教会の外にあります。というのも、もしそうでなければ、こうした多くのものが現に存在しているということはなかったでしょう。この二〇世紀を除く、過ぎ

去った何世紀にも亘るあらゆる膨大な広がりが。有色人種が住んでいるあらゆる国が。白色人種の国におけるあらゆる世俗の生が。白色人種の国の歴史のなかで、マニ教やアルビジョワの伝統のように異端と糾弾されたあらゆる伝統が。あまりにしばしば堕落していますが、まったく無価値ではない、ルネッサンス由来のあらゆるものが。

キリスト教は道理の上では普遍的であるのに、実際はそうでないとすると、道理の上でわたしは教会の一員であっても、実際にはそうではありません。そしてそれは、一時のあいだだけではなく、わたしの全生涯においてそうなのです。

（ヴェイユ『神を待ち望む』一一六―一一七頁、傍点荒井）

そして、ヴェイユは『重力と恩寵』でこう語るのです。

どうしようもなく神を欠く、そのかぎりにおいて、この世界は神そのものである。

（ヴェイユ『重力と恩寵』九七頁）

私共は、今一度ヴェイユに聞き、その思考と信仰の深みに学びたいと思います。

パウロによれば、この深みに至るには、律法の役割が不可欠でした。パウロは、律法自体は神からの第一のものではない、と言います。律法は「違反を明らかにするために付け加えられたもので、天使たちを通し、仲介者の手を経て制定されたものです」（19節）。

律法は違反を明らかにするもの、つまり罪を明らかにし、あえて人を救いの枠外に捨てさせるもの、ということです。さらには神ではなく、天使という仲介者、つまり神ご自身ではなく、二番手の存在を通してのもの、神からの直接のものではない。律法は神の約束より次元が低い、ということを示そうとしているのです。しかし、神ご自身が直接、一方的に現して下さる救いこそ、最上のものなのです。律法それ自体に救いの力はありません。パウロは「万一、人を生かすことができる律法が与えられたとするなら、確かに人は律法によって義とされたでしょう」（21節）と言っています。しかし「人を生かすことができる律法」などはありません。律法に救いの力は無い、ということです。

三　イエス・キリストの真実

しかし、聖書はすべてのものを罪の支配下に閉じ込めたのです。それは、神の約束が、イエス・キリストへの信仰によって、信じる人々に与えられるようになるためでした。（ガラ三22）

ここの「聖書」とは、「律法」と言い換えてよいでしょう。それは「神の約束が、イエス・キリストへの信仰によって、信じる人々に与えられるようになるためでした」。ここの「イエス・キリストへの信仰」は、一番新しい訳である聖書協会共同訳では「イエス・キリストの真実」と訳されています。これは二16でも学んだことであり、原文の訳としてはどちらも正しいのですが、私は「イエス・キリストの真実」に賛同します。

「神の約束」は、神ご自身が十字架上で自らを捨てることによって、その真実によって現されるものであります。つまりただお一人の神の側からの一方的な真実によって与えられるものであり、「イエス・キリストへの信仰」という、人間の側からの「信じる」という行為のゆえに与えられるものではない、ということです。イエス・キリストはその「真実」を、神の子として全くありのまま、十字架上で示した人なのです。イエスは、捨てられた神を見事に十字架上で現したのでした。

四　神の愛の極みと復活

最後に、ユルゲン・モルトマンという神学者の『十字架につけられた神』という本からの一節をご紹介して終わりたいと思います。

神がナザレ人イエスにおいて人間となるなら、神は人間の有限性に踏みこむだけではなく、十字架上の死において人間が神に見捨てられている状況にもまたはいりこむ①。神は、イエスの中で有限な存在の自然な死を死ぬのではなく、十字架における暴力による犯罪者の死、神に完全に見捨てられた死を死ぬ。イエスの苦難における苦難は、見捨てられること、彼の父である神による排斥棄却である。人間がそれに対応する宗教的思惟と感情によって神にあずかるようにと、神は宗教になるのではない。人間が律法に服従することによって神にあずかれるようにと、神は律法になるのではない。人間が断え間なく骨折る努力によって神との交わりを得るようにと、神は理想になるのではない。神が自らを低くし、神を失い神に見捨てられた人々の永劫の死を自らに引き受けたのは、神を失い神に見捨てられたどんな人でも、神との交わりを経験することができるためである②。

人間となった神は、どんな人間の人間性にとっても、しかも人間の全き身体性にとっても、現在的でありかつ経験しうるものである人間的な神との交わりを知覚するためには、だれも己をよそおう必要もないし、現にそうである以上に見せる必要もない。むしろあらゆるよそおいとすべての仮象を取り去ることができ、この人間的な神の中において彼が真実そうであるところのものになることができるのである。しかし、十字架につけられた神は、それを超えてさらにあらゆる人間の見捨てられた状態の中で彼に近くいます③。神がイエスの十字架において、自らに引き受けわがものとしなかったような、どんな孤独もどんな排斥もない。自ら神に近づくためには、いかなる自己正当化の試みも、またいかなる自己破壊的な自己告発も必要ではない。神に見捨てられた人や排斥された人は、自分のそばにおり、自分を既に受け入れていた十字架につけられた神を認める時、自らを受け入れることができる④。神が十字架の死を自らに引き受けたとするなら、神は、死、律法および罪責のもとにあるような一切の生と現実の生を受け入れているのである。そのことによって、神は現実の生を、また死全体と現実の死の受容を可能にしたもう。境界と諸条件抜きに、人間は神の生と苦難、神の死と復活に引き入れられ、信仰において身体的に神の充溢にあずかる。父の痛み、子の愛および聖霊の衝迫との間の、この神の状況から彼をしめ出しうるものは何ものも存在しないのである。

（モルトマン『十字架につけられた神』三七九—三八一頁。傍線荒井）

モルトマンは、神がイエスにおいて人間となるということは、神が人間の有限性になることであり、十字架上で人間が神に見捨てられている状況にもなることだと言います（傍線①）。そしてイエスにおいて神が見捨てられたということは、神を失い神に見捨てられた全ての人が、神との交わりを持つことができるためだとも言います（傍線②）。さらには十字架につけられた神は見捨てられた全ての人間と共におられる、と言うのです（傍線③）。神に見捨てられ排斥された人は、その人の側にいて、その人をすでに受け容れておられる十字架につけられた神を知る時、自分自身を受け容れることができる、と言います（傍線④）。

モルトマンの書いていることは、私が考え至ったことと全く重なっていると思います。神の愛の極みは、神が神ご自身を、捨てられた者たちのために捨てるところにあります。その捨てられた神によって、世の捨てられた者たちは救われる。神に捨てられ切ったキリストは、その神の愛の極みを完全に現したがゆえに、神によって復活させられました。

捨てられた者は、捨てられたままでは終わりません。復活のキリストに、捨てられた状態の只中で出会うのです。復活のキリストは、十字架につけられたままの捨てられた姿をしています。そして十字架上でこのように呻き続けています。

「わが神、わが神、なぜわたしをお見捨てになったのですか」。（マコ一五34）

捨てられていることの只中にこそ、神は共におられる。そこにこそ、希望があります。私共は一人残らず罪人であり、本来、捨てられた者たちであることに気付くとき、私共は捨てられている暗闇の只中で、愛の極みの神に出会うのです。

この救いこそが、神の約束であり、イエス・キリストの真実である。そう信じます。

（「聖書講話」『十字架の祈り』一一一号［二〇二三年二月］）

信仰者であるかないかもなく

ガラテヤの信徒への手紙三章23―29節

23信仰が現れる前には、わたしたちは律法の下で監視され、この信仰が啓示されるようになるまで閉じ込められていました。24こうして律法は、わたしたちをキリストのもとへ導く養育係となったのです。わたしたちが信仰によって義とされるためです。25しかし、信仰が現れたので、もはや、わたしたちはこのような養育係の下にはいません。
26あなたがたは皆、信仰により、キリスト・イエスに結ばれて神の子なのです。27洗礼を受けてキリストに結ばれたあなたがたは皆、キリストを着ているからです。[28]そこではもはや、ユダヤ人もギリシア人もなく、奴隷も自由な身分の者もなく、男も女もありません。あなたがたは皆、キリスト・イエスにおいて一つだからです。[29]あなたがたは、もしキリストのものだとするなら、とりもなおさず、アブラハムの子孫であり、約束による相続人です。

一　「信仰」ではなく「真実」

本日の箇所23―29節には、「信仰」という言葉が五回出て参ります。23節に二回、24節に一回、25節に一回、26節に一回の計五回です。ギリシア語のピスティスが「信仰」と訳されておりますが、一番新しい訳の聖書協会共同訳では五か所すべてが「真実」と訳されています。

「信仰」というと、その字のごとく、人間の側から信じ仰ぐという、行為を伴うイメージがあります。しかし「真実」というと、人間の側の振る舞いや行為は関係なく、神にある真（まこと）が神の意志によって現れている、というイメージになります。

直前の22節には「イエス・キリストへの信仰」とありますが、これも聖書協会共同訳では「イエス・キリストの真実」と訳されていることを、前回お話し致しました（「神の約束と律法」本書二六三頁）。「イエス・キリストへの信仰」では、そこに人間の信じるという行為が介在しますが、「イエス・キリストの真実」の場合は、神の真実、つまり「神の無条件の愛」そのものが示されているのであります。人間が信じるか信じないかにかかわらず、神の無条件の愛は、神の側から一方的に現されるのです。「真実」には、そのような意味があると考えます。人間の側の行為や思いと全く関係のない神の側の事実なのであります。私は「真実」という訳に賛成します。

本日の箇所でも、「信仰」とある五か所を、「真実」と訳し直すことで、よりわかりやすくなると思います。

二　律法には救いに至らせる力はない

19節に「律法は、約束を与えられたあの子孫が来られるときまで、違反を明らかにするために付け加えられたもの」とありました。つまり律法は、違反を明らかにする役割を担うもの、と説明できます。しかし、24節ではパウロは、律法は「キリストのもとへ導く養育係」なのだ、と言います。ギリシア・ローマ世界においては、裕福な人々は彼らの子どもに「養育係」をつけたとのことで、奴隷がその仕事に当てられることが多かったそうです。役割としては子どもが有害なものを口に入れないように見張ったり、悪事を働いたら鞭打つというものだったようです。どのように生きればよいかを見張って教える役割と言ってよいでしょう。従って律法には、見張りの役目はあったとしても、救いに至らせる力はありませんでした。この24節には「キリストのもとへ導く養育係」とありますが、それは救いに至らせるという意味ではありません。

その見張りの役には当然、「何をしたら良いか、悪いか」の判断が生じますので、「悪い」ことをした者は罪を犯した、として律法の外に捨て置かれたのです。当時の律法主義は、律法に適う「良いこと」をした者たちは救われ、律法に適わぬ「悪いこと」をした者たちは救われない、というものでした。しかしパウロは、繰り返しになりますが、律法それ自体は見張りの役のみであり、それ自体に救いに至らせる力はない、と見抜いていたのです。

律法主義者時代のパウロはそのことがわからず、律法を守ることで救われると信じていました。律法に適う「良いこと」をすることで救われる、と信じていたのです。しかし律法を守り切ることができず、パウロは苦しんだのでした。「わたしは、自分のしていることが分かりません。自分が望むことは実行せず、かえって憎んでいることをするからです」（ロマ七15）と苦しみ嘆きました。「死に定められたこの体から、だれがわたしを救ってくれるでしょうか」（ロマ七24）。パウロは律法の監視と閉じ込めの下に、ついに死んだという自覚に至りました。これが彼の言う「律法の呪い」（三13）です。

律法によっては、人はただ「呪い」の中に放り出されるのです。それは救いを求める者にとっては、救いの枠の外へ捨てられることでした。このような悲惨な事態を含めて、パウロは「キリストのもとへ導く養育係」と、律法に関して言っているのです。しかし律法に監視され閉じ込められて苦しんでいた時のパウロは、とても律法を「養育係」というような穏便な言葉では呼べなかったでしょう。神の「真実」によって救われた今だからこそ、余裕を持ってそう言えるようになったのでしょう。

三　捨てられた神による救い

パウロが律法の外へ、呪われた者として捨てられた時、神の「真実」は現れました。律法の外へ捨てられたのは、パウロのみではなく、神の子であるイエス・キリストも同様でありました。イエスは律法主義者たちに罪人とされ、律法の外に捨てられ、十字架につけられ殺害されたのです。そしてその時、神ご自身も罪となり、捨てられた者となられました。

パウロが捨てられて自らの死を自覚した時、神はパウロと同じ捨てられた者としてやって来られました。その捨てられた神にパウロは出会い、救われたのです。そして同時に、自らを捨てるほどにパウロを愛しておられる神の「真実」を示されて、死から再び生へと甦ったのです。神の無条件の愛がパウロを救ったのです。

パウロは捨てられた神に出会い、神の真実を知りました。その神の「真実」とは、神はご自分を捨てるほどに無条件に全ての人を愛される、ということでした。律法を守ることによって神に愛される、ということではなく、人の側で何をしてもしなくても、神は一方的に、全ての人間一人ひとりを愛して下さっている、全ての人間はすでに愛されている、という驚くべき「神の真実」でした。

イエスはその無条件の神の愛を、地上の歩みと彼の死（十字架）において現した人でした。そこにおいてこそ、彼は神の子でした。従ってその神の真実を知らされる時、人は自分もまた神に愛されている「神の子」であることに気付くのです（26節）。

パウロが出会った「捨てられた神」は、復活のイエスでした。パウロの前に復活のイエスは、光り輝く姿ではなく、捨てられたままの姿で――十字架につけられたままの姿で――現れました。27節の「洗礼を受けてキリストに結ばれた」、「キリストを着ている」とは、その捨てられた姿のままの復活のキリストに出会うことを意味しています。決して儀式としての洗礼のことではありません。Ⅱコリント書四10でパウロは「わたしたちは、いつもイエスの死を体にまとっています」と言いますが、この「イエスの死」とは「イエスの殺害」という意味です。この「死」というギリシア語は、通常使用されるタナトスではなく、殺害を意味するネクローシスなのです。つまりここの意味は、イエスの殺害された姿、つまり捨てられた姿を体にまとう、「着る」ということなのです。キリストを着る、ということは、捨てられた復活者を着る、ということなのです。

神の救いは、捨てられた者へと向かいます。神ご自身がその愛ゆえに捨てられた者となって。救いは決して律法遵守によって与えられるのではなく、神の真実――捨てられた神――によってこそ、与えられるのです。

四　信仰者であるかないかもなく

そこではもはや、ユダヤ人もギリシア人もなく、奴隷も自由な身分の者もなく、男も女もありません。あなたがたは皆、キリスト・イエスにおいて一つだからです。あなたがたは、もしキリストのものだとするなら、とりもなおさず、アブラハムの子孫であり、約束による相続人です。（28―29節）

28節は、民族的相違、身分的相違、性別の相違があっても、キリスト・イエスにおいて一つである、と言っています。これは言い換えれば、「捨てられる者はない」ということであり、全ての人が神の無条件の愛によって愛されている、ということであります。

当時は民族的相違による差別がありました。それは律法主義によっても現れていました。ユダヤ人キリスト者にしてみれば、ギリシア人などの異邦人が救われるには、割礼を受けて律法を守らねばならないのでした。ユダヤ人とギリシア人の間には明確な差別があったのです。そしてその背後には民族主義、選民意識がありました。それは、アンティオキア教会で異邦人と食事を共にしていたペトロやバルナバが、ヤコブのもとから派遣された人々が来ると、その席から退いた、という事件（二11―13）にも如実に現れています。当時は奴隷と自由人、男と女の間にも越えることのできない差別の壁が確立していました。しかし全ての人を神が無条件に愛しておられるという神の「真実」を知ることにより、その差別の壁は消えるのであります。

そしてイエス・キリストの十字架の殺害を通して、つまり復活のキリストを通して、捨てられた神は捨てられた者のところへ行かれる、ということを深く見つめる時に、実にこの28節前半の言葉に、本来は、「信仰者であるかないかもなく」という言葉が付け加わらねばならないことに気付きます。それを入れてみるとこうなります。

そこではもはや、ユダヤ人もギリシア人もなく、奴隷も自由な身分の者もなく、男も女もなく、**信仰者であるかないかもありません**。あなたがたは皆、キリスト・イエスにおいて一つだからです。

（太字の追加は荒井）

信仰者でなければ救われないのでしょうか。一般的には、信じなければ救われない、とされます。しかし、神の真実は、全ての人を無条件で愛する神の愛であることを知るときに、そこには信仰者である、ないの区別はないのです。

私共信仰者がもし信仰を持たねば救われない、と言って信仰を持たない人々を捨てるならば、神は捨てられた姿で、信仰を持たない人々のところへ行かれるでしょう。この人々を救うために。

五　捨てられた神を宣べ伝える

ですから私共の伝道は、教会や集会に誘って、洗礼を受けさせ、信仰告白をさせることではなく、「捨てられた神」を宣べ伝えることであります。教会や集会からはじき出され、見捨てられたあなたのところへこそ、神は見捨てられた者の姿で来て下さる。そこにこそ救いがあるのだ、と。

このようにして、捨てられた神によって、全ての差別は撤廃されるのであります。これが神の「真実」であります。

アブラハムは「不信心な者を義とされる方」によって救われました（ロマ四5）。信仰義認です。不信心な者を義とされる神は、捨てられた者を義とされる捨てられた神なのであります。その意味で、捨てられたキリストにおいて現された、捨てられた神に生かされた者たちこそ、アブラハムの子孫なのであり、神の約束による相続人なのであります。

キリスト者とは、選ばれた者たちの集まりではありません。見捨てられた者たちの集まりなのです。そして私共の神も光り輝く栄光の神なのではありません。見捨てられた神なのです。

神は強さにおいて人々を救うのではありません。神は弱さの極限において、捨てられた姿において、人々を最終的に救うのであります。律法主義は強さを表現するバロメーターでもありました。本当の神の真実は、そのような強さに向かう律法主義においてではなく、弱さの極限における見捨てられた神によって現れるのであります。

そのような捨てられた神によって救われるのですから、私共も、世の捨てられた人々のもとに行き、共に生きねばならないのです。それが「皆、キリスト・イエスにおいて一つだからです」という28節を、本当の実現に至らせることである、と信じます。

（「聖書講話」『十字架の祈り』一一一号［二〇二三年二月］）

第九章　信仰義認から義認信仰へ

二〇二二年二月、三月に『十字架の祈り』において、贖罪信仰から信仰義認へと私の信仰が変わったことを明らかにしてから約一年後の一一三号（二〇二三年四月）にて、復活祭巻頭言として「信仰義認から義認信仰へ」という文章を書き、私の信仰の呼称を信仰義認から義認信仰へと変えたことを公にし、さらには復活祭聖書講話として「義認信仰」という文章を公にし、義認信仰の内実を示した。

私の信仰は「信仰義認」と表現していた時も、その内実は「義認信仰」であったと言ってよいと思う。しかし自分自身の信仰の内実が「義認信仰」であることを明確に意識するのには、約一年の時間を要したのである。

本章には、右の二つの文章と、義認信仰に深く関わる二つの文章を掲載する。

信仰義認から義認信仰へ――無教会の本質へ

今号の復活祭聖書講話「義認信仰」は、私がこれまで使用してきた「信仰義認」という呼称を「義認信仰」に修正することを公にする、極めて大事な聖書講話となります。そして実にこの「義認信仰」こそ、無教会ならではの救済観であると考えています。そのことをご理解頂ければありがたく存じます。今後、「信仰義認」ではなく「義認信仰」と、私の語る信仰の呼称を変更いたします。

人は信じて義とされるのではなく（信仰義認）、義とされたから信ぜしめられるのです（義認信仰）。この単純な救いの事実こそが私共、無教会の宝であり、神の福音そのものである――そう考えています。私は贖罪信仰を捨てて信仰義認の信仰に至ったことを一年前に公にしました（「贖罪信仰から信仰義認へ」本書四一頁）。そして今号にて、信仰義認から義認信仰という呼称に変更することを公にいたします。ここに至り、神の無条件の愛による救いをより深く味わうことになりました。詳しくは復活祭聖書講話「義認信仰」（本書二七七頁）をお読み頂きたく、お願い申し上げます（後略）。

（「復活祭巻頭言」『十字架の祈り』一一三号［二〇一三年四月］）

義認信仰

ガラテヤの信徒への手紙二章15―16節

15私たちは生まれながらのユダヤ人であり、異邦人のような罪人ではありません。16しかし、人が義とされるのは、律法の行いによるのではなく、ただイエス・キリストの真実によるのだということを知って、私たちもキリスト・イエスを信じました。これは、律法の行いによってではなく、キリストの真実によって義としていただくためです。なぜなら、律法の行いによっては、誰一人として義とされないからです。
（聖書協会共同訳）

一般的に「信仰義認」と言うが、「義認信仰」とはあまり言わない。しかし新約聖書学者である佐藤研《みがく》氏は、その著書『旅のパウロ――その経験と運命』において、「義認信仰」という言葉を使用し、説明をしている。その箇所を抜粋して読んでみたい。

そこで最後に、パウロの思想的特徴の中でとりわけ重要だと思われる点をまとめて述べておきます。一つはガラテヤ書二章、二つ目は第二コリント書一二章、そして三番目がロマ書一五章です。この三つを取り上げて、これこそがパウロ的なところだと私が思っていることをお話しし、これまでのパウロの行動を側面から思想的にも理解するよすがにしたいと思います。

最初は、ガラテヤ書二章15節以下です。ここは一般に、「信仰義認論」を語る箇所とされます。パウロの中心思想と伝統的に言われているこの思想の、おそらく最も重要な証しのテキストと言われてきたところです。

15私たちは〔たしかに〕「生まれながらのユダヤ人であって、異邦人出身の罪人ではない」。〔しかし、〕16「人はイエス・キリストの信（pistis）を通してでなければ、法（nomos. 一般に言う「律法」つまり「トーラー」）の業からは義とされることはない」と知って、私たちもまたキリスト・イエスを信じ

（pisteuô）たのである。それは私たちが、法（nomos）の業からではなく、キリストの信（pistis）から、義とされるためである。というのは、法（nomos）の業からはいかなる肉も義とされないからである。……[19]実際私は、法（nomos）を通して法に対して死んだのであるが、それは神に対して生きるためであった。私はキリストと共に杭殺柱〔で殺されて〕しまった。[20]もはや私が生きているのではなく、キリストが私のうちで生きているのである。今、私が肉において生きているこのものは、私を愛し、私の「ために自らを〔死に〕引き渡した」神の子の信（pistis）において生きているのである。[21]私は神の恵みを無効にはしない。なぜならば、もしも法（nomos）を通して義が〔与えられる〕としたら、キリストは無駄死にしたことになる。（ガラ二15―21）

この中で、傍点を打ったところに着目して下さい。「イエス・キリストの信（pistis）」と直訳してあるところとその関連箇所です。一般には、このように訳されてはいません。たとえば聖書協会の口語訳を見ますと、きわめて説明調になっています。「人が義とされるのは、律法の行ないによるのではなく、ただキリスト・イエスを信ずる信仰によることを認めて、私たちはキリスト・イエスを信じたのである」とあります。新共同訳でも、「ただイエス・キリストへの信仰によって」とあって、基本的に同じ解釈です。私の訳に最も近い訳は、太田修司『パウロを読み直す』（キリスト教図書出版社、二〇〇七年）の中の該当論文（一九九〇年以降）中の訳と、最近刊行された田川建三訳『新約聖書　訳と註3「パウロ書簡その一」』（作品社、二〇〇七年）の訳です。どちらも「イエス・キリストの信」とストレートに訳してあって、これが正しいと思われます。

これは原語では pistis Iesû Christû です。英語では“pistis” of Jesus Christ となります。これを「イエス・キリストに対する我々の信仰」のように訳するのは、ギリシャ語的に見て無理があるだけでなく、原文に対して例の伝統的かつとりわけプロテスタント的・ルター的な前理解を投入した不適切な訳だ、と私は思っています。したがって、素直に「イエス・キリストの信」と訳するとどうなるか。この「信」の主体はイエス・キリストだということです。この「の」は、学問的な言葉を使えば、主体的属格の「の」ということになります。イエス・キリストの側の「信」ということです。

ということは、「イエス・キリストに対する我々の信仰」が言われているわけではない。そうではなく、イエス・キリストがその「信」をもって私たちに迫ってくる、その事実が問題だということです。そもそも pistis というギリシャ語はラテン語で言えば fides です。日本語の「信」という語は、あまりこなれた訳ではありません。本当は「信実」とか「誠実」とか「誠」とでも訳した方がいいのです。しかし、それではそのまま動詞形になりませんから、仕方なく「信」という言葉を使っています。そうすることで、「信」(pistis) という名詞と「信じる」(pisteuō) という動詞の呼応が明確になるからです(最近のはやり言葉のように、「信実する」「誠実する」「誠する」とまで言う勇気は、私にはさすがにありません)。

要するにここは、「キリストが顕している信、すなわち誠実さ、によって私たちは義とされる」ということであり、「私たちがキリストを信じるから義とされる」のではないということです。「キリストの pistis」というものによって義とされている。あえて言えば、「根源的な義認」がなされている。いわば、もう先に決まってしまっているということです。その根源的な事実を追認するということが私たちのやることです。フォローすることです。それが「私たちが信ずる、信を置く」という行為です。しかし、人間の側からの働きは、あくまでも二義的な応答なのです。一義的なのは、「イエス・キリストの信」であって、それに「私たちの信」というものが二義的に呼応する。その逆ではないのです①。ですから私は、パウロの中に「信仰義認」などというものはないと思っています。あるとすれば、それはその逆の「義認信仰論」であると考えています。つまり、「義認されている」ということに目が開いたという意味での「信仰」というレスポンスです。こちらからは応答しかあり得ないということです。

こう理解すべきなのですが、特にプロテスタント教会では、ルター以降、いわゆる「信仰義認」という言い方が定着してきました。ルターは pistis というギリシャ語の意味範囲も、それにほぼ忠実なラテン語の fides という語も知っているのに、ドイツ語にする時にはあえて Glaube という単語にしてしまった（ガラテヤ書二章16節 = durch den Glauben an Jesum Christum）。これだと、「人間が信仰する」という意味にしかならないのです。もちろんそうすることも、当時のカトリック教会の堕落逸脱した救済システムと戦うには果敢な策でした。「ただ信仰のみ、それ以外の救済条件は一切要らない」、というわけです。しかし、時代が移ると、ルター訳の元来の誤訳が禍根に転じます。今度はこの「信仰」が人間の側に救済の絶対条件として迫ってくるのです。したがってその裏側は、「お前は、信仰がないから救われない」という隠れた呪いになる。そうではないのです。残念ながら、この構造は今の今に至るまで、特にプロテスタント教界では、多くが変わっていないと思います。

人間の方のレスポンスとしての「信」が、「誠」が必要なのだとすれば、それは「義認の業」が、人間が目を開き、それを受け入れることによって現実的に完結するということです。言い換えれば、義認の業が完結するという意味において、人間の「信」が必要なのです。けれども、それはあくまで二義的なものなのです。一義的なものは、「イエス・キリストの信」なのです。

（佐藤「『義認信仰論』——ガラテヤ書二章」『旅のパウロ』二二一—二二五頁。傍線・番号荒井）

佐藤氏が「イエス・キリストの信」「キリストの信」と訳している16節の箇所は、新共同訳では目的語的属格として訳し、「イエス・キリストへの信仰」「キリストへの信仰」と訳されている。

新共同訳の次の訳として二〇一八年に出版された、最新の訳である聖書協会共同訳では、佐藤氏が「イエス・

キリストの信」と訳している16節の箇所を主語的属格（佐藤氏は主体的属格と言っている）で訳し、「イエス・キリストの真実」「キリストの真実」と訳している。この訳し方は、佐藤氏の訳と内実を同じにするものと思える。

しかし、人が義とされるのは、律法の行いによるのではなく、ただイエス・キリストの真実によるのだということを知って、私たちもキリスト・イエスを信じました。これは、律法の行いによってではなく、キリストの真実によって義としていただくためです。なぜなら、律法の行いによっては、誰一人として義とされないからです。（ガラ二16、聖書協会共同訳、傍点荒井）

この「イエス・キリストの真実」「キリストの真実」という訳もまた、人が信じる信じないにかかわらず、イエス・キリストの側で完結している救いを示している。佐藤氏の言葉を借りれば、「いわば、もう先に決まってしまっているということ」なのである。私は「イエス・キリストの真実」とは、イエス・キリストを通して神が真実を現されることであると受け止め、「神の真実」と言っている。

以上の意味で、私も佐藤氏と同じく「信仰義認」ではなく「義認信仰」である、と主張しているのだが、佐藤氏の見解と異なる点がある。その相違点はむしろ決定的に私の語る義認信仰のあり方を特徴づけるものと言えよう。以下、それを述べる。

傍線①のところで佐藤氏はこのように語っている。

要するにここは、「キリストが顕している信、すなわち誠実さ、によって私たちは義とされる」ということであり、「私たちがキリストを信じるから義とされる」のではないということです。「キリストの pistis」

というものによって義とされている。あえて言えば、「根源的な義認」がなされている。いわば、もう先に決まってしまっているということです。その根源的な事実を追認するということが私たちのやることです。フォローすることです。それが「私たちが信ずる、信を置く」という行為です。しかし、人間の側からの働きは、あくまでも二義的な応答なのです。一義的なのは、「イエス・キリストの信」であって、それに「私たちの信」というものが二義的に呼応する。その逆ではないのです。

佐藤氏の言われる「根源的な義認」に関しては共感する。しかし「その根源的な事実を追認するということが私たちのやることです」、「フォローすることです。それが『私たちが信ずる、信を置く』という行為です」、「一義的なのは、『イエス・キリストの信』であって、それに『私たちの信』というものが二義的に呼応する」という考え方には同意できないのである。信仰は、人間の側が「追認」、「フォロー」、「二義的に呼応するもの」ではない、ということが私の主張である。私の捉え方は、人が「イエス・キリストの真実（神の真実）」を知ると同時に、「人間の信仰（信じるということ）」が「イエス・キリストの真実（神の真実）」によって起こされる、というものである。

「人間の信仰（信じるということ）」は、佐藤氏の言うような「根源的な義認」を人間が「追認」、「フォロー」、「二義的に呼応する」ものでは決してなく、「イエス・キリストの真実（神の真実）」を知ることに併せて神によって起こされることなのである。

高橋三郎は、次のように語っている。

ここまで問題を煮つめることによって、無教会主義の中に宗教改革的真理契機を探ることが緊急の課題となる理由が、お分かり頂けたかと思います。ここから述べることは私の見解でありますから、皆さん批判的に吟味して頂きたいのですが、内村の発言の中に、信仰のみによって救われるという命題と並んで、人は救われたから信ずるのであり、信仰は救いの結果である①という発言が見られることは、きわめて重大だと思います。しかし彼は、これが無教会の中心だとは言いませんでした。従ってこの命題の重さをどこまで自覚していたのか、つまびらかではありません。けれどもこれは、実に重大な発言だと私は思うのです。信仰のみによって救われるということが、差別の論理に化していたキリスト教世界の排他性を、根源的に乗り越える福音信仰のとらえ方だと思うからです。信条や宗教を異にするすべての人々に対して、内村がどれほど開かれた心を持っていたか、よく知られているとおりでありますが、「神のものを神にかえす」ことの必然的結果としての自由な愛の流露を、そこに見る思いを禁ずることができません。彼の無教会主義の根底にあったものはこれだと私は思うのです②。

（高橋「無教会とは何か（ふたたび）」『高橋三郎著作全集』第二巻、五六三頁。傍線・番号荒井）

高橋は内村の発言の中に「人は救われたから信ずるのであり、信仰は救いの結果である」という発言があると言う（傍線①）。そして内村の「無教会主義の根底にあったものはこれだと私は思うのです」と語る（傍線②）。そしてこのようにも語っている。

礼拝とは生ける主のご臨在を仰ぐ場である、と私は考えています。そこで語られる言葉と祈り、また賛美の中に主が臨在される。信仰とは、その恵みにあずかる通路のようなもので、救いの条件ではないにしても、恵みの賜物として与えられるもの③でありますから、信仰は端的に救いそのものだ④、と言うことができると思うのです。（高橋「対談『いま宗教改革を生きる』」『高橋三郎著作全集』第二巻、二六九頁。傍線・番号荒井）

高橋は、信仰とは救いの条件ではなく恵みの賜物として与えられるものだ、と言う（傍線③）。そして信仰は救いそのものだ、と言うのである（傍線④）。信仰とは救いの条件ではなく、つまり信じたから救われるというものではなく、ただ恵みとして、むしろ救いそのものとして与えられるのだ、と言っている。信仰が与えられることが救いなのである。信仰とは、救われると同時に人間からの応答として為される行為ではなく、救いそのものの中から信仰（信じる）ということが起こされる、信仰がその者に与えられる、ということである。そしてこれは先に私が述べた、人が「イエス・キリストの真実（神の真実）」を知ると同時に、「人間の信仰（信じるということ）」が「イエス・キリストの真実（神の真実）」によって起こされる、ということと同じことなのである。

さて高橋は「内村の発言の中に、信仰のみによって救われるという命題と並んで、人は救われたから信ずるのであり、信仰は救いの結果であるという発言が見られる」と言うが、実際に内村はどのように語っているのであろうか。三か所を挙げてみたい。

人は信仰によりて救わるというは、信仰の結果によりて救わるというのではない。信仰そのものがすでに彼の完全なる救いであるというのである①。

（内村「安心立命の道」『内村鑑三信仰著作全集』第十巻、一七一頁。傍線・番号荒井）

キリスト信者とは、もちろんキリストを信ずる者である。しかし彼は実は自ら信じて信者と成ったのではなくして、神に信ぜしめられて信者と成ったのである②。彼の信仰は救済の結果であって、信仰が救済の原因ではない③。「なんじらの信ずるは、神の大なる能（ちから）の感動（はたらき）による」（エペソ書一・八）なりとは、聖書が力をこめて宣（の）べ伝うところであって、われらは信仰によって救わるるとは言うものの、その信仰そのものが神の特別なる賜物である④ことを、われらは決して忘れてはならない。

（内村「信仰の意義（二）」『内村鑑三信仰著作全集』第十六巻、二七頁。傍線・番号荒井）

宗教に二種ある。ただ二種あるのみである。すなわち自力宗と他力宗と、これである。儒教、神道、回教、ユダヤ教、みな自力宗である。そうして浄土門の仏教は他力宗であるが、絶対的他力宗でない。信仰を救いの条件として要求する宗教は、いまだ絶対的他力宗と称することはできない。信仰そのものまでを神のたまものとして見るに至って、宗教は絶対的他力宗となるのである⑤。そうしてキリストの福音はかかる宗教である。すなわち絶対的他力宗である。いわく、「なんじらの信ずるは、神の大能の感動によるなり」（エペソ書一・一九）と。信者の信仰そのものが神のたまものである⑥。ゆえに誇るの余地が寸毫（すんごう）ないのである。

（内村「二種の宗教」『内村鑑三信仰著作全集』第十四巻、六六—六七頁。傍線・番号荒井）

内村は「人は信仰によりて救わるというは、信仰の結果によりて救わるというのではない。信仰そのものがすでに彼の完全なる救いである」と言う（傍線①）。これは信仰義認の概念、すなわち「信じて救われる」ということが、信じた結果として救われるということではなく、信じるということがすでに完全なる救いの結果なのだ、と言っているのである。つまりここで内村の言っていることは、私の言い換えに従えば、「信仰義認」ではなく「義認信仰」なのである。

内村は「彼は実は自ら信じて信者と成ったのではなくして、神に信ぜしめられて信者と成ったのである」（傍線②）と言う。これこそが、「人間の信仰（信じるということ）」は、佐藤研氏が言うように、「根源的な義認」、つまり神の側で起こった救いを「追認」、「フォロー」、「二義的に呼応する」ものでは決してなく——つまり人間の側が信じることをするのではなく——「根源的な義認」を与えられたことにより「神に信ぜしめられる」ことに他ならないということの、内村の言葉を通しての裏付けである。「根源的な義認」によって人の信が起こされるのである。だから「信仰は救済の結果であって、信仰が救済の原因ではない」と内村は言う（傍線③）。そして「信仰そのものが神の特別なる賜物である」と言うのである（傍線④）。また「信仰そのものまでを神のたまものとして見るに至って、宗教は絶対的他力宗となるのである」と言う（傍線⑤）。「信者の信仰そのものが神のたまものである」（傍線⑥）とも言う。総じて内村は、信仰そのものが神の賜物なのだ、と言っている。「信じる」ということは、人間の側で発動する行為ではなく、単純に神の賜物なのだ、ということである。

以上の検証からも明らかであるが、人間の信仰は、「イエス・キリストの真実（神の真実）」を知ることに併せて、神によって起こされるものなのである。

少なくとも、無教会においては、このような捉え方をしてきているのであり、その意味では、「信じる」ことは人間の側で発動する行為ではなく神の賜物なのだ、という捉え方のもとに、私は「義認信仰」という言い方を主張するのである。人はまず最初に神の真実によって義とされて、その義の発動により人の信仰が起こされるのである。

高橋三郎も内村も、以上の捉え方を、彼らの信仰である贖罪信仰においてなしている。しかし贖罪信仰では、義とされるために相当な努力を要することは事実である。高橋三郎は「荒野にて」で自身の壮絶な罪との戦いの果てに神に赦された記録を書いている。石原兵永は『回心記』にて、やはり厳しい罪との戦いの末の回心を記録している。内村もまた、離婚後のアメリカでの苦悩の末にアマストで回心したのであった。黒崎幸吉の『回心』にも、回心に至る苦闘が記されている。多くの贖罪信仰者は、「回心」に至るまで、個々が相当な罪との戦いを経ている。かつての私も同様の戦いを長きにわたってしたのであった。今、私はこのような罪との戦いは、人間の側の行為であり、救いに至ろうとする人間の側で造り上げた条件と捉えている。従って贖罪信仰には、人間の側で「信じる」ために、壮絶な「罪との戦い」があるのであって、これは無条件の救いとは言えないのである。贖罪信仰者の苦闘の末の回心の時に、ようやく救われて信じることとなり「義認信仰」に至るとするならば、それはもはや「無条件」ではない。苦闘という「条件」を伴うものとなる。

無条件の救いはまさに全ての人に無条件に開かれている神の救いのことであるから、全ての人は無条件で救われねばならない。ほとんどの人は厳しい罪との戦いなど、できないのではないだろうか。そうならば、いくら贖罪信仰者が「無条件の救い」と言っても、それは現実味を帯びないものである。

私が贖罪信仰を放棄して至り来た「義認信仰」には、罪との戦いが全くない。神が罪そのものとなって下さり、罪にある者をその罪のまま、そのまま受容して下さり、義として下さるのである。つまり罪となられた神が、罪のままその者を受容して、罪の赦しを与えて下さるのである。その神は「無条件に全ての人を愛する神」なのである。

ゆえに内村や高橋が洞察した、「信じる」ということは人間の側で発動する行為ではなく神の賜物なのだ、信じて救われるのではなく救われたから信じるのだ、という把握は、福音の核心を捉えたものであるが、彼らが生涯、贖罪信仰の枠内にとどまっている限りにおいて、その実現は不十分であった。無教会では、私が至り来た「義認信仰」において、初めて実現していることを自覚している。

無教会とは何であろうか。教会堂や組織がない、というだけのものではない。無教会とは、救いにおいて無条件である、ということである。救いに至ることにおいて何らの条件を必要としない、というものである。無条件の救いそのもののことである。それを聖書が語る真実なる救いと言うことができるとするならば、無教会は福音そのものである、と言うことができよう。そして贖罪信仰が、先述のような壮絶な罪との戦いを伴うものであり、その戦いを救いに至る条件であると見なすならば、贖罪信仰ではなく私が語る「義認信仰」においてこそ、無条件の救いが成立するのであり、無教会の本質を備えているものと言えよう。

教会のあり方を見るときに、信じることで救われる、という捉え方が主流をなすことは容易に理解できる。洗礼、聖餐などのサクラメントを重視する営みの中では、そうならざるを得ないであろう。その場合は「信仰義認」という呼称がよいのであろう。それは青野太潮氏が岩波訳でガラテヤ書二16の訳を目的語的属格として「イエス・キリストへの信仰」「キリストへの信仰」と訳しておられることからも察せられる（青野訳『新約聖書Ⅳ　パウロ書簡』一七五頁）。パウロの信仰義認の信仰に関して鋭く見抜いている青野氏も教会の人だからであろうか。その環境が、信じるという「有条件」を超えることをさせなかったのであろうかと察する。従って青野氏をしても「義認信仰」という理解はなく、その表現は「信仰義認」である。また今回論じた佐藤研氏は「義認信仰」という呼称を謳い上げたが、その内実は人間側の応答として「信じる」という、「追認」や「フォロー」の行為を伴うものであった。人間の側の「信じる」という「追認」や「フォロー」すらもなく、救いそのものが、信仰――「信じること」――を起こす、というあり方を無教会は大事にしているのである。

サクラメントも何もない無教会は、無条件の救いが本旨である。それは内村、高橋が洞察してきたことでもあるが、その内実は、贖罪信仰を捨てるまでは実現しないものと思われる。そして贖罪信仰を捨てて義認信仰に至ったとき、無条件の救いは初めて現実となるのである。

本日は復活祭である。この神の無条件の救いこそ、復活のキリストの霊そのものであることを確認しておきたいと思う。人はすでに神の無条件の愛によって救われていることに気付くこと、それのみでよいのである。また気付かなくてもよい。気付いた者は信仰を与えられる。気付かなくても救われている。この神の全き愛の恵みに感謝したいと思う。

（「復活祭聖書講話」『十字架の祈り』一一三号［二〇二三年四月］）

真実と信仰に関して——ピスティス理解

ピスティス（πίστις）というギリシア語は、「信仰」と「真実」という意味があることが知られている。聖書箇所によるけれども、どちらに訳すかで、論争が起きている。

木下順治（一九〇六―一九九二）という聖書学者がおられたが、氏は著書『新解・ローマ人への手紙』にて、ローマ書三22の原文 πίστις Ἰησοῦ Χριστοῦ（ピスティス・イエスー・クリストゥー）を「イエス・キリストを信じること」（たとえば新共同訳）とは訳さずに、「イエス・キリストの真実」（たとえば聖書協会共同訳）と訳すことを正しいとしている。なぜならば、この箇所は「神の義の啓示という『上から下への線』が主調となっているからだ」と言うのである（木下『新解・ローマ人への手紙』一七六頁）。つまりは木下は、πίστις Ἰησοῦ Χριστοῦ（ピスティス・イエスー・クリストゥー）を、目的格的所有格（目的語的属格）ではなく、主格的所有格（主語的属格）で訳しているのである。そしてその訳には私も共感するのである。木下はそのようなことを、同書の「ローマ人への手紙の中の注目すべき読み方や意味」という論考で明らかにしているが、その論考の最後の部分を以下に紹介する。ギリシア語が入っているが、そのまま掲載させて頂く。

> 以上のべてきたように、パウロの固有な用法である「キリストのピスティス」は、すべて「キリストの真実」と訳すべきものである。そしてもしパウロが、「キリストを信じる信仰」という意味をあらわそうとする時には、前置詞をつけて πίστις εἰς Χριστὸν（または ἐν Χριστῷ）という形をとっていることを明らかにした。したがって πίστις Ἰησοῦ Χριστοῦ は主格的所有格として解すべきものである。その場合「キリストのピステ

ィス」は多くの学者がとっているように、「キリストの神に対する真実（誠実）」ととるよりは、むしろ、神の人に対する線において理解し、「キリストの人に対する真実」と解すべきである。

私はこの論述において、πίστις Ἰησοῦ Χριστοῦ を「キリストの人に対する真実」という主格的解釈をとり、「上より下への線」のみを強調して述べてきた。これはこの πίστις Ἰ.Χ. の句が伝統的に「キリストを信じる信仰」と目的格的所有格としてのみ解釈されてきたことを是正するためであった。しかし、すでに述べてきたホスキンスやトーランスやN・ターナーも指摘しているように、私たちに対するキリストの真実は、キリストに対する私たちの真実（信仰）を呼び起こさずにはおかない。ローマ一章一七の ἐκ πίστεως εἰς πίστιν が「（キリストの）真実より出て（人の）信仰に至る」とあるように、キリストの真実と人間の信仰とは相呼応するものであり、πίστις の語は、この両者の意を集約したものであることに改めて注意しなければならない。したがって、ルター以来の伝統に立つ従来の解釈は、あまりにも πίστις の意味の一方だけを強調して、他の重要な面を看過したことに誤りがあったと言えよう。われらは πίστις Ἰησοῦ Χριστοῦ を「キリストの真実」と解することにより、その誤りを正すとともに、他面「キリストを信じる信仰」が「キリストの真実」に呼応するものであることを十分理解しておくべきである。しかし、とにかくパウロの πίστις Ἰησοῦ Χριστοῦ は「キリストの真実」の意味が優先的であり、主要な意味であることを強く主張したい。

（木下『新解・ローマ人への手紙』一八一―一八二頁）

木下は、「『キリストのピスティス』は、すべて『キリストの真実』と訳すべきものである」と言うのである。「キリストの真実」と主格的所有格（主語的属格）でとる場合は、神の人に対する線において理解し、「キリストの人に対する真実」つまり「上から下への線」と解すべきである、と言う。

そして興味深いことには、「私たちに対するキリストの真実は、キリストに対する私たちの真実（信仰）を呼び起こさずにはおかない……キリストの真実と人間の信仰とは相呼応するものであり、πίστις の語は、この両者の意を集約したものであることに改めて注意しなければならない」と言うのである。

ここで私は気付かされた。ピスティス（πίστις）は、多くの場合信仰と訳されてきたが、「キリストの真実と人間の信仰とは相呼応するものである」がゆえに、ピスティス（πίστις）の意味は、「真実」と「信仰」の両義的なものとして捉えねばならない、ということである。「キリストの人に対する真実」と「キリストを信じる信仰」が、つまり「上から下への線」と「下から上への線」が同時にこの語の中に存在しているのである。

聖書に「信じる」と書いてある時には、同時に恵みとしての「真実」を見なければならない。「ルター以来の伝統に立つ従来の解釈は、あまりにも πίστις の意味の一方だけを強調して、他の重要な面を看過したことに誤りがあったと言えよう」という氏の言葉を深く受け止めたいと思う。

神の、上から下への真実によって、人は信仰を与えられるのである。人間の、下から上への「信じる（信仰）」には、上から下への神の「真実」が現れているのである。

ピスティス（πίστις）を「真実」と訳すか「信仰」と訳すかで、悩むことは止めにした方がよいであろう。「真実」であり同時に「信仰」なのである。

ピスティス（πίστις）の意味の両義性。義認信仰の真理性を確認する上でも、とても大事なことである。神の真実を与えられるときには、両義的に、同時に、信仰が生じているのである。

（『十字架の祈り』一一九号〔二〇二三年一〇月〕）

神の乞食

一

徳善義和氏は、著書『マルチン・ルター――生涯と信仰』の中で、ルターが死の二日前に書いた、絶筆ともいえる文章をを紹介している。それは次のように書かれている。

> 「五年間、牧夫や農夫であったのでなければ、ヴェルギリウスの牧歌や農耕歌を理解出来まい。四〇年間支配の重要な地位についていたのでなければ、キケロの書簡、例えば政治哲学の著作は理解出来まい。一〇〇年間預言者と共に教会を導いたのでなければ聖書を十分に味わったとは思えまい。なぜなら、洗礼のヨハネやキリストの使徒たちの奇跡は驚くほど強力なものだからである。あなたは、神のこの詩を把握しようとしないで、膝をかがめて彼らの足跡を拝するがよい。私たちは乞食（こつじき）である。これはまことだ」。
>
> （徳善『マルチン・ルター』二九九―三〇〇頁より引用。傍点荒井）

徳善氏は、「私たちは乞食である」という言葉に関して、氏の解釈をこのように述べている。

> そして結びの言葉、「私たちは乞食である。これはまことだ」。私はこの文章を訳す時に、ただ「私たちは乞食である」と訳さないで、カッコの中に入れながら「私たちは（神の）乞食である」と、そう補足するこ

とにしています。ルターの心もそこにあったと思うからです。すべてのものを神からのみ与えられて、それのみに頼って生きていく。そういう彼の信仰の姿勢が表れてくると思うからです。

（徳善『マルチン・ルター』三〇〇頁）

そして次の徳善氏の文章を読むときに、この「神の乞食」というルターの言葉は、福音の真理を示していることが理解できるように思う。『説教黙想　アレテイア　ローマの信徒への手紙』に掲載されている徳善義和氏の「ローマの信徒への手紙四章一三―一七節」の注解である。とてもよい文章であるので、お読み頂きたい。尚、この文章中に出てくる pistis（ピスティス）とは、「信仰」「真実」と訳すことができるギリシア語である。

そこで pistis の意味するところをわたし自身が聖書から、またルターをとおしてどう受け止めているかということに触れないわけにはいかない。わたしは少なくとも新約聖書全体において繰り返し出てくる pistis をこう理解すべきだと考えている。そのためにはローマ書は確かによい機会となる。一章一七節の ek pisteōs eis pistin などはこれを考えるのに適切な機会となる。「浅い信仰」から「深い信仰へ」というくらいに教えられていたのに、かつてわたしもバルトの『ローマ書』を読んで「神の真実から人間の信仰へ」という読みに感銘を受けたことがあった。今わたしはこの pistis を少なくとも新約聖書では常に「（神の）真実そして（人間の）信仰」と一息で読みたいという信仰的理解の状況にある。

顕著な一例を挙げておこう。福音書で繰り返して出てくる「あなたの信仰があなたを救った」と訳される箇所である。いかにも救いは信仰の深い浅いのいかんに関わるかのごとくに理解されがちな箇所である。わたしの理解ではこれは「あなたへの（神の）真実（それだからこそあなたの信仰）があなたを救った」となる。hē pistis sou sesōken se の sou という二格を「あなたへの」と読んでいるわけである（このような読みはほかに例がないわけではない。なんの気なしに読んでいることが多いのではないかと案じるが、ルカによる福音書一九章四四節の tēs episkopēs sou を、新共同訳で、原文の「あなたの」を省略して、原文にない「神の」を補って「神の訪れてくださる」時と訳しているのに並行する、二格の用法の一つである）。

つまりわたしは pistis を「信仰」とだけ訳し、理解しないで、常に「（神の）真実／（人間の）信仰」と訳し、そう徹底的に理解することにしているのである①。そこでは徹底的に「神の真実」が先行し、人間は「信仰」をもってこれに応えるのである②。そうしないと、「信仰によって義とされる」は本来神の恵みのできごとであるのに、あなたの立派な信仰があなたを救うとしばしば考えられるようになり、この際の信仰は結局よい行いと同じことになってしまって、行いと同様、立派な信仰こそが救いを勝ち取る、ということに堕してしまうであろう③。事実そのように読み、あるいは聴き取れる理解に接することがないわけではない。

わたしたちは徹底的に罪人である。自らにおいてはすべてのことを行って、罪なしではありえない存在である。律法がよいもの、正しいものでありながら、罪人である人間の救いに向かっては無力であるのはこの一点に掛かる。まさしく律法によって罪を知り、認識するのである（ルターはこれを「律法の第一用法」と考えた）。だからこの罪人を義とするのは、すぐさま「人間の信仰」ではありえない。恵みによる「神の真実」に基づく以外には、罪人が義とされ、救われることはないのである。キリストのできごとにおいて示され、差し出され、与えられる「神の真実」こそが罪人を義とし、救う。人間はいわば空っぽの手を、それもおずおずと差し出して、この神の真実の恵みからくる義、救いの賜物を受け取る。だからバルトのように「神の真実」から「人間の信仰」ではあるまい。「神の真実／人間の信仰」のできごとは常に繰り返して新しく、神の恵みのできごととして起こり、これによってこそ人間は生かされるかぎり生涯にわたってこの恵みをそれとして受け続けるのである。これが人間の信仰の姿にほかならない。ルターの生涯の終わりの言葉として一葉の紙の結びに記された一文、「わたしたちは神の乞食である。それは真だ」は、このようなパウロ的 pistis に生きた者の証しとして読むべきだろう④。

（徳善「ローマの信徒への手紙四章一三―一七節」『説教黙想 アレテイア ローマの信徒への手紙』九九―一〇〇頁。傍線・番号荒井）

「そこでは徹底的に『神の真実』が先行し、人間は『信仰』をもってこれに応えるのである」（傍線②）とあり、人の信仰は神の真実への応答という行為であると言っているようにも読めるが、これは神の真実が人に与えられたがゆえに、人の内に自ずから信仰が起こされる、ということであろう。氏は他の文章では、「神の力が我々に働きかけて、我々のうちに信仰を起こし、信仰を賜物として与えるのである」（徳善「ローマ人への手紙第一章一六―一七節」『説教者のための聖書講解 ローマ人への手紙』二八頁）と書いているからである。

また直前に「つまりわたしは pistis を『信仰』とだけ訳し、理解しないで、常に『（神の）真実／（人間の）信仰』と訳し、そう徹底的に理解することにしているのである」（傍線①）と言い、氏が pistis の意味を両義的に、「真実／信仰」と捉えていることからも立証されよう。

「だからこの罪人を義とするのは、すぐさま『人間の信仰』ではありえない。恵みによる『神の真実』に基づく以外には、罪人が義とされ、救われることはないのである……人間はいわば空っぽの手を、それもおずおずと差し出して、この神の真実の恵みからくる義、救いの賜物を受け取る。……『神の真実／人間の信仰』のできごとは常に繰り返して新しく、神の恵みのできごととして起こり、これによってこそ人間は生かされるかぎり生涯にわたってこの恵みをそれとして受け続けるのである。これが人間の信仰の姿にほかならない」と言い、「ルターの生涯の終わりの言葉として一葉の紙の結びに記された一文、『わたしたちは神の乞食である。それは真だ』は、このようなパウロ的 pistis に生きた者の証しとして読むべきだろう」（傍線④）と言って文章を閉じる。

二

ピスティス（pistis）に関する徳善氏の基本的な捉え方は、私もほぼ同じであると言える。ルターの高名な研究者である氏の捉え方と同様であることは、心強いことでもある。そして徳善氏が示す神の乞食としてのルターの生き方は、まさに私が語るところの「義認信仰」（神に義とされたから信ぜしめられる）の生き様なのである。

以上のことから、ルターの中心の信仰は「義認信仰」であり、決して「贖罪信仰」ではなかったということにも考え至る。「義認信仰」においては、罪のまま、ありのまま、そのまま、神がその者を受容して義として下さるのだが、贖罪信仰の場合は、罪それ自体が解決されることが課題であるので、「罪のまま、ありのまま、そのまま」ではなく、信仰的現実としては、自分の中に僅かな罪があることすら許容できなくなる。いつの間にか己の中に罪がないか、あるいは己の中の罪が限りなく軽微である状況にしようとする努力を知らず知らずのうちにするようになり、こうして立派な信仰者としての歩みを求めるようになる。そのような贖罪信仰者の内実は、徳善氏の言われる「『信仰によって義とされる』は本来神の恵みのできごとであるのに、あなたの立派な信仰があなたを救うとしばしば考えられるようになり、この際の信仰は結局よい行いと同じことになってしまって、行いと同様、立派な信仰こそが救いを勝ち取る、ということに堕してしまうであろう」（傍線③）ということに重なる状況に陥るからである。この状態は、救いの条件としての「よい行い」に知らず知らずの内に固執することになるものであり、律法主義に近いものとなる。

贖罪信仰を持つ無教会の人々の中に、いたずらに「清さ」や「清さに向かおうとする姿勢」を感じることがある。しかしそのような「清さ」は、自分で自分の罪を解決するために作り上げた偽りではないか。私はどこまでも、俗なる人間が俗なるままで救われねばならないと思う。そして本当の「清さ」とは俗なる者の只中にあるのではないかと考える。義認信仰は、そのような救いである。
もうすぐクリスマスがやってくる。キリスト教作家である椎名麟三は、このように言っている。

その朝の新聞では、識者といわれるえらいひとが、クリスマスって何の意味だか知っているかというようなきびしい調子でこのようなクリスマス風景を叱りつけていた……。

ことに東京の夜の酒場やキャバレーなどのらんちきさわぎとなると、まったく醜態だ。農村の方は御存知ないかも知れないが、とてもひどいものである。サラリーマン氏が、変な紙の帽子をかぶされて、手には子供のように風船をもたされながら、街をよろめいている図は、一種の道化芝居だ。それにもかかわらず、それらの風景に私がほんとうに腹を立てているかと問いつめられれば、そうではないと答えるより仕方がないのである。口をきわめて非難すべきだと思い、またそうしていながら、ほんとうにはそう思ってはいないのである。そしてほんとうにはそう思ってはいないという点が、世のえらい識者と私とちがうところかも知れない。というのは、ほんとうには私に彼等に腹を立てる必要はないのだということを知っているからである。それでなくても、このようなクリスマス風景のなかにさえ、キリストの意味が私に強く感じられてくるのだ。

なぜなら私にとって、キリストは、一口に言えば、生々と生きよという言葉であるからである。

（椎名『私の聖書物語』八—九頁）

贖罪信仰にあった時の私は、この椎名の文章の冒頭にある「識者といわれるえらいひと」と同様のクリスマス観を持っていた。世間のあのサンタクロースとジングルベル商戦のクリスマスはほんとうのクリスマスではない、しかし私は信仰を通じて、ほんとうの聖なるクリスマスを知っている、と。このようなクリスマス観は、おそらく多くの無教会人にも共通のものであろう。

その後「義認信仰」へと変わり、全ての物事を「罪のまま、ありのまま、そのまま」神は受容される、ということを知り、自分も全てのものを「罪のまま、ありのまま、そのまま」受け容れて、よしとすることができるようになってからは、私は「識者といわれるえらいひと」が軽蔑する、サラリーマン氏がへべレケで街をよろめく道化芝居のようなクリスマスを愛するようになった。聖なるものの中にではなく、罪のまま俗のままの只中にこそ神はおられる、との確信である。

椎名の言葉には、次のようなものもある。

キリストが、あらゆるおきての成就である。罪の結果として罰があるのは当然であり、そして罪の結果として罰があるのなら、罰も罪も同じ世界のものであり、同じ次元に立っているものである。だがキリストは復活によって、このような世界やこのような次元とはことなったものであることをあらわされたのである。そして成就とは、まさにこのような質の転換を示すものであるのだ。全き完成とは、罪の結果としての罰ではなく、罪や罰とは全く質のちがったものが、そこであらわれたということにほかならないのである。

（椎名『私の聖書物語』一七三―一七四頁）

ここで椎名は、罪と「全き完成」との関係性を否定している。「全き完成とは……罪や罰とは全く質のちがったものが、そこであらわれたということにほかならない」と言うのである。私も、罪と神の恩恵の全き完成は関係のないものと考える。神の恩恵に与るにあたり、罪の深い浅いを考える必要はないのである。罪を贖われるための救いも考えなくてもよいのである。罪深くてもそうでなくても、罪を贖われても贖われなくても、罪とは関係なく、神は恩恵として、全ての人を無条件に愛し受容して下さる。その平安にありたい。

私は教友たちに、もうこれ以上あまり罪に関して考え過ぎずに、ありのまま、そのままでいてほしいのである。余計な苦しみには陥らないでもらいたいのである。己の罪を見つめる者は他者の罪をも見つめて、それを赦すことができず断罪する者となる。そして、罪を解決することが信仰者の役目だと考えるようになる。そのような汲々とした信仰に陥らずに、おおらかな神を知って頂きたい。他者の罪を見つめ過ぎることなく、赦そうではないか。まず赦しから入ること、すでに赦されていることを知ることである。

ルターはそのようなおおらかな神から全てのものを頂いた、神の乞食であったに違いない。そして私もそうでありたいと願っている。

（「巻頭言」『十字架の祈り』一二〇号［二〇一三年一一月］）

第一〇章　「贖罪信仰」の底を割ってその先へ進む

私の信仰の変革においては、青野太潮氏と大貫隆氏の数多くの著書に深い学びを与えられてきた。お二人に衷心より感謝している。

昨年（二〇二三年）八月に、本書の趣旨にも深く関わる大貫氏の著書が出版された。『原始キリスト教の「贖罪信仰」の起源と変容』がそれである。最終章となる本章に収録した論考では、その著書に示されている重要な課題に関して、短い内容ではあるが、論じさせて頂きたいと思う。

「贖罪信仰」の底を割ってその先へ進む
――大貫隆『原始キリスト教の「贖罪信仰」の起源と変容』をめぐって

一

二〇二三年八月に、大貫隆氏の著書『原始キリスト教の「贖罪信仰」の起源と変容』が出版された。このタイトルにあるように、この書は原始キリスト教における「贖罪信仰」の起源と変容のプロセスを、パレスチナから西の地中海世界のみならず、東のユダヤ主義キリスト教の領域も含めて鳥瞰する内容である。今日の日本のプロテスタント教会では、青野太潮氏の一連の研究によって、パウロの「十字架の神学」と強く対照されて、贖罪信仰をめぐる議論が活発になされているが、そこにおいては「贖い」「贖罪」などの言葉遣いが多義的に使用され、議論にすれ違いが起きていることが見受けられるがゆえに、そのすれ違いを整理することを著者は意図している。最終章「『贖罪信仰』をめぐる現代の議論によせて」では、そのようなすれ違いを今日の議論に確認しつつ、「『キリスト教信仰の要諦』とされてきた『贖罪信仰』の底を割ってその先へ進もう」とする模索をされている。そのことが、主に青野太潮氏と月本昭男氏の議論を確認しつつなされていくのである。

本論考においては、私は大貫氏の言われる「『キリスト教信仰の要諦』とされてきた『贖罪信仰』の底を割ってその先へ進む」ということに注目したい。それはどのようにして可能になるかを、氏の論考から考えてみたいと思う。

二

大貫氏は「はじめに」にて、「贖い」という訳語がギリシア語のアポリュトローシスに当てられている場合にも、それは「解き放ち」「救い」と訳したほうがよいと思うことがある、と言われる。「客観的に見て理由なき苦難や言葉にできない懊悩を背負った人が、それをイエス（キリスト）の受難に重ね合わせ、イエスの受難を自分の『身代わり』として受け取って経験する『解き放ち（救い）』を表現するのに、『贖い』という日本語は古過ぎると私には感じられる」と言い、「ましてや、客観的第三者が不用意にそれに『贖罪』の語を当てるべきではないと思う」と付け加えておられる（大貫『原始キリスト教の「贖罪信仰」の起源と変容』六頁）。そして次のように語っておられる。

たとえば原爆投下や東日本大震災を偶然生き残った人が、現に生き残っていることそれ自体を「罪」と見なして自分を責めることはあり得るし、当事者の主観的感情としてはあまりにもよく理解できる。しかし、その当事者自身がイエスの受難を自分の「身代わり」として受け取り、その受け取り方を**「贖罪信仰」**と呼ぶことがあるとしても、私はその用語法に和することを保留する。ましてや、当事者以外の客観的第三者がそうすることには、はっきり異を唱えざるをえない。なぜなら、どちらの場合にも、当事者が生き残ったことが、「贖罪信仰」という文言に含まれる「罪」に含まれてしまうからである。もしその際口にされる「贖罪信仰」が**「キリスト教信仰の要諦」**と呼ばれる場合には、その「罪」は当事者個人の主観的感情を超えた客観性を持つものにされてしまう。それでよいのか。このことを私は強く**危惧する**。偶然生き残ったことが無造作に「罪」と呼ばれてよいはずがない。それにもかかわらず敢えてそれを「罪」と呼ぶ（含める）のであれば、その「罪」の定義が可能なかぎり丁寧に説明されなければならない。

（大貫『原始キリスト教の「贖罪信仰」の起源と変容』六―七頁。ゴシック体は大貫による）

大貫氏は、ゆえなくも偶然生き残った人に「贖罪信仰」を当てはめる結果、生き残ったことが「罪」とされてしまうことに危惧を覚えておられる。ここで言われていることは、最終章「『贖罪信仰』をめぐる現代の議論によせて」に書かれている月本氏の言説に関わることであることが、次の最終章の文章からわかる。

他方、私の半世紀を超える親しい友人である月本昭男は二〇一四年に公にされた論考「苦難の僕《しもべ》と贖罪信仰」の中で、次のように述べている。

沖縄の戦争犠牲者、広島・長崎の原爆犠牲者たち、東日本大地震のような自然災害の犠牲者たち、また私どもの周囲にあって、ゆえなく苦難を背負う方々のことを想い起こしながら、あらためて、聖書が語る贖罪信仰の現代的な意味を探ってゆかねばならない。

こう述べた上で、さらにごく最近は、青野による贖罪信仰批判を次のように論評している。

我々の世代に生きて、周囲の世界に目をやったときに、他の人たちのために苦しんでいる、あるいは命を失っている人たちがたくさんいますよ。水俣病で亡くなった人たちがまさにそうです。次の世代に同じことがおこらないために、いわば捨て石になってくれたんじゃないのか。そういう発想ってありうるんじゃないでしょうか。我々は、イエス・キリストの十字架を罪のゆるしとして仰ぎますよ。しかしその十字架の周りには、無数の小さな十字架がたくさんあるんですよ。そこに目をやらなきゃいけないんですよ。そして、我々のために苦しんでくださったその方々に感謝するしかないじゃないですか。**申し訳ないと思うしかない**じゃないですか。そうでなかったら、我々の信仰はどこにあるんですか。……（中略）……青野先生の**贖罪**信仰批判に対して、いや**贖罪**信仰って重要ですよ、って私が言う意味は、そういうことも含めているんですね。（**ゴシック体**は大貫による）

この文章では、「申し訳ないと思うしかない」ことが「我々の信仰」に関わると言われ、最後の部分では「**贖罪**信仰」が重要である理由ともされている。この文脈からは、「**贖罪**信仰」という四字熟語に含まれる「罪」を犯しているのは「我々」であることがすぐに分かる。その「罪」のことを「我々」は「申し訳ないと思うしかない」と言うのである。しかし、その「**罪**」の**内容**は何なのか、この文章を一読するだけでは、少なくとも私には分かりかねて困惑を否めない。これが私の率直な感想である。

それは「（月本や私も含む）我々の世代」が何か特定の行為あるいは不作為を犯してきた、あるいは現に犯していることを指すのか。たとえば、沖縄戦と広島・長崎の原爆投下を引き起こした戦争に反対しなかったこと、あるいは最近の災害で言えば、水俣病に代表される公害や福島原発事故を未然に防ぐことができずにきたことを指すのか。それとも、「私どもの周囲で」多くの人々が東日本大地震という自然災害の犠牲となって、「ゆえなく」も苦難を背負った傍らで、われわれ自身は無事生き延びていることを指すのか。

もし月本の言う「申し訳ない」が後者であれば、それは前述の柴崎（荒井注・柴崎聰）が言っていた「サバイバーズ・ギルト」と同じものである。その「申し訳なさ」は私にもあまりにもよく分かる。しかし、柴崎が紹介する事例が示すように、ゆえなくも直接襲ってきた災害と禍をゆえなくも無事生き延びたことは、生き延びた者自身にとっては何よりも「懊悩」と「苦難」なのである。良心の呵責と言ってもよい。

もちろん、生き延びた者自身がそれをさらに「罪」と呼ぶこともあり得るであろう。しかし、誰であれ、同じ災害を一定の距離のところで免れた者が、言わば客観的第三者の立ち位置から、それを「罪」と呼ぶとしたらどうであろうか。それは不用意の誹《そし》りを免れないだろう。

（大貫『原始キリスト教の「贖罪信仰」の起源と変容』二一二―二一四頁）

ここで大貫氏が月本氏の発言に関して持たれた疑問とは、月本氏は「ゆえなくも直接襲ってきた災害と禍をゆえなくも無事生き延びたこと」の懊悩、良心の呵責を「罪」と見なしているようだが、それはいかがなものか、ということである。ましてや第三者がそれを「罪」と呼んだ場合には、あまりにも不用意な言い方であり、良心にかけて憚られることではないか、ということである。そして、月本氏が「いや贖罪信仰って重要ですよ」と総括的に言うときに、文脈上そう誤解されてもやむを得ないのではないか、と言われる（同、二一四―二一五頁）。

しかし、月本氏の真の立ち位置は実は第三者の位置ではなく、「ゆえなくも」生き延びた当事者の立ち位置なのである。月本氏自身、やがてその呵責（「罪」）のことを、人間「存在の破れ」と言い換えていく。そのことを大貫氏は「月本は伝統的に『キリスト教信仰の要諦』とされてきた『贖罪信仰』の底を割ってその先へ進もうとしている」と言われる（同、二一五頁）。

月本氏が「存在の破れ」と言われているのは、氏の著書『見えない神を信ずる』の、次の文章においてである。

しかし、自分がじつは大きな負債を負った存在であることに気づかされるとき、すなわち、親や親族に、先生や友人たちに、周囲の者たちに、それどころか直接は知らない多くの人たちに、知らずして、様々な犠牲を強いる存在であることに気づかされるとき、私たちの負債は究極的には神に負っていただくほかないことを知らされます。神の子イエス・キリストによる「贖罪」の意味が少しく理解されてきます。そして、そういう信仰が与えられますと、マタイ福音書6章に伝えられる「主の祈り」において、イエスが弟子たちに、「われらもわれらへの負債を赦しますから、われらの負債をもお赦しください」（ギリシア語オフェイレーマタは「負債」であって、心理的な「負い目」ではありません）と祈るように教えられた意味がわかってきます。自分も他者の負債を赦し、自分の負債も赦していただかねばならない、ということの意味が理解させられるのです。ルカ福音書がこの「負債」を「罪」と言い換えていることは、ご存じのとおりです。

そこでいわれる私たちの「罪」は、私たちが日常生活において犯してしまう個々の罪や過ちにかぎられません。その根源は、いやおうなく、私たち自身がその存在の深みに抱えこんでしまっている「破れ」のようなものです。キリスト教の伝統ではこれを「原罪」と呼んできました。自己自身では、また人間の能力をもってしても、繕《つくろ》いきれない「存在の破れ」のようなものです。しかし、その「破れ」さえもがイエス・キリストの十字架によって繕っていただけるという信仰と希望が与えられますと、そこから、私たちの生きる社会にも、ゆえなき苦難を強いられた人々が少なくないことに気づかされてゆきます。十字架を負わされた人々の姿が見えてきます。十字架を背負わせるのは、私たちが生かされている社会の「破れ」であり、私たち自身の「破れ」です。（月本『見えない神を信ずる』一八九―一九〇頁。傍点荒井）

一方、大貫氏は「存在の破れ」の「存在」とは、「その人がなにかこれこれの悪しき行為をしたという罪ではなく、あくまでも〈存在〉そのものが、原理的に、罪であるという論理」であると、小林康夫の著書『存在とは何か――〈私〉という神秘』から引用して語っておられる（大貫『原始キリスト教の「贖罪信仰」の起源と変容』二三一頁、注一六一）。ここにおいて、「罪」は「存在論的」概念に移行している、と言われる（同、二三一―二三二頁）。そしてこのように言われる。

イエス・キリストの苦難の死に人間の「存在の破れ」のために支払われる代価が凝縮されていると見れば、古代的な「犠牲」の観念の現代的な意味が救い出せるかも知れない。しかし、その構造は伝統的な「贖罪信仰」とは別物である。「贖罪信仰」では、「罪」は論理的にイエス・キリストの「贖罪死」よりも先にあり、後からくるそれによって「贖われる」。ところが、「存在の破れ」としての「罪」は論理的にイエス・キリストの犠牲死と同時かつ一体である他はない。イエス・キリストの犠牲死は人間の「存在の破れ」が引き起こした事件ではありえても、それを「贖う」ものではありえない。そこで伝統的な「贖罪信仰」の底が割れる。月本が探し求める「贖罪信仰の現代的な意味」も、「贖罪信仰」という日本語の用い方の次元をはるかに超えて、「キリスト教信仰の要諦」そのものの底を割るような議論を指示していると私には感じられる。

（大貫『原始キリスト教の「贖罪信仰」の起源と変容』二三二頁）

大貫氏はここで極めて重要なことを語っておられるように思える。「『贖罪信仰』では、『罪』は論理的にイエス・キリストの『贖罪死』よりも先にあり、後からくるそれによって『贖われる』。ところが、『存在の破れ』としての『罪』は論理的にイエス・キリストの犠牲死と同時かつ一体である他はない」。この内容はなかなか理解が難しい。しかしおそらくは、「存在の破れ」としての罪は、イエス・キリストの犠牲死つまり十字架の苦しみと同時かつ一体である、と言うことであろうと考える。つまりインマヌエル（神、我らと共にあり）である。神が共苦し共鳴されることである（同、二〇九頁）。「ゆえなくも」生き延びた者の懊悩、その者の良心の呵責と共に、十字架上で苦しむ神がおられる、ということであり、そこにおいてこその救いを示していると思われる。そしてそれは「贖う」ものではない。それゆえ神は、贖う神ではなく、どこまでも共苦し共鳴する神なのである。この大貫氏の言われる「イエス・キリストの『犠牲死』」の捉え直しにおいてこそ、伝統的な「贖罪信仰」の底が割れるのである。

大貫氏は、青野氏の著書『どう読むか、新約聖書』の書評で、次のようなことを書いておられる。『週刊　読書人』に掲載されたこの書評は、青野氏の『どう読むか、聖書の「難解な箇所」』に再録されている。

生前のイエス自身には「贖罪死」への意図は皆無だった。最期の十字架上の絶叫は事前のシナリオなしの、リアルな恐怖と苦悩から出たものだった。パウロはその無残な最期に、前述の神の逆説を感じ取った。それは、イエスの十字架が彼の外側で起きた志向性ゼロの出来事でありながら、意図せざる形で、パウロの内面に呼び起こした応答である。このあたりの著者の論述には、弾かれた一本の弦が隣の弦を「共振」（共鳴）させることを想わせるものがある。その時、イエスの十字架は、パウロにとって、根源的な罪（エゴイズム）に呪われてきた自分に向かって、神が発した「ゆるし」だった。それをパウロは「御子がわたしに啓示された」、「わたしは復活したキリストを見た」と言い表す。その御子は、復活の後も、パウロにとって、「十字架につけられたまま」の顔をしている。パウロはその後の苦難の実存をその顔に重ねて生きて行く。

（青野『どう読むか、聖書の「難解な箇所」』二七一頁より引用。傍点荒井）

神がキリストの十字架を通して共鳴して下さる。それは神の受容であり、赦しである。それは決して「贖罪」からのものではない。インマヌエル（神、我らと共にあり）の神がそこにおられるのである。その共鳴（共苦）によってこそ、自然災害などで「ゆえなくも」死んだ人々に対する「ゆえなくも」生き延びた人々の懊悩や、良心の呵責は慰められ、救われるのである。

パウロが出会った復活のキリストは、人間と共苦する「十字架につけられたまま」の姿であった（Iコリ一23、二2、ガラテヤ三1）。そしてパウロは已に共鳴・共苦して下さる神と共に、その復活者と共に生きたのである。

三

青野氏は著書『どう読むか、新約聖書』で、月本氏の発言との距離感を次のような言葉で書いておられる。

月本先生が、上に引用しました結語の直前で、「思えば、『贖罪信仰』はこれまでキリスト教会が大切にしてきた信仰の要諦でありました。しかし、これを言葉の上で繰り返すことにもはや意味があるとは思えません。」と言っておられることこそ、まさに私もまた強調したいことがらそのものでありますので、月本先生の「青野先生批判のことば」だけを聞いて「溜飲が下がる」思いがした受講生がおられるとしたら、それは早計に過ぎますよ、と言わせていただきたいと思います。月本昭男先生は、私から見れば、そんなに遠くに立っておられる方ではない、と私は確信しています。（青野『どう読むか、新約聖書』二三五―二三六頁）

青野氏は、月本氏は「そんなに遠くに立っておられる方ではない」と言っておられる。しかしこれは、多少なりとも隔たりがある、との表明でもある。その隔たりとは何であろうか。これを知ることが本論考の最終地点である。

大貫氏は「『存在の破れ』としての『罪』は論理的にイエス・キリストの犠牲死と同時かつ一体である他はない」、また「イエス・キリストの犠牲死は人間の『存在の破れ』が引き起こした事件ではありえても、それを『贖う』ものではありえない」と言われる。そのことを私は、本来、「存在の破れ」を持つ人間は共苦する神においてこそ救われるという意味と解釈している。キリストの犠牲としての十字架を、共苦するインマヌエルの神と受け取り直すことで、「伝統的な『贖罪信仰』の底が割れる」のである。それならば、月本氏の中から「キリスト教信仰の要諦」とされてきたイエス・キリストの贖罪の十字架が除かれて、そこに共苦するインマヌエルの神が与えられない限り、氏における「存在の破れ」の問題の解決はできないであろう。

一方、青野氏の救済論には、贖罪の十字架による救いの論理はない。青野氏の信仰は信仰義認である。青野氏はイエス・キリストの贖罪の十字架にではなく、十字架より遥か昔の、太初の昔から全ての人と共にいて、アブラハムもダビデも義とされる、不敬虔な者を無条件に義とされるインマヌエルの神の恵みに立っておられるのである（ロマ四5―8）。それは全ての者を無条件に義とする神の恵みである。大貫氏は先の書評の冒頭で、「イエスの生涯は『第一義のインマヌエル（神、われらと共にいます）』（故滝沢克己）を生き抜くものだった。すなわち、神が太古から人間のあらゆる罪を無条件でゆるし、すべての苦難、悲嘆、弱さの中で『われらと共にいる』という根源的事実を指し示すものだった」と語っておられる（青野『どう読むか、聖書の「難解な箇所」』二七〇―二七一頁より引用）。そのような神の愛に、青野氏は立っておられる。

いわゆる「キリスト教信仰の要諦」としては、イエス・キリストの十字架は唯一の救いであり、贖罪を表すものとされるが、青野氏にとって、その十字架は唯一で特別な救いではなく、多くの救いの一つである。その青野氏の語る信仰義認（荒井においては義認信仰）においてこそ、大貫氏の言われる「ゆえなくも直接襲ってきた災害と禍をゆえなくも無事生き延びたこと」の懊悩、良心の呵責という苦しみが解決される。つまりは月本氏から「イエス・キリストの十字架の贖い」が除かれた時こそ唯一、月本氏と青野氏との隔たりがなくなる時なのである。

東京バプテスト神学校での二〇二〇年度・夏季公開講座の講師として月本氏が招かれた際の質疑応答で、月本氏は青野氏が展開している「贖罪論批判」に対する、月本氏自身の意見を述べられたそうである。先にも大貫氏の文章の中で引用されていた文章であるが、それは次のようなものである。

我々の世代に生きて、周囲の世界に目をやったときに、他の人たちのために苦しんでいる、あるいは、命を失なっている人たちがたくさんいますよ。水俣病で亡くなった人たちがまさにそうです。次の世代に同じことが起こらないために、いわば捨て石になってくれたんじゃないのか。そういう発想ってありうるんじゃないでしょうか。我々は、イエス・キリストの十字架を罪のゆるしとして仰ぎますよ。しかしその十字架の周りには、無数の小さな十字架がたくさんあるんですよ。そこに目をやらなきゃあいけないんですよ。そして、我々のために苦しんでくださったその方々に感謝するしかないじゃないですか。申し訳ないと思うしかないじゃないですか。そうでなかったら、我々の信仰はどこにあるんですか。青野先生の贖罪信仰批判に対して、いや贖罪信仰って重要ですよ、って私が言う意味は、そういうことも含めているんですね。そういうことから言ったら、イエス・キリストは我々の罪を贖ってくれたという意味で、極めて象徴的な出来事として十字架が輝いてくるんじゃないでしょうか。（青野『どう読むか、新約聖書』二三三―二三四頁。傍線荒井）

この文章では月本氏はまだ「キリスト教信仰の要諦」としての「贖罪信仰」を語っておられるように思える。「我々は、イエス・キリストの十字架を罪のゆるしとして仰ぎますよ」「イエス・キリストは我々の罪を贖ってくれたという意味で、極めて象徴的な出来事として十字架が輝いてくるんじゃないでしょうか」という言葉がそれである（傍線部）。この「キリスト教信仰の要諦」としての「贖罪信仰」が月本氏の中からなくならない限り、氏の中で「贖罪信仰」の底が割れることはなく、氏が探し求める「贖罪信仰の現代的な意味」も現れ出ないであろう。つまり、「仰ぐ十字架」「輝く十字架」が月本氏の中からなくなる時に初めて、「贖罪信仰」の底が割れるのである。

月本氏も無教会の人である。無教会の多くの方々が、「贖罪信仰の底」が割られることを祈り願っている。実に多くの方々が、「贖罪信仰の底」が割られることによって、より大きく、より広く、より深い福音に気付かされ、神の愛の大きさに打ちのめされることであろう。また「キリスト教信仰の要諦」として「贖罪信仰」を保持し、信じておられる多くのキリスト教会の方々に対しても、同様のことを祈り願っている。この課題は今日、無教会と教会に共通の、福音理解における極めて大事な課題であると言えよう。

「キリストは律法の終わり」（ロマ一〇4）であるがゆえに、律法主義特有の救済原理である贖罪信仰は、キリストが無条件に私共に与える神の愛のもとに、もはや必要なくなったのである。最後にそのことを確認して終わりたい。

私が語る義認信仰も、青野氏の語る信仰義認と重なる救済原理である。そのことを覚えて、本論考を書いた次第である。

参考文献

聖書（新共同訳）日本聖書協会、一九八七年。

聖書（聖書協会共同訳）日本聖書協会、二〇一八年。

聖書（新改訳２０１７）いのちのことば社、二〇一七年。

青野太潮訳『新約聖書Ⅳ　パウロ書簡』（新約聖書翻訳委員会訳）岩波書店、一九九六年（二〇〇二年）。

青野太潮『「十字架の神学」の成立』ヨルダン社、一九八九年（一九九五年）。

青野太潮『見よ、十字架のイエス――神の逆説的な働き』中川書店、一九九二年。

青野太潮『どう読むか、聖書』朝日新聞社、一九九四年。

青野太潮『「十字架の神学」の展開』新教出版社、二〇〇六年。

青野太潮『「十字架の神学」をめぐって』新教出版社、二〇一一年。

青野太潮『十字架につけられ給ひしままなるキリスト』新教出版社、二〇一六年。

青野太潮『パウロ――十字架の使徒』岩波書店、二〇一六年。

青野太潮『どう読むか、新約聖書――福音の中心を求めて』ヨベル、二〇二〇年（二〇二一年）。

青野太潮『どう読むか、聖書の「難解な箇所」――「聖書の真実」を探究する』ヨベル、二〇二二年。

浅野淳博他『ここが変わった！「聖書協会共同訳」新約編』日本キリスト教団出版局、二〇二一年。

ヴェイユ、シモーヌ／冨原眞弓訳『重力と恩寵』岩波書店、二〇一七年。

ヴェイユ、シモーヌ／今村純子訳『神を待ち望む』河出書房新社、二〇二〇年。

内村鑑三『内村鑑三信仰著作全集』第十巻、教文館、一九六一年。

内村鑑三『内村鑑三信仰著作全集』第十二巻、教文館、一九六二年。

内村鑑三『内村鑑三信仰著作全集』第十三巻、教文館、一九六二年。

内村鑑三『内村鑑三信仰著作全集』第十四巻、教文館、一九七四年。

内村鑑三『内村鑑三信仰著作全集』第十六巻、教文館、一九六四年。

内村鑑三『内村鑑三信仰著作全集』第二〇巻、教文館、一九六二年。

榎本てる子「We are not alone――神我らと共にいます」『イエスの誕生――アドヴェントからクリスマスへ』キリスト新聞社、二〇〇五年。

大貫隆『イエスという経験』岩波書店、二〇〇三年（二〇〇四年）。

大貫隆『イエスの時』岩波書店、二〇〇六年。

大貫隆『真理は「ガラクタ」の中に――自立する君へ』教文館、二〇一五年。

大貫隆『原始キリスト教の「贖罪信仰」の起源と変容』ヨベル、二〇二三年。

片柳弘史『あなたのままで輝いて――マザー・テレサが教えてくれたこと』PHP研究所、二〇一六年。

片柳弘史『何を信じて生きるのか』PHP研究所、二〇二二年。

絹川久子『沈黙の声を聴く――マルコ福音書から』日本キリスト教団出版局、二〇一四年。

木下順治『新解・ローマ人への手紙』聖文舎、一九八三年。

工藤信夫『信仰による人間疎外』いのちのことば社、一九八九年（一九九七年）。

クロッサン、ジョン・ドミニク／飯郷友康訳『イエスとは誰か――史的イエスに関する疑問に答える』新教出版社、二〇一三年。

最相葉月『証し――日本のキリスト者』角川書店、二〇二二年。

佐竹明『ガラテア人への手紙』新教出版社、一九七四年（一九八六年）。

佐藤研『旅のパウロ――その経験と運命』岩波書店、二〇一二年。

椎名麟三『信仰というもの』教文館、一九六四年（一九七八年）。

椎名麟三『私の聖書物語』中央公論新社、二〇〇三年。

シュヴァイツァー、エドゥアルト／青野太潮訳『神は言葉のなかへ』ヨルダン社、一九八〇年（一九八九年）。

新約聖書翻訳委員会編『聖書を読む　新約篇』岩波書店、二〇〇五年。

高橋三郎『ルターの根本思想とその限界』山本書店、一九六〇年。

高橋三郎『マタイ福音書講義（上）』教文館、一九九〇年。

高橋三郎『高橋三郎著作全集』第二巻、教文館、二〇〇〇年。

高橋三郎『高橋三郎著作全集』第四巻、教文館、二〇〇〇年。

高橋三郎『高橋三郎著作全集』最終巻、教文館、二〇一二年。

月本昭男『旧約聖書に見るユーモアとアイロニー』教文館、二〇一四年。

月本昭男『見えない神を信ずる――月本昭男講演集』日本キリスト教団出版局、二〇二二年。

徳善義和「ローマ人への手紙第一章一六―一七節」『説教者のための聖書講解――釈義から説教へ　ローマ人への手紙』日本キリスト教団出版局、一九八七年（二〇一七年）。

徳善義和『マルチン・ルター――生涯と信仰』教文館、二〇〇七年。

徳善義和「ローマの信徒への手紙四章一三―一七節」『説教黙想　アレテイア　ローマの信徒への手紙』日本キリスト教団出版局、二〇一八年。

特定非営利活動法人今井館教友会『内村鑑三と今井館――本駒込の地で想いをつなぐ』（今井館移転開館記念誌）二〇二二年。

馬場嘉市編『新聖書大辞典』キリスト新聞社、一九七一年（二〇〇八年）。

廣石望『信仰と経験――イエスと〈神の王国〉の福音』新教出版社、二〇一一年。

藤木正三・工藤信夫『福音はとどいていますか』ヨルダン社、一九九二年（二〇〇四年）。

藤木正三『この光にふれたら』日本キリスト教団出版局、一九九六年。

ボンヘッファー、ディートリヒ／村上伸訳『ボンヘッファー獄中書簡集』新教出版社、一九八八年。

宮本久雄・大貫隆・山本巍『受難の意味――アブラハム・イエス・パウロ』東京大学出版会、二〇〇六年。

モルトマン、ユルゲン／喜田川信・土屋清・大橋秀夫訳『十字架につけられた神』新教出版社、一九七六年。

山口里子『新しい聖書の学び』新教出版社、二〇〇九年。

ユンゲル、エーバーハルト／蓮見和男訳『死――その謎と秘義』新教出版社、一九七二年。

ルター、マルティン／徳善義和ほか訳『ルター著作選集』教文館、二〇一二年。

あとがき

本書の出版は、最相葉月氏が著書『証し――日本のキリスト者』の「あとがき」に私の信仰の変化に関して書いて下さったことがきっかけであり、その変化をもう少し広く人々に伝えたかったがゆえである。最相さんは私のことを書いて下さった後に、このような問いを発しておられる。

ではなぜ、後世のキリスト者は三日目の復活を加筆したのかと問うてみたい。そして、復活を信じるキリスト教が、なぜ世界を席巻したのかということも。

（最相『証し』一〇八七頁）

この問いは、最相さんが厳しい客観性を保持しながら多くのキリスト者の聞き取りを続けてこられたがゆえの、切実な思いからのものであろうと考えている。

私も、マルコ福音書一六9以下のイエスの奇跡的な復活の記述は、後代の付け足しであると考えている。イエスの復活記述は人間の奥底にある「勝利」「優越」への願望が形になったものではないか。それは純粋な、神からのものではないのではないか。イエスもパウロもそのような思想と戦ったのではないか。

私共キリスト者はよく「勝利の復活」という言葉を使う。果たしてイエスの復活は「勝利」なのであろうか。キリスト者が他者に勝利したいから、復活を勝利として利用しているのではないか。

勝利とは他者に勝つことである。他者の優位に立ち、己に優越を感じさせるものである。キリスト者はキリスト者以外の人々に対しておかしな「優越」意識を持っていないか。「私共はキリスト者である」というおかしな自負を。さも自分が救われているような顔をして、救われていないであろう隣人に上から目線で、「あなたのために祈ります」などと言ってはいないか。それが愛であるとはき違えていないか。

私が本書で書いてきたことは「全ての人はすでに救われている」ということである。一人残らずである。キリスト者である、なしにかかわらずである。悪人、善人にかかわらずである。相手のために祈らなくても、すでに相手は神によって救われているのである。キリスト者が優越を感じる必要は一切ない。

勝利者キリスト。

私はこの言葉を廃棄しようと思う。そして次の言葉を語りたい。

共なる神——インマヌエル。

神は勝利者ではない。しかしいかなる時にも共にいて下さる方である。キリスト者にはこの自覚が必要であろう。その自覚が持てなければ、世に切実に害を及ぼすので棄教すべきではないかと考える。最相さんの「あとがき」のあの最後の問いは、以上のような考えと決して遠いところにはなく、おそらくはもっと深い射程を持つものであろう。そのようなことを考える時に、どうしてもキリスト教の神を遂には捨てられない自分自身へのもどかしさも感じるのである。いつかは神をすら捨てることも、覚悟しなければならないようにも思える。

キリスト者は、最相さんがご自身の言葉として投げかけられた問いに関して、しっかりと考えねばならないと思う。そのためには一〇〇〇頁以上にわたるあの大著全体を読了しなければならないであろう。

義認信仰に至り、現在、自由に解き放たれた私の中では、大げさに言えば毎週の礼拝ごとに信仰の内実と表現が変化していることを自覚している。その変化は決して脈絡のないものではなく、見えないものを見えるようにしていく努力でもある。与えられたものを少しずつ「言語化」していく道程とも言えよう。神が何を私に語らせようとしておられるのかを模索し、もがき続けている。今や私は単に「義認信仰」を語るのみでなく、「勝利者キリスト」を廃棄することを明確に言い始めようとしている。それは「義認信仰」から当然のごとく帰結するものであろう。キリストが勝利者である限り、キリスト教は他者との勝ち負けの対立を続けることになろう。それは神が望んでいることではない。次の聖句を掲げて終わりにしたい。

「あなたがたも聞いているとおり、『隣人を愛し、敵を憎め』と言われている。しかし、私は言っておく。敵を愛し、迫害する者のために祈りなさい。あなたがたの天の父の子となるためである。父は悪人にも善人にも太陽を昇らせ、正しい者にも正しくない者にも雨を降らせてくださるからである。（マタ五43—45）

ここには愛敵の教えに続いて、全ての人を無条件に愛する神が示されている。全ての人を無条件に愛する「義認信仰」の行き着くところは愛敵である。「汝の敵を愛する」に至るには、自分の中から他者に対する優越意識を取り除かねばならない。それゆえキリスト者の優越意識を作り上げる「勝利者キリスト」の思想は廃棄されねばならないのである。キリスト者の優越を望む思いから「復活」が語られるのならば、それを醸成する「勝利の復活」も廃棄されねばならない。復活者は、パウロが正しく言うように「十字架につけられたままのキリスト」（本書第七章参照）なのであり、敗者の姿をしているのだから。

「わが神、わが神、なぜ私をお見捨てになったのですか」（マコ一五34）と、絶望の極限にいる神が、そのまま真の復活者なのである。三日後の勝利の復活者ではない。敗者のままの神である。その神をどこまで真摯に追い求めるかで、今後のキリスト教の行方は決まるであろう。神は勝利者ではなく敗者であり、支配する神ではなく共におられる神である。そのことにキリスト者が気付く時に、キリスト教の中からいたずらな支配や権威は消滅するであろう。こうして人間の営みからもいたずらな支配や権威は消滅する。戦争も終わりを告げるのである。神は人を支配する勝利の神ではなく、共におられる神（インマヌエル）である。無教会のみならず、キリスト教界の真の復活を願い、祈る。

妻・直美に本書を捧げる。彼女がいなければ、ここまでの伝道活動はできなかった。そして駒込キリスト聖書集会の皆様へ。本書は集会の方々の祈りの結晶でもあると信じている。また改めて最相葉月さんに心からの感謝を捧げる。最相さんには本書の帯文のご執筆をお願いしたところ、快くお引き受け下さった。『十字架の祈り』の読者の方々に感謝している。読んで下さる方々がいてこそ、私の信仰を表明し、段階を追って表現することができた。そして天に帰られたわが師・高橋三郎先生にも献呈させて頂く。先生の信仰とは変わったが、しかし同じ福音を見つめていると信じている。今井館移転の際、また移転後の今日に至るまで労苦を共にしてきた今井館の方々――大山綱夫元理事長、西永頌元理事長、加納孝代理事長をはじめとする今井館関係者――に感謝を捧げる。その共なる労苦の只中から、この本は生み出されたのである。私のこの方々に対する愛は変わらない。小林孝吉氏、藤田豊氏とは、無教会の信仰に関して、いつも真摯なやりとりをさせて頂いている。そのお交わりにも感謝している。

無教会の多くの教友にも感謝している。これからも無教会の先を見つめて共に歩んで参りたい。私も属する無教会全国集会準備委員会の皆様へ。私の信仰に関して批判とご理解を頂いてきたが、今年の全国集会の聖書講話を担当させて頂くに至ったことには、心より感謝をしている。特に同委員会の坂内宗男議長、大西宏委員へ。月本昭男氏には私の信仰の変化に関して、真摯な書簡とメールのやり取りをさせて頂き、感謝している。その励ましの言葉も忘れることはできない。千葉眞氏には、私の『十字架の祈り』の内容に関して等、いつも親身なご意見を頂き、信仰のお交わりを頂いてきた。ここで感謝の言葉を献げたい。畏友・田中健三氏には私の新たなる信仰に関して率直に相談し、真摯なる応答を頂いた。氏と語り合った池袋の夜を感謝と共に思い出す。内村鑑三『続・一日一生』の編者である武藤陽一氏には、『十字架の祈り』をお読み下さった上で、心を込めた応答をいつも頂いてきた。ここで改めて心より感謝を申し上げる。兄弟子である森山浩二氏にはいつも励ましを頂いており、感謝に堪えない。沖縄の教友である石原昌武・艶子ご夫妻へ。ご夫妻は義認信仰をよく理解して下さっている。石原昌武・艶子ご夫妻の沖縄からの祈りをいつも私は感じている。若くして天に帰られた陳野《じんの》嗣人《つぎと》君、そのお父様であり、やはり天に帰られた守正さんと地上に残られたお母様である洋江《よしえ》さんへ。私の魂はいつも三人と共にいる。共に聖書を学んだ陳野家での家庭集会が懐かしい。

最後に、まだお会いしたことはないが、青野太潮氏と大貫隆氏へ満腔の感謝を捧げる。この方々の真摯に追究された聖書学の恩恵なしには、私の信仰の変革はなされ得なかったであろう。本書に多くの引用をさせて頂いた。出版にあたっては、教文館出版部の髙橋真人さん、編集ご担当の石澤麻希子さんに、ほんとうにお世話になった。本書が何とか出版に至ったのも、この方々の助けがなければ叶わなかったと衷心より感謝する。

このような方々全てを思い浮かべる時に、この信仰の変革の道行きは、決して私一人のものではない、ということに改めて気付かされる。神が世のために、この書を用いて下さることを、祈っている。

二〇二三年降誕祭

荒井克浩

〈追記〉

二〇二四年一月三〇日、私は福岡市内の青野太潮先生のご自宅を訪問させて頂いた。本書の「推薦の言葉」を、まだ面識がなかったにもかかわらず思い切ってお願いしたところ、信じ難いことにお引き受け下さりご執筆下さった、その御礼のための訪問である。その時に先生と詔子夫人と共に語り合った、福音に満ちた温かい二時間余りは、私にとってかけがえのない時間となった。「見知らぬ者」に過ぎぬ私を温かく迎えて下さった青野先生ご夫妻に、心よりの感謝を捧げる。またこの出会いの帰途には、市内で福岡聖書研究会主宰の秀村弦一郎氏にお会いした。無教会においては兄弟子にあたる氏も、かねてより青野先生とはよきお交わりを持っておられる。この訪問にあたっての、氏の優しい心遣いにも心より感謝している。

（二〇二四年二月二日）

《著者紹介》

荒井克浩（あらい・かつひろ）

1961年、東京に生まれる。立教大学経済学部卒業。無教会伝道者・高橋三郎に師事。日本聖書神学校卒業。独立伝道者。無教会・駒込キリスト聖書集会主宰。個人伝道雑誌『十字架の祈り』主筆。内村鑑三の聖書講堂や図書・資料を管理するNPO法人今井館教友会常務理事・事務局長。2021年に実現した目黒区中根から文京区本駒込への今井館移転に尽力した。

無教会の変革——贖罪信仰から信仰義認へ、信仰義認から義認信仰へ

2024年3月30日　初版発行

著　者　荒井克浩
発行者　渡部　満
発行所　株式会社　教文館
〒104-0061 東京都中央区銀座 4-5-1 電話 03(3561)5549 FAX 03(5250)5107
URL http://www.kyobunkwan.co.jp/publishing/

印刷所　モリモト印刷株式会社

配給元　日キ販　〒162-0814　東京都新宿区新小川町 9-1
電話 03(3260)5670　FAX 03(3260)5637

ISBN978-4-7642-9207-9　Printed in Japan